कहानी

अनुभव और अभिव्यक्ति

कहानी

अनुभव और अभिव्यक्ति

राजेन्द्र यादव

स्वर्ण जयन्ती

ISBN : 81-88599-69-7

स्वर्ण जयन्ती
अंसारी रोड, दयानंद मार्ग, 21-ए,
नयी दिल्ली-110002
द्वारा प्रकाशित
संस्करण : 2017

मूल्य : ₹495

शुभम् आफसेट, शाहदरा, दिल्ली-110032
द्वारा मुद्रित

स्वर्ण जयन्ती, वाणी प्रकाशन की सहयोगी संस्था

बांधवी डॉ. निर्मला जैन के लिए

सफ़ाई

'एक दुनिया : समानान्तर', 'कहानी : स्वरूप और संवेदना' और 'कांटे की बात' (चार खंड) के बाद कहानी को लेकर लिखी गयी टिप्पणियों, बहसों और मुद्दों पर यह 'कहानी : अनुभव और अभिव्यक्ति' मेरी नई किताब है। इसके बारे में कुछ बातें शुरू में ही बताना जरूरी हैं।

ये लेख 55-56 से लेकर 94 तक लगभग चालीस वर्षों में फैले हैं—कह सकते हैं, मेरी अपनी कथा-यात्रा के पड़ाव और मोड़ हैं। जाहिर है कहानी को लेकर जो समझ तीस-चालीस साल पहले थी वही आज नहीं हो सकती। कहीं कुछ बातें बीज रूप में हैं तो कुछ अंतर्विरोधी। लेख कुछ स्वतंत्र रूप से लिखे गये हैं तो कुछ पत्र-पत्रिकाओं, गोष्ठियों-सेमिनारों या बहसों के तात्कालिक दबावों में। यही कारण है कि सुसंपादित पुस्तक की एकरूपता नहीं आ पायी है। हां, थीम पूरी पुस्तक की एक ही है—कहानी के साथ अपनी विकास यात्रा। कहानी-उपन्यास को मैंने कभी अनुभव और संवेदना की आत्मकथा कहा था, इन लेखों को विचार की आत्मकथा का नाम दिया जा सकता है।

नई कहानी आंदोलन के एक प्रुमख केन्द्रीय नायक होने का जो आरोप उन दिनों लगा तो आज तक मेरे नाम के साथ चिपका है। शायद उस समय परिस्थितियों का दबाव ऐसा बन गया था कि कहानियां लिखने के साथ-साथ हमें पुरानी और नई पीढ़ी को अपनी बात समझाने के लिए लेख भी लिखने पड़ते थे। यह स्थिति लगभग वही थी जब छायावाद के सभी प्रमुख-कवि अपनी कविताओं को समझने की पृष्ठभूमि भी दे रहे थे—पंत से लेकर निराला-प्रसाद तक। मगर वहां कविता और काव्यशास्त्र के गंभीर विश्लेषण थे। कहानी का यह आंदोलन अपने रूपाकार में ही बड़ा नहीं था—बदलते सामाजिक जीवन के आलोड़न की अभिव्यक्ति भी था। इसकी जड़ें न अतीत में थीं, न देशी-विदेशी शास्त्र में। कहानी के पूरे बोध और सौन्दर्य शास्त्र को बदलता हुआ यह आंदोलन अपने समय की सच्चाइयों से प्रतिबद्ध होने की बात करता था।

जाहिर है आंदोलन को केन्द्र में रखकर लिखे गये लेखों में अपने बचाव या

जायज़ होने की मुद्रा ही प्रमुख होती है—वहां गंभीर विश्लेषण की जगह आरोप-प्रत्यारोप, सपाट बयानियां और घोषणाएं ही अपनी श्रेष्ठता के लिए काफी हैं। मेरे ये प्रारंभिक लेख भी इन कमजोरियों के शिकार हैं। मगर एक समय वे भी कहानी-इतिहास के अंग रहे हैं, यही सोचकर उन्हें यहां शामिल किया गया है।

जिन्हें मैंने सचमुच गंभीरता से लिखा है वे या तो मुद्दों पर केन्द्रित हैं या कहानीकारों पर। मेरा विश्वास है कि किसी भी विधा की समझ का विकास और विस्तार सैद्धांतिक या अकादमिक बहसों से उतना नहीं होता जितना उस विधा में काम करने वालों की रचनात्मकता के विश्लेषण से होता है। कविता में यह परम्परा पुरानी है, वहां कवियों या उनकी प्रमुख रचनाओं को हर नई पीढ़ी ने अपने ढंग से पुनर्व्याख्यायित किया है और इस प्रक्रिया में कविता की समझ के नये मानदंड उपलब्ध किये। कहानी-उपन्यास में चूंकि यह बहुत कम हुआ है, इसलिए कथा-समीक्षा हमारे यहां उतनी विकसित नहीं है। जाहिर है यह काम कथाकारों को ही करना होगा। कवि तो उसमें अपने प्रतिमान स्मगल करेंगे, शुद्ध समीक्षक उसे अमूर्तनों में भटका देंगे।

'हंस' के संपादन के दौरान लिखीं कुछ कहानी-संबंधी टिप्पणियां भी शामिल करने का मोह नहीं छोड़ पाया हूं। टिप्पणियां तो और भी हैं और शायद उनकी अलग पुस्तक भी बन सकती है—मगर वह फिर कभी।

हाँ, 'काँटे की बात' की तरह इन लेखों का समायोजन भी विद्यानिधि ने किया है। उनका आभार इसलिए व्यक्त नहीं कर रहा कि 'काँटे की बात' के अगले दो खंड अभी भी उनकी क़ैद में हैं। उनके मुक्त होने तक धन्यवाद स्थगित।

—राजेन्द्र यादव

जुलाई, '96

अनुभव से अभिव्यक्ति का सफर

कहानी पर आलोचना की यह दूसरी पुस्तक निकालने की योजना न जाने कितने सालों से थी। बरसों लेखक महोदय का सुपरिचित आलस्य इस पर कुंडली मारे बैठा रहा और संपादन-संयोजन का काम जब मेरे जिम्मे आया तो मेरी 'गिरफ्त' से निकलने में पुस्तक को एक लंबा साल लगा। काम मुश्किल था पीले-पुराने, जर्जर अखबारों की कतरनें, हंस के संपादकीयों के गट्ठर, कई किताबों, पत्रिकाओं में बिखरे हुए लेख, एक-एक लेख की चार-चार प्रतिलिपियां, लेकिन कुछ के पन्नें गायब, तो कुछ के संदर्भ। इस पूरे बिखराव में यदि राजेन्द्रजी ने मुझसे 'नारी सुलभ' सुलझाव की अपेक्षा की हो, तो वह मेरे साथ ज्यादती थी, फिर भी मैंने कोशिश की, तो यही सोचकर कि किसी ने ऐतराज किया तो सुलझाव और उलझाव के द्वंद्वात्मक संबंध की आसानी से आड़ ली जा सकती है।

बहरहाल, पुस्तक के पहले भाग में मैंने लेखक की साहित्य और कहानी की समझ को लिया है। इसमें साहित्य की लेखकीय पहचान और प्रासंगिकता जैसे प्रश्नों की पुनरावृत्ति जरूर है पर एक लेखक के लिए यह पुनरावृत्ति बड़ी जरूरी है। कारण, वह साहित्य को अपने ढंग से समझना और संवारना चाहता है। भोक्ता, साक्षी और निर्णयकर्ता—ये तीनों वह स्वयं होता है और अनुभव से लेकर अभिव्यक्ति तक का सफर इन तीनों के परस्पर संवाद और संघर्ष का निष्कर्ष है। साहित्य की प्रासंगिकता यही है कि वह हिस्सेदारी है—सुख की, दुःख की। वह संघर्ष की चेतना भी है और यथास्थिति का विरोध भी। दिशा और काल में अपने संदर्भों से बंधे आदमी की छटपटाहट को, उसकी नियति को, उसके संघर्ष और यातना को यदि लेखक अभिव्यक्त कर पाता है तभी प्रासंगिक-प्रामाणिक या सार्थक हो पाता है। यह अभिव्यक्ति यदि उसके बस में नहीं तो वह शब्दों का एक जंगल भर खड़ा करता है—अर्थ रहित, मन्तव्य रहित शब्दों का भयानक जंगल।

पुस्तक के दूसरे भाग में हिन्दी कहानी की यात्रा के भिन्न पड़ाव हैं, मोड़ हैं और भविष्य के संकेत हैं। लेखक प्रेमचंद की विरासत से अपनी बात शुरू करता है और नई कहानी जैसे कथा-आंदोलनों से गुजरता हुआ वर्तमान तक पहुंचता है।

इस पूरी कथा-यात्रा में वह व्यक्तित्ववान और सक्रिय नायक से लेकर स्थगित-कुंठित आत्महंता नायक तक और फिर कहानी से ग़ायब होते नायक की अवधारणा सामने रखता है। वर्तमान में जो नायक उसे कहानी के भविष्य का एकमात्र सूत्रधार लगता है, वह है लेखक जैसे बिचौलिए को बीच से हटाकर अपनी बात खुद कहने का जज्बा और माद्दा रखने वाला दलित नायक।

तीसरे भाग में कुछ कहानीकारों के लेखन की सार्थकता की पहचान है। अपनी पहचान भी इसमें शामिल है। मूल्यांकन कम, अन्वेषण अधिक है। खाली-पीली फैसला सुनाने की बजाय राजेन्द्रजी बात की तह में जाना अधिक पसन्द करते हैं और इसमें काफी निर्मम हो जाते हैं। उनकी खासियत यह भी है कि किसी भी लेखक को वह सिर्फ उसके कृतित्व के भीतर नहीं देखते-परखते, बल्कि विभिन्न संदर्भों के मोड़ पर वह दूसरे लेखकों के साथ उसका संबंध बिठाते चलते हैं। इस तुलना के लिए समकालीनता जरूरी नहीं है। एक संपूर्ण विस्तृत परिप्रेक्ष्य में किसी लेखक को देखना-समझना वस्तुतः उस लेखक के निजी अनुभवों-संवेदनों और वैशिष्ट्य को एक लंबी कथा-यात्रा का अंग बना देता है।

पुस्तक का आखिरी हिस्सा कुछ टिप्पणियों का है—प्रेम कहानी, जनवादी कहानी जैसे कठघरों से बाहर आकर 'फ्री स्टाइल' कोशिश है—छोटी-छोटी घटनाओं, मुद्दों, चुनाव की समस्याओं के आधार पर कहानी की नब्ज पकड़ने की। इनमें से अधिकांश का संबंध 'हंस' में छपने-न-छपने वाली कहानियां की तार्किकता से है, क्योंकि यही एक ऐसा कोना है जिस पर लेखक हमेशा विवादों के कठघरे में रहा है।

कठघरों से बाहर निकलना क्या लाजिमी है?

—विद्यानिधि

अनुक्रम

समझ

साहित्य की मेरी पहचान

कुछ सवाल हैं जो हमारे लिए हमेशा रहेंगे। हर युग उनकी अपनी परिभाषाएं देगा और हर बार हमें लगेगा कि जिस विशिष्ट, अछूते और निहायत निजी ढंग से हम इन्हें देखते हैं, इनसे जूझते हैं या इनका जो रूप हमारे सामने खड़ा होता है, वह सब पहले नहीं हुआ है। जन्म, मृत्यु, ईश्वर, जीवन, नियति, प्यार, संयोग, संस्कृति, कला, विद्रोह आदि...यानी कुछ मूलभूत सवालों के स्वरूप को ही नहीं, उन सवालों के प्रति अपने रवैये को भी हम बार-बार समझते, सुधारते और बदलते जाते हैं। जब हम इनमें से कुछ के जवाब तलाश करने की ज़िद करते हैं तो निराकार, रहस्य, अध्यात्म के लोक में पहुंच जाते हैं; और परिणति मठों या सम्प्रदायों में होती है। कारणों की छानबीन करते हैं तो विज्ञान और दर्शन का जन्म होता है और जब इनके स्वरूप, प्रभाव और प्रक्रिया की दिशा अपनाते हैं तो संस्कृति, साहित्य की दुनिया में होते हैं।

जो समाज जितनी गहराई और लगन से इन सवालों से जूझते रहे हैं, वे उसी अनुपात में सभ्यता, संस्कृति और साहित्य में बड़े या छोटे हुए हैं। लेकिन यह भी सच है कि इन सवालों के उत्तर खोजने वालों ने जब-जब अपने आपको अन्तिम और आत्यन्तिक सत्य नाम के निहायत घपले वाले अन्धे कुएं में डाल दिया है, तब-तब समझ और संवेदना के द्वार भी अन्तिम रूप से बन्द कर लिये हैं। तलाश का थक कर चूर-चूर हो जाना ही अन्तिम सत्य की उपलब्धि घोषित किया जाता रहा है। थक कर बैठ जाने की नियति को स्वीकार करना विरक्ति, वितृष्णा और वैराग्य जगाता है; इसे ही अन्तिम सत्य मानने की दृष्टि, सारी तलाश के व्यर्थ, निरर्थक, माया और 'एब्सर्ड' होने की अनुभूति देती है। यानी विश्व-विजय की सारी भागदौड़ दो गज-जमीन पर जाकर दम तोड़ देती है। क्षोभ और खिन्नता से तब हम या तो झल्लाकर कहते हैं, जिन्दगी किसी बेवकूफ़ द्वारा बयान की गयी कहानी है, जिसमें तड़क-भड़क, शोर-शराबा तो बहुत है, सार बिल्कुल नहीं है; या फिर हताश होकर हाथ-पांव पटक देते हैं कि गमों, दुःखों और निराशाओं की इस कैद से नजात सिर्फ मौत में है।

हजारों सालों से देश और काल के पार, दार्शनिकों, अध्यात्मवादियों ने चाहे जितनी बाल की खाल निकाली हो, चाहे जो भी नतीजे निकाल रखे हों, हम हैं कि

अपनी जिन्दगी को अपने ही ढंग से जीते हैं, रोग-शोक, हर्ष-विषाद भोगते हैं, मरते और मारते हैं या जीने के संघर्ष करते हैं। सारे बौद्धिक संस्कारों, प्रशिक्षण के बावजूद मुझे लगता है कि मूल-रूप से हम शायद ही कभी किसी दूसरे से कुछ सीखते हों, हम सिर्फ अपने अनुभवों का खण्डन या समर्थन करते हैं। वर्ना जिन्दगी का कौन-सा ऐसा मसला है जिस पर हजारों-लाखों लोगों ने ईमानदारी से कुछ न कुछ विचार नहीं किया? फिर हम हर बार नये सिरे से क्यों उन पर सिर खपाते रहते हैं? साहित्य और कला की ही ऐसी कौन-सी समस्या रह गयी है जिस पर भरपूर चिन्तन नहीं हुआ? मुझे लगता है यह अजीब जगह है, जहां न एक, दूसरे को काट पाता है, न छोटा और बड़ा कर पाता है। एक की तलाश को दूसरा आगे ले गया हो, ऐसा भी प्रायः हुआ नहीं है। सबकी समानान्तर दौड़ है : धरती से आसमान की तरफ छोड़े गये हवाबाणों की तरह, जो जितना ऊंचा चला जाय! कॉसस्लर ने शायद इसीलिए इसे 'एरो इन द ब्लू' कहा था।

मुझे लगता है कि चाहे जितना पढ़ लें, चिन्तन-मनन कर लें या गुरुओं और उस्तादों से ज्ञान घोट लें; घुड़सवारी, तैराकी और गाड़ी चलाने की तरह साहित्य या कला को हम सिर्फ अपने ढंग पर ही हैंडिल कर पाते हैं। झिरियों और सूराखों से पाया हुआ सारा ज्ञान, एकान्त अंधेरों की नीली-पीली तस्वीरों का सांस रोक अनुभव, हैवलॉक ऐलिस, किन्से से लेकर वात्स्यायन और कोका के सारे निष्कर्ष, हथकण्डे, दांव-पेंच और दोस्तों की सारी सलाहें, सब कुछ एक तरफ धरा रह जाता है और हमें अपनी स्थिति का सामना सिर्फ अपनी ही तरह करना होता है। हर व्यक्तिगत सम्बन्ध इतना जीवंत, निजी, निहायत अपना और अद्वितीय होता है कि उसे किसी भी दूसरे को तो आप तभी बता पायेंगे जब खुद अपने लिए भी साफ-साफ समझ पाये हों। उसका अधिकांश तो सिर्फ चेतना और अहसास के स्तर पर होता है, और जितना बोध या ज्ञान की पकड़ में आता है, वह सब भाषा का रूप पाते ही इतना सामान्य, साधारण और सार्वजनीन हो जाता है कि उसके बासीपने से आप खुद झुंझला उठते हैं : यह सब तो वह नहीं है जिसे आप अपने अस्तित्व के रेशे-रेशे में महसूस कर रहे हैं! कैसी मुसीबत है कि जिसे आप रूप, रस, गंध, स्वर, स्पर्श, सभी के माध्यम से एक उद्भास या विस्फोट की तरह महसूस कर रहे हैं उसे सिर्फ भाषा की इकलौती, इकहरी अभिव्यक्ति में बताया जाये, जो शब्दों की छोटी-छोटी बूंदों में बंटकर एक दिशा से दूसरी दिशा में बहती रहती है या ज्यादा सही कहें—आगे से पीछे की ओर बहती है। जो कुछ आपके भीतर घटित हुआ है, वह सब क्या व्याकरण-सम्मत खण्डों में इस तरह बताया जा सकता है कि सामने वाले तक भी ठीक उसी तरह पहुंच सके? विडम्बना यह है कि मेरे भीतर जो कुछ घटित हो रहा है उसका दावेदार भी मैं अकेला नहीं हूं। वहां भी कई हैं, कम से कम तीन को तो मैं पहचानता ही हूं। एक वह जो उस घटित का नायक था या जिसके साथ

यह सब हुआ था, दूसरा वह जो पास खड़ा महीन से महीन बात को देख और समझ रहा था और तीसरा वह जो आप तक उसे पहुंचाने के लिए भाषा या दूसरे औजारों से जूझ रहा है। इन तीनों में भी तो आपस में कोई ताल-मेल नहीं है : पहले दोनों मिलकर तीसरे की हमेशा लानत-मलामत करते हैं। पहला दूसरे की भर्त्सना करता है कि जो कुछ हुआ है, वह वैसा नहीं है जैसा देखा या समझा गया है। जब तीसरे की बारी आती है तो दोनों उस पर चढ़ बैठते हैं कि जो कुछ हुआ था, जैसा देखा-समझा गया है, वह सब तो बिल्कुल भी वैसा सम्प्रेषित नहीं हुआ है; कि असली स्थिति का दस-प्रतिशत भी नहीं बताया जा रहा, कि उसका सारा 'विशिष्ट' सामान्य कर दिया जा रहा है; कि सब कुछ बेहद अधूरा, सपाट और जूठा या बासी है।

अगर बात उसी ट्रेजेडी, पराजय या हताशा पर खत्म हो जाती तो सारा झगड़ा ही मिट जाता। भोक्ता और साक्षी मिलकर इस तीसरे की वह गत बनाते कि हारकर वह हाथ-पांव पटकना भी छोड़ देता; यही कहता कि जो कुछ नेपथ्य में हो रहा है उसे न तो मैं बता सकता हूं न आपके भीतर जगा सकता हूं। मैं मजबूर हूं। और अब मौन से बढ़कर कोई भाषा नहीं है जो मुझे आप तक पहुंचा सके। आप कल्पना कीजिए कि एक कमरे में पन्द्रह-बीस लोग समाधि लगाये बैठे हैं, और मौन की भाषा में एक दूसरे से 'संवाद' कर रहे हैं। संवाद भी कहां, बैठे हैं और अपने भीतर के घटित के साक्षी हैं। परम तृप्ति से जुगाली करती भैंसों के बीच आपस में कोई 'मौन संवाद' होता है या नहीं, मुझे नहीं पता।

मगर मेरे भीतर का यह तीसरा इतनी जल्दी हार नहीं मानता : वह बहुत शातिर और समझदार है। वह अच्छी तरह जानता है कि आपके भीतर भी तो साक्षी और भोक्ता नाम के ये दो मौजूद हैं। क्यों न इन्हें ही छुआ और जगाया जाये? अगर किसी तरह उन तक पहुंचा जा सके तो ये जरूर अधूरी या सामान्य लगने वाली बात को अपनी विशिष्ट या पूरी बात से जोड़ सकेंगे...। अपने को प्रभावशाली, बेधक और अप्रतिरोध्य बनाने के लिए इसके पास देश-विदेश में हजारों सालों से घिस-घिस कर पैने किये हुए असरदार हथियार हैं; यानी धारदार अभिव्यक्ति है, भीतर लड़ते हुए दो साथियों का दबाव बढ़ाती दस्तकें हैं...अभिव्यक्ति दूसरे को सम्बोधन है, अपने भीतर झांकने का आमंत्रण है। चाहे जैसे अंधेरों में मारी गयी चीख हो, वह किन्हीं देखे-अनदेखे, चेहरे-बेचेहरे, साकार-निराकार तक पहुंचने का सफल-असफल प्रयास ही है।

एक बार भीतर नेपथ्य में लड़ते उन दोनों को भी जरा गौर से देख लें, जो इस तीसरे को धक्का देकर मंच पर आने को मजबूर करते हैं, मगर डोरियां अपने हाथ में रखते हैं और कहीं जरा सी भी चूक को बर्दाश्त नहीं करते। वह इस तीसरे की शक्ति भी है और नियन्त्रण भी। जहां अपनी मनमानी से इसने अपने 'भीतरी संवाद' को तोड़ा कि यह अपने आप निष्प्राण हो जाता है। कब भीतर संवाद टूट गया है, वह खुद और तेज दर्शक की निगाह फौरन ताड़ लेती है। कहां अभिव्यक्ति में प्राण

और ऊर्जा है और कहां सिर्फ अभ्यास-लब्ध सक्रियता का आभास—इसे खुद अभिव्यक्ति ही सबसे अधिक उजागर और उद्घाटित करती है; क्योंकि अभिव्यक्ति खुद जिन भीतरी दो का विस्तार (एक्सटेंशन) है उनकी भी तो अपनी शर्तें हैं। मुझमें जो कुछ घटित हो रहा है उसका मैं साक्षी तो हूं, मगर मैं उतना तटस्थ और निर्विकार नहीं हूं, जैसे गवाह होते हैं। साक्षी हो सकने की यह निगाह मुझे बाहर से मिली है; अपने आपको देखना-मात्र, दूसरे की निगाह से देखना है, अन्य होकर देखना है; यानी साक्षी होने की चेतना अपने भीतर औरों की उपस्थिति की स्वीकृति है—समाज की आंख है। यह आंख सिर्फ देखती ही नहीं अपने नैतिक निर्णय भी देती है, हमें कुचलती भी है और छूट भी देती है। अगर रचनाकार होना अपने भीतर भोक्ता और द्रष्टा दोनों को साथ पाना है तो इस सच्चाई से कहीं कोई छुटकारा नहीं हैं कि यह द्रष्टा—या यह आंख मैं खुद नहीं, कोई और है और यह 'कोई और' समाज या सामाजिक संस्कार है। मुझे अजीब लगता है जब रजनीश कहते हैं कि मानसिक शान्ति और विकारों के शमन के लिए अपने को खुद देखने वाली आंख बहुत जरूरी है। यानी अपने भीतर इस साक्षी भाव को पाना ही योगी होना है। यहां वे देहलीज़ पर खड़े इस तीसरे को बिल्कुल भूल गये हैं जो मुझे समाज तक पहुंचाता ही नहीं, इस आंख के बहाने समाज को भी निरन्तर मेरे भीतर उंडेल रहा है। और भोक्ता क्या इतना कमज़ोर है कि द्रष्टा की इस आंख के सामने दुम दबाये कुत्ते की तरह बैठा रहेगा? चुपचाप अपने को यों देखा जाने देता रहेगा? उलट कर झपट्टा मारकर वह इस द्रष्टा को मजबूर करता है कि अपनी सही-गलत की निगाहों को बदले, नैतिक निर्णयों में संशोधन-परिवर्धन करे। अगर वह द्रष्टा के मूल्यबोध को बदल नहीं पाता तो खुद भोक्ता होने की स्थिति से इनकार कर देता है, या मर जाता है। योग की भाषा में, इस साक्षी की निगाह में मेरे अपने 'मैं' के मर जाने को ही आध्यात्मिक शान्ति और विकारों का शमन कहते हों, तो मुझे कुछ नहीं कहना।

रचना इसी अर्थ में योग से आगे की स्थिति है कि वह भीतरी द्वन्द्व और तनाव को जीवित रखते हुए, अभिव्यक्ति में अपनी सार्थकता पाती है। मौन के शून्य में ही छीज नहीं जाती। मेरे भीतर का साक्षी मुझे अपने आपको दूसरों की निगाह से और दूसरों को मेरी अपनी निगाह से देखने की दृष्टि देता है। वह एक साथ संवाद की स्थिति में दूसरों को अपने भीतर और अपने को दूसरों के भीतर उपस्थित पाता है। रचना 'सिम्पैथी' और 'एम्पैथी' को जुड़वां बना देती है। वह प्यार की वह आत्मीय और घनिष्ठ अनुभूति है जो मुझे दूसरे के साथ और दूसरे को मेरे साथ एकाकार करती है, जो नैतिक-अनैतिक से ऊपर उठकर शुद्ध मानवीय धरातल पर स्पन्दित होती है...

यानी साहित्य हमेशा और बार-बार उन नैतिक मूल्यों पर उंगली रखता है जो इस आत्मीय संवाद में कहीं भी आड़े आते हैं। नैतिक मान्यताओं के आधार पर

समाज कुछ विधि-निषेधों को जिन्दा रखता है और उनके बोझ के नीचे खुद मर जाता है। सुरक्षा के नाम पर लाये गये ये राक्षस (बॉडीगार्ड्स) सबसे पहले उन्हें मारते हैं जो अपनी सुरक्षा के लिए इन्हें लाये थे। मलबे के नीचे दबे इन टूटे-फूटे मनुष्यों को अगर साहित्य ही नहीं निकालेगा तो कौन इसका पुरसानेहाल होगा? साहित्य कभी भी सामाजिक मूल्यों के समर्थन में मनुष्य को अनदेखा नहीं करता। बल्कि मनुष्य का पक्षधर होकर वह सामाजिक मान्यताओं या मूल्यों का विरोध करता है, उन्हें बनाये रखने वालों को एक्सपोज करता है। अगर ऐसा न होता तो क्यों वेश्याएं, अपराधी, शोषित, दलित, अ-सामाजिक यानी समाज की नैतिक परिधियों से बाहर फेंके गये लोग ही रचनाकार की संवेदना के एकमात्र वारिस होते? चूंकि वह मानवीय नैतिकता या मनुष्य की नियति से प्रतिबद्ध है, इसलिए यथास्थिति, और उसे कायम रखने वाली शक्तियों के लिए विद्रोही है। रचना-मात्र प्राकृतिक नियमों या ईश्वरीय-विधान से विद्रोह करना है। मानवीय तर्क-वितर्क, युक्ति-संगति से परे प्रकृति सिर्फ होती है, आप उसे या तो अपने ढंग और तर्क से समझ सकते हैं, परिभाषित कर सकते हैं या उसका उपयोग कर सकते हैं। इधर रचना सिर्फ होती ही नहीं, अभिव्यक्ति और सम्प्रेषणीयता में होने की सार्थकता भी वहन करती है। क्यों और कहां तक के प्रश्नों को भी झेलती है।

कभी-कभी मैं अपने से पूछता हूं कि मान लीजिए दुनिया में कहीं कोई साहित्य न होता तो हमें कहां, क्या परेशानी थी? क्यों हम पोथे-पर-पोथे अपने ऊपर लादे चले जा रहे हैं? तभी जवाब आता है कि तब शायद हम सिर्फ 'होते' : नदी, पहाड़, पेड़ की तरह। हम क्यों हैं? कहां तक हैं और इस सबका क्या कोई अर्थ है, जैसे सवालों के बिना अपनी स्थिति को समझने या नियति को बदलने की बात भी कहां उठती? किसी के भी सुख-दुःख से जुड़ते ही क्यों? साहित्य का जन्म तो उसी दिन हो गया था, जब किसी एक ने दूसरे से निश्छल आत्मीयता में अपनी बात कही थी, सुख-दुःख बांटा था या दूसरे को गवाह बनाकर अपने को खोला था। दूसरे के लिए महसूस करना, हिस्सेदार होना भी है। सुख की हिस्सेदारी, हो सकता है, उस क्षण के साथ ही समाप्त हो जाये, दुःख-यातना-पीड़ा की हिस्सेदारी हमें दूसरों के साथ गहरी परतों में लम्बे समय तक जोड़ती है। यातना की यह हिस्सेदारी और स्वानुभूति न होती तो हम अपने और दूसरों को कहां गलत और सही कहते? यह नैतिक बोध सामाजिक बोध से अलग है। दूसरे के साथ जुड़कर, उसकी नियति में हिस्सेदार होने के माध्यम से ही हम अपनी व्यक्तिगत सीमाओं को अतिक्रमित करते हैं। जिस दिन मैंने दूसरे को प्यार किया था, उसके सुख-दुःख को अपने साथ जोड़ा था, उसी दिन अपने को अतिक्रमित किया था—अपनी संवेदना को विस्तार दिया था। चाहे अपने को दूसरे के रूप में रख कर हो, या दूसरे को अपने रूप में देखकर, संसार का सारा साहित्य अपनी व्यक्तिगत सीमाओं का अतिक्रमण है। अतिक्रमण

की यह क्षमता अगर मेरे अस्तित्व की मौलिक शर्त न होती तो क्यों मैं सीता और शकुन्तला के दुःख से विगलित होता, क्यों हीर और रांझा के आंसू मुझे छूते और क्यों अन्ना या बावेरी की तकलीफ मेरी अपनी पीड़ा बनती? यह पीड़ा और यातना ही तो मुझे देश और काल फलांग कर अपने साथ एकाकार करती है। कोई फर्क नहीं पड़ता है, अगर मैं यह महीन विभाजन न कर सकूं कि हैमलेट के अन्तर्द्वन्द्व में ही वह शक्ति और वे तत्व थे जिन्होंने मुझे व्यक्तिगत कैद से निकालकर अपने साथ तदाकार किया, या वह मेरी अपनी पीड़ा थी जो हैमलेट के माध्यम से व्यक्त होने लगी थी। मैं दूसरों के बहाने कहूं या दूसरों में अपने आपको पाऊं, बात तो वही है कि मैं अपने को फलांग सकने के लिए मजबूर हूं।

खुद अपना साक्षी होना, जहां मुझे दूसरों को अपनी और अपने को दूसरों की स्थिति में रख सकने की क्षमता देता है, वहीं मुझे रोकता भी है कि दूसरों को सही और गलत, काले-सफेद के खानों में न बांट दूं। तब अपने निर्णयों का अन्तिम न्यायाधीश मैं नहीं होता—मुझे काले-सफेद के बीच हजारों रंग और छायाएं नजर आने लगती हैं। काले-सफेद के खाने तो मुझे बने-बनाये मिले हैं, उन्हें हर बार जांचने की निगाह मेरी अपनी है—सिर्फ अपने को अन्तिम कसौटी मान कर नहीं, दूसरों की यातना का साझीदार बनकर। पीड़ा का निर्लिप्त 'दूर-दर्शन' भले ही मेरी आत्मा को मांजता हो, या सबको मुक्त रखने की आंख देता हो, इस पीड़ा का सहभागी नहीं बनाता। जानना, सहभागी होना है और इस प्रक्रिया में खुद बदलते जाना है। साक्षी हुए बिना मैं खुद अपनी पीड़ा को समझ ही नहीं सकता—सिर्फ भोग सकता हूं। साक्षी होते ही मेरी संवेदना अपनी सीमाएं फैलाती है और मैं दूसरों की पीड़ा से जुड़ जाता हूं और वह नहीं रहता जो इस प्रक्रिया से पहले था। मैं बदलता हूं और इस बदलने को देखता हूं, कहता हूं। यह देखना और कहना ही कुछ मूल्यों का विरोध या उनकी स्वीकृति है। यह स्वीकृति और विरोध कहीं मौजूदा स्थिति की आलोचना भी है। एक क्रिया भी है। इस तरह सहभोक्ता होना कहीं सक्रिय होना है। सक्रियता, यथास्थिति को चैलेंज करना है, यानी एक खास धरातल पर संघर्ष और प्रयास को स्वीकार करना है। साहित्य में जहां दूसरों की पीड़ा मुझे छूती है, या मुझे अपने साथ जोड़ती है, वहां इस प्रयास और संघर्ष में भी अपने साथ शामिल कर लेती है। बिना संघर्ष के पीड़ा शायद संक्रमण ही नहीं कर पाती। होरी की पीड़ा जितनी संघर्ष में है उससे ज्यादा संघर्ष की मुखर अनुपस्थिति में भी है; वह हमारे भीतर संघर्ष के होने की जरूरत का अहसास कराती है। यथास्थिति के प्रति जागरूक होना ही संघर्ष में होना है।

लेकिन साहित्य यातना, यानी संघर्ष की चेतना हो सकती है, खुद संघर्ष नहीं है। वह यथास्थिति का विरोध, या उसके प्रति विद्रोह का भाव हो सकता है, खुद विद्रोह नहीं होता। मेरी जानकारी में साहित्य ने न कहीं यथास्थिति को बदला है,

न क्रान्ति की है। उसने सिर्फ विरोध और क्रान्ति की चेतना को धधकाया है। मुझे साहित्य हमेशा एक ऐसे हवाई हमले की तरह लगता है जो दुश्मन के प्रतिरोध और प्रत्याक्रमण के केन्द्रों को तोड़ता है, अपने पैराशूट और जासूस उतारता है, खुद कब्जा कहीं नहीं करता। कब्जा तो जमीन की फौजें करती हैं। साहित्य यथास्थिति में 'दरारें' और शंका पैदा करके उसे बदलने वालों की विजय को आसान बनाता है। 'जो कुछ है, वह मनुष्य के हित में बदला जाना चाहिए' की मानसिकता और जरूरत महसूस कराने से अधिक साहित्य की कोई सार्थकता नहीं है। वह मेरी या मुझ जैसों की आत्मा का इतिहास और भूगोल दोनों है, क्योंकि मेरी ही तो आत्मा है जहां देश और काल दोनों मिलते हैं।

वह निरन्तर साक्षी को भोक्ता में और भोक्ता को अभिव्यक्ति में बदलता रहता है। वह अनुभूति को अभिव्यक्ति में, अन्वेषण को सम्प्रेषण में संवादहीनता को संवाद में और होने को, बनने की दुतरफा दुहरी प्रक्रिया में, ढालता रहता है। वह कभी अन्दर से बाहर की ओर जाता है, कभी बाहर से अन्दर की ओर। मूर्त को अमूर्त करता है और निराकार को आकार देता है।

इस द्वन्द्वात्मकता का भोक्ता, गवाह और अधिवक्ता होना क्या हमें निरन्तर समृद्ध या दृष्टि-सम्पन्न नहीं बनाता?

(युगसाक्षी, जुलाई-सितंबर, 1988)

लेखकीय प्रासंगिकता का प्रश्न

पिछले सौ डेढ़-सौ साल के इतिहास को, मनुष्य-जाति की सारी परम्परा से काट देने का श्रेय मुख्य रूप से तीन ही व्यक्तियों को दिया जाता है : डार्विन, फ्रायड और मार्क्स। हम भगवानों, देवताओं और विराट-पुरुषों की ऐसी सन्तानें हैं जो दिनोंदिन छोटी, बौनी और कमअक्ल होती चली जा रही हैं, हमारे पुरखे महान मेधा और प्रचण्ड शक्तियों के स्वामी थे, अद्वितीय प्रतिभाशाली देव-पुरुष थे—इस धार्मिक अन्धविश्वास का खण्डन करते हुए डार्विन ने स्थापित किया कि हर जीवन की तरह हमारा भी विकास हुआ है और हमारे पुरखे बन्दर या उनके आस-पास के कोई जीव थे। हमारे भीतर भगवान है, हमारी आत्मा ही परमात्मा का अंश है और अपने अन्दर के ब्रह्म-साक्षात्कार द्वारा ही हम ईश्वरीय शक्तियों से जुड़ते हैं, सिद्धियों को प्राप्त करते हैं—इस धारणा का ध्वंस किया फ्रायड ने। उसने कहा—हमारे भीतर अथाह नरक है, अचेतन में दमित और कुंठित वासनाओं के जहरीले सांप फुंफकार रहे हैं और भीतर ईश्वर नहीं, यौन-भावना भरी है—हां, उसके उदात्तीकरण की संभावना भी है। सांसरिक दुःख-सुख, अमीरी-गरीबी या बाहरी भौतिक परिस्थितियों के लिए कोई विधाता या भाग्य नहीं, हम खुद जिम्मेदार हैं और अपनी परिस्थितियों के साथ अपने प्रारब्ध को भी खुद ही बदल सकते हैं, यह दृष्टि हमें दी मार्क्स ने।

इन तीनों विचारकों ने सम्पूर्ण मानव-नियति पर पुनर्विचार की वैज्ञानिक-संभावना ही नहीं दी, मनुष्य को सब तरफ से ईश्वरीय और अदृश्य शक्तियों से काट दिया। अपने और अपनी स्थितियों के प्रति खुद जिम्मेदार बनाने के इनके ये त्रि-आयामी प्रयास ही हमें झटके से आधुनिक युग में ला-खड़ा करते हैं। निस्संदेह ये तीनों मनीषी तीन-विचार क्रांतियों के जन्मदाता हैं और जिस तरह उन्होंने हमारे हजारों साल के सोच को ही नहीं, सारी स्थितियों को बदल डाला है, वैसा बड़ी-से-बड़ी लड़ाइयां, तख्ता-पलट, राज्य-विद्रोह या शहंशाहों की शक्तियां, हत्याएं और मौतें कभी नहीं कर पायीं।

अब अगर महावीर प्रसाद द्विवेदी होते तो फुटपाथी-मजमे को ललकार कर छाती-ठोक इश्तिहारी अंदाज में कहते—ये सारी विचार-क्रान्तियां किसने की हैं?... साहित्य ने, साहित्य ने, साहित्य ने। दुर्भाग्य से मैं उस तरह नहीं कह पाता। विचारक ये तीनों

थ, लेकिन साहित्यकार तो इनमें से एक भी नहीं है। यही क्यों, 'कांदीद्' उपन्यास, या 'कन्फैशन्स' जैसी विश्व-प्रसिद्ध रचनाओं के बावजूद वोल्तेयर और रूसो साहित्यकार नहीं, राजनैतिक-चिन्तक थे। ठीक वैसे ही जैसे बेहद खूबसूरत कविताएं लिखने के बावजूद माओ-त्से-तुंग कवि नहीं हैं। हां, अगर विचार-मात्र ही साहित्य की बपौती हो, तो सुकरात-प्लेटो से लेकर भगवान रजनीश तक सभी साहित्यकार हैं। लेकिन हम जानते हैं कि अत्यंत 'काव्यात्मक' गद्य लिखनेवाले चर्चिल और नेहरू तक साहित्यकार नहीं हैं। बल्कि मैं तो इस नतीजे पर पहुंच रहा हूं कि साहित्य कभी कोई दिशा नहीं देता, कभी कोई क्रान्ति और परिवर्तन नहीं करता—वह तो औरों द्वारा किये गये विचारों और कर्मों से खुद दिशा लेता है, अपने को पैना और प्रभावशाली बनाता है—और आगे जाकर अपने आपको जीवित रखता है।

जिन्दगी के अन्य अन्धविश्वासों की तरह अगर हम, समय रहते इस प्रश्न पर भी पुनर्विचार कर लें कि 'साहित्य की प्रासंगिकता आज है क्या?' तो शायद बहुत से जाले साफ हो सकेंगे। ज्ञान और विज्ञान के हर क्षेत्र में इतने व्यापक और गहरे शोध-कार्य हो चुके हैं कि लेखक और साहित्यकार न तो उनमें नया कुछ बता सकता है, न इजाफा कर सकता है। उन सबको खुद जान ले, यही उसकी बहुत बड़ी उपलब्धि है।

अपनी हर पंक्ति लिखते हुए, न जाने मैं कब से अपने आपसे एक सवाल करता हूं : यह मैं क्यों लिख रहा हूं? यह सब न लिखूं तो क्या अधूरा रह जायेगा? किसी समाज, मनुष्य या उसकी नियति को बदलने की दिशा में मैं यह सब लिख रहा हूं? पूरी मनुष्य-जाति के इतिहास में कब किसी कविता, कहानी, उपन्यास ने समाज को बदला है? मनुष्य की तकदीर पर जो शासन करते हैं वे कब किसी कविता-कहानी से प्रभावित हुए हैं? कौन से युद्ध, कौन-सी हत्याएं और कौन-से शोषण साहित्य ने रोके हैं? व्यक्ति-मन के चेतन-अवचेतन की गुत्थियां सुलझाते, उसकी भीतरी तहों का अनुसंधान करते हुए क्या हमने उसकी नियति के साथ खिलवाड़ करनेवाले षड्यंत्रों के प्रति उसे उदासीन ही नहीं किया? या मानवीय-मनोविज्ञान को ढालने के दंभ में लिखा गया हमारा सारा साहित्य क्या सिर्फ कुछ पेट-भरे, ऊबे लोगों के पलायन और मनोरंजन का खिलौना होने के लिए ही अभिशप्त है?

अगर साहित्य की ऐसी कोई भी सार्थक-प्रासंगिकता नहीं है तो कहीं हम जैसे लोगों ने आपस में एक खूबसूरत मिली-भगत तो नहीं कर रखी है कि हमें रोजी-रोटी के साथ 'महान' होने का सम्मान भी मिलता रहे? प्रेमचंद की रचनाएं पढ़कर किन समस्याओं के निदान निकाले गये? आश्रमवादी हृदय-परिवर्तनों के समाधानों को समय ने झूठा कर दिया और 'होरी' को शायद पता भी नहीं है कि उसकी ट्रेजेडी पर किसी ने 'गोदान' लिखा है। पता है हमें, जो विवेचन-विश्लेषण-अध्ययन और चरित्र-निरूपण लिखते हैं, उसमें से 'रस' और अमरत्व निचोड़ते हैं ताकि हमारी विद्वत्ता और वेतन बने रहें। हो सकता है गोर्की लेनिन के मित्र रहे हों, और पाब्लो नेरुदा

अलेन्दे के साथ उठते-बैठते हों, लेकिन व्यक्तिगत सम्बन्धों के आधार पर नहीं, साहित्य के धरातल पर दोनों ने लेनिन और अलेन्दे के निर्णयों को कहीं प्रभावित किया है—मुझे नहीं पता। तब क्या यही मान लिया जाये कि लेखक की वास्तविक स्थिति या तो मानव-नियति का निर्णय करनेवालों के बीच तीसरे दर्जे की है (दूसरे दर्जे में तो उनके वे 'हाथ' हैं जिनके जरिए वे अपने निर्णयों का कार्यान्वयन कराते हैं) या फिर सबसे हटकर व्यक्तिमन की गहराइयों में डूबकर अज्ञात-अज्ञेय हो जाने की?

ये सवाल अपने लेखन को गंभीरतापूर्वक लेने वाला हर वह लेखक अपने-आपसे करता है जो अपने-आपसे, अपने आस-पास और अपने लेखन से सन्तुष्ट नहीं है। शायद हर समय करता रहा है। अक्सर मैं शंका करता हूं कि लेखक की महिमा-गरिमा का जयघोष करने वाले सारे उद्धरणीय वाक्य या हमारे सारे संस्कार कहीं योगीश्वरों और सन्तों के ढोंग जैसी कोई महीन जालसाजी तो नहीं हैं? हर संत-योगीश्वर, पुराने भजन, साखी, श्लोक, चमत्कार-कथाओं और न जाने किन-किन खूबसूरत तरीकों से 'गुरुमहिमा' या 'गुरु' में भगवान के वास की बात जरूर कहता है। वह मुंह से चाहे न कहे, लेकिन बहुत स्पष्ट है कि सैकड़ों सालों की यह गुरु-महिमा अपनी ही प्रतिष्ठा में निवेदित होती है। 'आरती करो गुरुवर की' गानेवाला महान-योगी, भक्ति-विह्वल, भाव-लीन होकर अपने किसी दिवंगत गुरु की वंदना नहीं करता, भक्तों में खुद अपनी आरती कराने की सांस्कारिक और भावनात्मक विवशता पैदा करता है।... कहीं हमारे जरिए लेखक-मात्र की महानता के गुण-गान के पीछे यही मनोवृत्ति तो नहीं है? सत्य कहने और सत्य की खोज के लिए प्रतिबद्ध लेखक अपनी 'महानता' को एक बार क्रूर और बेबाक होकर जांचता क्यों नहीं है? इस जांच की शुरुआत यहां से होनी चाहिए कि आज समाज में लेखक की अपनी स्थिति क्या है और वह अपने लेखन में किस हद तक 'स्वतंत्र' है? दूसरा यह कि वह लेखन से क्या चाहता है?

अगर विचारक-संत और ऋषि के कार्यों और व्यक्तित्वों का आपस में घाल-मेल न कर दिया जाये तो मैं कहूंगा कि भारतीय-समाज में लेखक की स्वतंत्र सत्ता कभी रही ही नहीं। आज जिसे हम रचनात्मक लेखन कहते हैं, उसे लिखने वाले या तो दरबारों से जुड़े थे, वेतन और वजीफे पाते थे या संत और ऋषि बनकर समाज से कटे रहे। व्यास-बाल्मीकि-तुलसीदास तक व्यक्तिशः ऋषि-संत-भक्त के रूप में ही सम्मानित थे, समाज की जीवंत इकाई या नागरिक के रूप में नहीं...बस्ती से अलग किसी कुटी में धूनी रमाये ये सब भगवद्भजन के साथ-साथ अपनी रचना भी करते रहे होंगे और भगवान के नाम पर, उनकी कथाओं के गायक होने के नाते समाज उनके खाने-पीने की व्यवस्था भी कर देता होगा। कबीर की वाणी की कड़क के पीछे क्या यह सत्य नहीं है कि वे कपड़े बुनकर जीविका चलाते थे और उन दबावों से मुक्त थे जो बहुत-सी बात चबा या पचा जाने की अदृश्य मजबूरी पैदा करते हैं?

राज्याश्रय स्वीकार कर लेने या घर-फूंक साधु हो जाने के बीच, समाज का एक

जीवंत अंग बनकर मैं जिस तरह एक स्वतत्र-लेखक के रूप में आर्थिक-सुरक्षा, मान्यता, सम्मान और स्थान चाहता हूं वैसा मुझे अपने पिछले इतिहास में कहीं नहीं दिखायी देता... भगवान का नाम जोड़कर 'स्वतंत्र' रहने वाले साधु-संतों की परम्परा हजारों साल पुरानी हो सकती है, लेकिन उपन्यास-कहानी-कविता-नाटक लिखने वाले के रूप में स्वतंत्र-लेखक की धारणा इसी शताब्दी की देन है। वकील, डाक्टर और आर्किटैक्ट स्वतंत्र होकर भी सम्मानित हो सकते हैं (शायद इसलिए भी कि वे बदले में तत्काल और ठोस कुछ दे सकने की स्थिति में हैं) लेकिन विचार-जगत से जुड़े साधु, राजनेता और लेखक—तीनों की स्थिति काफी संदेहास्पद है। इसीलिए तीनों अपने कार्य-क्षेत्र और व्यक्तित्व तय नहीं कर पाते।

साधु को अंगूठी पैदा करने से लेकर बीमारियां दूर करने और भविष्य बताने, सभी तरह के चमत्कार करने पड़ते हैं, राजनेता को दुनिया-भर के काम कराने पड़ते हैं और लेखक को पत्रकारिता से लेकर अध्यापन या गुमनाम-लेखन, सभी कुछ करना पड़ता है। मौका पड़ने पर तीनों एक-दूसरे के क्षेत्र में भी घुसपैठ करते हैं। इन तीनों में सबसे कम स्वतन्त्र है लेखक। स्वतंत्र रहने के निर्णय के साथ ही उसे आधी से अधिक शक्तियां वह सब करने या लिखने में लगानी होती हैं जो वह नहीं चाहता। हां, वह गुलशन नंदा होकर सन्तुष्ट हो रहे, यह दूसरी बात है।

देवकीनंदन खत्री से लेकर मैथिलीशरण गुप्त, यशपाल, वृन्दावनलाल वर्मा या अश्क तक का लेखन के साथ प्रकाशन का संघर्ष सिर्फ लेखक का साहित्येतर दबावों से अपने आप को स्वतंत्र रखने का संघर्ष है। साधु या राजनीतिज्ञ के अनुयायियों के विपरीत लेखक के पाठक उसे स्वतंत्र रख सकने के लिए नाकाफ़ी हैं। इसलिए वह या तो सत्ता की ओर देखता है या दूसरे प्रतिष्ठानों की ओर! हैमिंग्वे, सार्त्र या शोलोखोव जैसी जिन्दगी हमारे लिए कल्पनातीत है। हममें से कुछ ने उसी ढंग से रहने के प्रयत्न किये, लेकिन वे पाठकों के बल पर नहीं थे—परिणामतः अन्य प्रतिष्ठानों और सत्ता के बीच भटकने या एक के आधार पर दूसरे के सामने अपनी कीमत बढ़ाने को ही उन्होंने स्वतंत्र होना मान लिया...सत्ता की ओर से दिये जाने वाले पुरस्कार, फैलोशिप या दूसरे सार्थक-सम्मान, गणतंत्र-दिवस या परिवार-नियोजन पर रचना लिखने की मजबूरी चाहे न पैदा करें, लेकिन एक दूसरी शंका मन में जरूर जगाते हैं : चोरी करने जाता हुआ चोर कुत्तों को चुप कराने के लिए रोटियां फेंकता है! हमारे स्वर में स्वर न मिलाओ, मगर चुप तो रहो...हमें अपना काम करने दो...यानी एक दूसरे के काम में हस्तक्षेप न करो—अर्थात् लेखक को राजनीति से अलग रहना चाहिए...(तो क्या सत्ता सचमुच इस कुत्ते से भीतर ही भीतर डरती है?)

हिन्दी में कुत्ता शब्द सुनने में बुरा लगता है—अंग्रेजी-शब्द अच्छा है, वाच-डॉग ...वह कुत्ता कैसे अपने होने को सार्थक करेगा जो गांव-भर की रोटियां खाकर संकट के समय ख़तरे से आगाह नहीं करता?...वह खुद खतरे का सामना नहीं कर सकता,

सिर्फ गांव वालों को जगा सकता है! जन्मोत्सव, विवाह-शादियों में भले ही वह इधर-उधर मुंह चुराता फिरे, लेकिन मौत, भूचाल, हमले और चोरी-डकैती को तो सूंघकर ही उसे गांववालों को सचेत करना होगा...

मगर लेखक कुत्ते की नहीं, शेर की स्थिति चाहता है। क्योंकि साधु और राजनेता की वही इज्जत है। साधु अगर व्यक्ति को एक स्वर्णिम-परलोक, आध्यात्मिक शान्ति और ईश्वरीय साक्षात्कार का आश्वासन दे सकता है तो राजनेता उसके समाज की भौतिक-अवस्था को बदलने का! लेखक समाज को ऐसा क्या आश्वासन दे? सिर्फ मनोरंजन का? हमारी स्थिति क्या सिर्फ यही है कि जिन्दगी की भाग-दौड़ में फंसे आदमी को पलभर को प्रसन्न करें, उसकी नसों के तनाव को ढीला कर दें या फिर उसे ऐसी काल्पनिक दुनिया में घुमाते रहें जो न उसकी है और न कभी हो सकती है? मैं समझता हूं कि एक से एक खूबसूरत वाक्यों और बड़े-बड़े निराकार गरिमामय शब्दों की निरर्थकता में पड़े बिना, यही वह जगह है जहां लेखक की रचनात्मकता वास्तविक संदर्भ में अपनी प्रासंगिकता तलाश कर सकेगी...

पहली बात तो यह कि लेखन-मात्र व्यवस्था से विद्रोह है, हर स्थापित संस्था के आगे एक प्रश्न-चिन्ह है। हमारे आस-पास जीवन और जगत में जो कुछ भी घटित होता है उसकी न कोई संगति है, न युक्ति! जो कुछ मेरी जिन्दगी में रोज होता है, उसके पीछे क्या युक्ति और तर्क हैं—मैं नहीं समझ पाता। शायद कोई भी नहीं जानता। अस्तित्ववादियों के शब्दों में यह मूलतः तर्कातीत या 'एब्सर्ड' स्थिति है! 'माया' कहकर मैं इस एब्सर्ड का अपमान नहीं करूंगा, क्योंकि यहां भारतीय-मानस बेहद अवैज्ञानिक है और 'भगवान की इच्छा' या 'भाग्य' कहकर हर घटना का 'तर्क' तलाश कर लेता है। लेकिन भगवान की इस 'अविगत गति' वाली तर्कातीत व्यवस्था के बरखिलाफ मेरी हर रचना के पीछे मेरी अपनी युक्ति और संगति है। मैं अपने पात्र के जीव का स्रष्टा ही नहीं, उसकी हर स्थिति और नियति का नियामक भी हूं। सब मिलाकर उसकी जिन्दगी से जो अर्थ ध्वनित होता है वह भी मेरा अपना है। जिन्दगी में जो कुछ होता है, उसके पीछे की संगति मैं भले ही न जानता होऊं, लेकिन मेरे पात्रों की जिन्दगी में कोई बात क्यों होती है, इसे मैं जरूर जानता हूं। और इस तरह में प्रकृति या भगवान की व्यवस्था के खिलाफ एक ज्यादा युक्ति-संगत संसार की रचना करता हूं। 'एक दुनिया : समानान्तर' में मैंने विश्वमित्र के माध्यम से और ज्यादा गहराई में जाने की कोशिश की है...

मनुष्य को एक अधिक युक्ति-संगत और बेहतर जिन्दगी मिले—इसके लिए मुझे हर स्वीकृति या 'शाश्वत' मूल्य, विचार, संस्था या व्यवस्था में उसकी स्थिति को नये सिरे से जांचना होता है। जो कुछ 'टेकन-फॉर-ग्राण्टेड' है, उस सब पर प्रश्न-चिन्ह लगाना होता है। मनुष्य को बांधकर रखने वाली ये संस्थाएं धार्मिक हो सकती हैं, नैतिक हो सकती हैं, और राजनैतिक हो सकती हैं! यानी मैं यह मानता हूं कि दिशा

और काल में आदमी अपने संदर्भों से बंधा ही नहीं है, उनसे छूटने, उन्हें लांघने या उन्हें बदलने की कसमसाहट और छटपटाहट भी महसूस करता है। यहां मेरा काम विचार-क्षेत्र के दूसरे मनीषियों ने आसान कर दिया है। मैं उस छटपटाहट के स्वरूप को अनुभव खुद करता हूं, लेकिन उसे दृष्टि और दिशा कोई दर्शन ही देता है। लेकिन दर्शन और विचार के क्षेत्र में यह मनुष्य निरन्तर 'एब्स्ट्रैक्ट' या निराकार होता चला गया है। इसलिए उसे जीवित, ठोस और साकार मनुष्य की संवेदनाओं और धड़कनों की कसौटी पर बार-बार जांचने का काम मेरा है। जब विचारक हवाई मानवता की कल्याण-कामनाओं और राजनैतिक योजनाओं के 'यूटोपिया' में बहुत ऊंचा उड़ने लगता है तो अपने आस-पास के मनुष्य की वास्तविक जिन्दगी पकड़कर मुझे ही अपने आपको और उन्हें असलियत बतानी होती है कि यह दृष्टि और दर्शन क्या सचमुच हमारे अनुभव की अपनी आन्तरिक और अनिवार्य परिणति है? मैं संस्था और व्यवस्था नहीं हूं, लेकिन आदमी और व्यवस्था के बीच का वह 'संवाद' जरूर हूं जो दोनों को अपनी-अपनी या एक-दूसरे की स्थिति बताता है।

चूंकि व्यवस्था या संस्था की निगाह में मनुष्य शीघ्र ही आंकड़ों या एब्स्ट्रैक्ट-आइडिया में बदल जाता है, इसलिए उसकी दयनीय वास्तविकता और संवेदनात्मक स्तर पर जीने वाले तनावों का संदेश लेकर बार-बार मुझे ही जाना पड़ता है। ये छोटी-छोटी प्रेम-प्यार या आशा-निराशाओं की कहानियां इस संदर्भ में मुझे कम महत्वपूर्ण नहीं लगतीं—क्योंकि वे ईमानदारी से आदमी के हारने-जीतने, टूटने-बदलने, थकने-जीने को रेखांकित करती हैं। यानी मेरी रचना बार-बार उसी मनुष्य की बात करती है जिसे संस्थाएं और व्यवस्थाएं भूल चुकी हैं, लेकिन जिसके कल्याण की योजनाएं हर क्षण प्रचारित करती हैं। निश्चय ही व्यवस्था में लगे हुए अफसर, ऐसे व्यक्ति को बहुत पसंद नहीं करते जो हमेशा इस-उस का दुखड़ा ही रोता रहे। बड़ी-बड़ी व्यवस्थाओं के बीच छोटी-छोटी और निहायत गैर-महत्वपूर्ण बातें करना कहीं उनकी व्यर्थता को उजागर और रेखांकित करना है। इसलिए व्यवस्था और संस्था की निगाह में लेखक कभी भी 'अच्छा आदमी' नहीं होता। धार्मिक, नैतिक और राजनैतिक सभी स्तरों पर वह उन्हें हमेशा 'अनकम्फ़र्टेबुल' या एक बेचैनी महसूस कराता है। कभी सोचकर देखिए, व्यास, बाल्मीकि और कालिदास इत्यादि की रचनाएं मनु और याज्ञवलक्य का सीधा-सीधा विद्रूप और विरोध नहीं हैं? यही क्यों, संसार का सारा कथा-साहित्य उन्हीं सम्बन्धों और लोगों की कहानियों से भरा है जिन्हें तात्कालिक नैतिक और धार्मिक मान्यताएं अनुचित और अवांछित कहती हैं। जिन अनुभवों और व्यक्तियों को अस्वीकृत, तिरस्कृत और अनुपयोगी मानकर संस्थाएं और व्यवस्थाएं कचरे की तरह ठिकाने लगा देती हैं, साहित्य में वे ही सब सशक्त और जीवंत होकर सिर उठाते हैं।

संस्थाएं मनुष्य को नियंत्रित, नियोजित और व्यवस्थित करती हैं। अपनी

द्वंद्वात्मक प्रक्रिया में कभी ये संस्थाएं या व्यवस्थाएं एक-दूसरे के हित में निकट आ जाती हैं और कभी एक-दूसरे के खिलाफ। मध्यकाल हमारे यहां मोटे रूप से धार्मिक आस्थाओं का युग था। जिन्दगी की नियामक शक्तियां धर्म से ही अपनी प्रेरणाएं ग्रहण करती थीं। लेकिन शासक और शासित अक्सर दो अलग धार्मिक अनुशासनों से बंधे थे। यहां हम देखते हैं कि व्यवस्था और शासकीय कारणों से एक-दूसरे के निकट आने की भरसक कोशिश है, लेकिन मूलतः विश्वासों के स्रोत दो अलग दिशाओं में हैं। मुखर रूप से शासन-व्यवस्था को चुनौती दे सकने की स्थिति नहीं है, लेकिन अपने विश्वासों और धर्म पर दृढ़ तो रहा ही जा सकता है। यहां धर्म, कहीं अपनी अस्तित्व-रक्षा का पर्याय बन गया है।

हमारे सामने इस मध्यकाल के दोनों साहित्य उपलब्ध हैं। दरबारों में रचा गया साहित्य और जनता का साहित्य। तत्कालीन समय और समाज को समझने के लिए प्रासंगिक दोनों हो सकते हैं, लेकिन यह देख सकना हमारे लिए मुश्किल नहीं है कि सार्थक प्रासंगिकता किसकी है। अपने समय के सही आदमी की वास्तविक मानसिकता से जुड़े होना या उसे ही 'आर्टिकुलेट' करना तुलसीदास को न केवल प्रासंगिक बनाता है, बल्कि ऐसी प्रामाणिकता भी देता है कि उस युग को समझने के लिए ज्ञान के अनेक क्षेत्रों से उन तक पहुंचा जा सकता है।

दर्शन, धर्म, साहित्य, भाषा-विज्ञान, समाज-मनोविज्ञान, इतिहास, समाजशास्त्र—अनेक दृष्टियों से उस काल के लिए तुलसी अनुपेक्षणीय हैं। समय की सही मानसिकता और उसे अभिव्यक्ति देने वाले मनुष्य को पकड़ना ही प्रामाणिक होना है। मुझे लगता है कि इस अर्थ में ज्ञान के अनेकानेक क्षेत्रों के लिए प्रासंगिक और प्रामाणिक होना कालजयी होना भी है। मूलतः संवेदना के गहरे स्तरों पर तुलसी ने उस मनुष्य के साथ तादात्म्य किया था जो तत्कालीन व्यवस्था में छटपटा रहा था। राम का चरित्र उसी घुटन, छटपटाहट और दारुण असहायता में सांस लेती मानसिकता की 'विशफुल थिंकिंग' हो सकती है—जैसे उत्तर-सामन्ती व्यवस्था में जगह-जगह की लोक-कथाओं में 'रॉबिन-हुड' जैसे नायक हुए हैं। राम कभी थे या नहीं, मैं नहीं जानता। लेकिन 'राम जैसा कोई आकर हमें इस नरक से बचाये' की घुटती गुहार जरूर सच थी! तुलसी की शक्ति या प्रासंगिकता साहित्य-शास्त्रीय महानता में नहीं, इसी सही मानसिकता से जुड़े होने में है! संवेदना की तहों में बिखरी, जीने की आकांक्षा को शब्दों में बीन कर जब हम अपने पात्रों के माध्यम से तत्कालीन परिवेश में सांस लेते हैं, उसे अतिक्रमित करते हैं या इस प्रयास में टूटते हैं तो सार्थक रचना जन्म लेती है। अगर हमने नब्ज को सही जगह पकड़ा है तो मनुष्य को समझने का दावा लेकर आनेवाला कोई भी ज्ञान-विज्ञान, शास्त्र या दर्शन उसकी उपेक्षा कैसे कर सकता है?

जब साहित्य सही मानसिकता या सही आदमी की नियति से न जुड़कर, ऊपरी

संस्थाओं, व्यवस्थाओं या खुद अपने आपसे प्रेरणा लेने लगता है तो नकली, झूठे और अप्रामाणिक लेखन का जन्म होता है। सारा रीतिकालीन साहित्य चूंकि इस सही मनुष्य से कटा हुआ है इसीलिए पुराने साहित्य और लक्षण-शास्त्रों से प्रेरणा लेता है : नतीजे में बेजान और अप्रासंगिक होता चला जाता है! अपने चरित्र में वह मनोरंजन और पलायन का साहित्य है। मैं आज इसलिए शास्त्रीय और रसवादी साहित्य को व्यर्थ मानता हूं कि वह किसी साहित्य को समझने की कोई दृष्टि नहीं देता। जो आज भी सामंती जहनियत से नहीं निकल पाये हैं, वे ही उसमें रस लेते हों तो लेते हों।

मैंने अनेक जगह दुहराया है कि आज साहित्य को सिर्फ शास्त्रीय या साहित्यिक मूल्यों से नहीं समझा जा सकता। हमारे यहां के अधिकांश प्राध्यापक चूंकि साहित्य को साहित्य की दृष्टि और परम्परा से समझना चाहते हैं, इसलिए असफल होते हैं। यह 'फ्रस्ट्रेशन' उन्हें और अधिक शास्त्रीयता में लौटा देता है। डॉ. नगेन्द्र जैसों की ट्रेजेडी यही है। जिन्दगी के और क्षेत्रों की तरह सामन्तवादी मूल्यों को शाश्वत मूल्य मानने की भ्रान्ति यहां भी ऐसों को अप्रासंगिक बनाती चली जा रही है। किसी भी समय के साहित्य को और विशेष रूप से आज के साहित्य को तो सिर्फ अपने समय के संदर्भों में ही समझा जा सकता है, यानी उसे समझने के लिए राजनीति, समाजशास्त्र, आर्थिक-ढांचे और सारी सामाजिक-बनावट को समझना जरूरी है। पिछले बीस-पच्चीस वर्षों के साहित्य ने जो अचानक समाजशास्त्रियों को आकर्षित करना शुरू कर दिया है, वह आकस्मिक नहीं है। अपने सम्बन्धों और संदर्भों में जीनेवाले आदमी का वह एक प्रामाणिक दस्तावेज है। आज के सम्पूर्ण समय के संघातों के बीच सांस लेते मनुष्य की कुंठाओं, आकांक्षाओं, प्रयत्नों और हताशाओं को अगर हम ईमानदारी और कलात्मक प्रभविष्णुता से आंक सकें तो हमें किसी शास्त्रीय प्रामाणिकता की आवश्यकता नहीं है बल्कि शास्त्र अपनी प्रामाणिकता इस रचना से तय करेगा।

हर समय का अपना एक मुख्य और नियंता-स्वर होता है। मध्यकाल का मुख्य-स्वर धर्म था और बिना धर्म को समझे न उस समय के साहित्य को समझा जा सकता था, न जीवन को। आज की वह केन्द्रीय-शक्ति राजनीति है...बिना राजनैतिक चेतना के न आज साहित्य लिखा जा सकता है, न समझा जा सकता है! जिन्दगी को निर्धारित और नियंत्रित करनेवाली शक्ति आज न नैतिक मूल्यों के हाथ में है, न धार्मिक विश्वासों के—साहित्य के हाथ में तो है ही नहीं। मार्क्सवादी शब्दावली में साहित्य और कला वैसे भी सामाजिक ढांचे के बहुत ऊपरी हिस्से में आते हैं। साहित्य को भी अपना आदमी इसी परिवेश से उठाना होगा जो राजनीति द्वारा निर्धारित होता है। हां, यह उसे खुद तय करना है कि उसे व्यवस्था की राजनीति के साथ होना है या व्यवस्था बदलने को व्याकुल मनुष्य की राजनीति के साथ...बहरहाल उसे अपनी प्रासंगिकता और प्रामाणिकता इसी मनुष्य के हाथों मिलेगी!

अपनी लेखन-यात्रा में प्रासंगिक वह सभी कुछ हो सकता है जो मैं लिखता हूं। लेकिन सार्थक और प्रामाणिक वही है जो आज के सही आदमी की ईमानदार तस्वीर देता है। यानी मेरा यह लेख सिर्फ प्रासंगिक है, सार्थक मेरी वे कथा-रचनाएं हैं जो या तो लिखी जा चुकी हैं या लिखी जानी हैं...

'बानी बिना दरद बेमानी'

...मैं समझता हूं कि मेरी बात को आज से सौ-दो सौ वर्ष पहले मीर नाम के शायर ने बहुत खूबसूरत ढंग से कहा है और मुझे लगता है कि इससे अच्छे ढंग से उसे कोई नहीं कह सकता। कहा होगा लोगों ने लेकिन मीर के एक-एक शब्द पर एक-एक निबन्ध लिखा जा सकता है। गुफ़तार का अर्थ बातचीत, संवाद, सम्प्रेषण सभी कुछ है। शेर है :

देखिये गुफ़तार की खूबी कि जो उसने कहा
हमने ये समझा कि गोया वो भी मेरे दिल में था।

मेरा खयाल है कि सारे रचनाकर्म का एकमात्र उद्देश्य लगभग यही है। अब सवाल यह पैदा होता है कि यह गुफ़तार की खूबी आती कहां से है और उसे बनाने वाले वे 'इनग्रेडिएण्ट्स', वे तत्व क्या हैं जो मुझ तक आपकी बात या मेरी बात आप तक इस तरह पहुंचा दें कि वह आपकी अपनी बात बन जाये। हमारा सारा विश्लेषण, सारी सोच, सारा तरीका इसी एक गुफ़तार की खूबी के आसपास है, क्योंकि बात तो हम सबके पास है, दबाव हम सबके पास हैं, संघर्ष हम सबके पास हैं। लेकिन जो रचनाकर्मी होता है, उसका मुख्य सरोकार इसी गुफ़तार की खूबी की तलाश है। और इसमें भाषा का सबसे ज्यादा महत्त्व होता है। यहां मैं इस बात को अनुभव के आधार पर बताना चाहता हूं। भाषा का कोई बना-बनाया फार्मूला नहीं है कि कौन-सी टैकनीक किस रूप में साधनी है। मेरी प्रायः सारी रचनाएं—'उखड़े हुए लोग,' 'शह और मात', 'सारा आकाश' जैसे उपन्यास एक ही बार में लिखे गये हैं। इन रचनाओं को, सिवा इसके कि मैंने बाद में नकल किया है, कौमा, फुल स्टाप ठीक किये हैं, कभी भी मुझे दुबारा लिखने की जरूरत नहीं हुई। यह दर्प की बात नहीं है, एक प्रक्रिया है। कुछ लोग इस सारी प्रक्रिया से मानसिक रूप से गुजरते हैं तो कुछ इसे कागज पर साधते हैं।

मैं एक बार पहाड़ पर एक बड़ा उपन्यास लिखने के लिए गया। सोचा कि बहुत दिन हो गये, एकान्त में बैठकर लिखेंगे। बड़ा उपन्यास मुझे लिखना था, तो उस बड़े उपन्यास को लिखने के पहले, जैसे कलम को रवां करने के लिये कुछ लकीरें खींच लेते हैं, उसी तरह मैंने सोचा कि एक कहानी लिख देते हैं। उपन्यास तो शुरू

करना ही है। उसी के लिए तो मैं आया हूं। तो, उस कलम को जांचने की तरह से मैंने लगभग चार-पांच दिन में एक कहानी लिख दी जिसका नाम मैंने दिया—'मन्त्र बिद्ध' जो आज भी ठीक उसी कोमा, फुलस्टाप के साथ है, जबकि बड़ा उपन्यास बिलकुल नहीं लिखा गया। तो यह एक तरीका है। दूसरा तरीका जो ज्यादा सावधान और सचेत लेखकों का होता है, तॉल्स्तोय जैसे लेखकों का है, जिन्होंने अपने बड़े-बड़े उपन्यास 'वार एण्ड पीस', 'अन्ना केरेनिना' आदि 6-6, 7-7 बार लिखे हैं। प्रायः बड़े लेखकों ने अपनी रचनाओं पर बहुत मेहनत की है।

अब इन दिनों सम्पादन के सिलसिले में तरह-तरह की रचनाएं मेरे सामने आती रही हैं और मुझे प्रायः यह शिकायत रही है कि भाषा को लेकर हमारा लेखक लगभग लापरवाह है। वह उसको साधता नहीं है। लिखने के साथ बहुत बड़ी दिक्कत क्या होती है कि लिखने का जो हम 'फर्स्ट ड्राफ्ट' तैयार करते हैं वह हमारे पास रह जाता है। रह जाता है इसलिये उससे मोह होता है। वरना कोई भी कलाकार अपने पहले ड्राफ्ट से इतना मोहमुग्ध नहीं होता जितना लेखक होता है। आप संगीतकारों को देखिये, कितना एक-एक स्वर पर और एक-एक चीज पर रियाज करते हैं और आखिरी तक रियाज़ करते रहते हैं। मंच पर आने से पहले और रचना को आपके सामने प्रस्तुत करने से पहले कितने घण्टों का रियाज एक-एक रचना के पीछे होता है। चूंकि वहां उस रियाज़ का कोई 'रिकार्ड' नहीं रहता, इसलिये उन्हें मोह भी नहीं होता। हमारे पास मोह होता है कि हमने दस पेज लिखे और बीस पेज लिखे। यही मोह हमें उस रचना पर परिश्रम करने से बचाता रहता है जबकि एक कलाकार के लिये इस तरह की संतुष्टि या 'काम्पलेसेन्स' का होना बहुत बाधक है। भाषा में बहुत चीजें देखनी पड़ती हैं। सबसे बड़ी चीज जो मैं महसूस करता हूं, वह यह है कि मेरी भाषा मेरे 'रियलाइज्ड ट्रुथ' की, मेरी संवेदना की पूरी मानसिक प्रक्रिया से कही हुई भाषा है या सिर्फ जानी, सीखी और सुनी हुई भाषा है? इन दो चीजों में अन्तर करना बहुत जरूरी है, क्योंकि भाषा को इस समय भ्रष्ट करने वाले बहुत से तत्त्व हमारे चारों तरफ हैं, जिसमें सबसे बड़ा तत्त्व पत्रकारिता है, जहां शब्दों का इतना इस्तेमाल होता है, कि रोज लाखों पन्ने रंगे जाते हैं और शब्द अपने अर्थ खोने लगते हैं। यही भाषा हमारे ऊपर धीरे-धीरे हावी होने लगती है। वहां न भाषा के बारे में उतना सचेत होने की जरूरत होती है, न उतना चुनावी होने की। वहां तो सूचना और समाचार को कह भर देना होता है, ज्यादा से ज्यादा प्रभावी ढंग से।

भाषा को भ्रष्ट करने वालों में ये राजनेता भी हैं, जो मौन नहीं रहते, बल्कि भाषा को मन्तव्य रहित बना देते हैं—एक खूबसूरत अर्थ रहित भाषा। सैकड़ों-हजारों साल में हमने जिन शब्दों को खून दे-दे कर पाला है, उनको वे इतनी आसानी से अपने किसी षड्यन्त्र पर किसी जालसाज मन्तव्य के लिये इस्तेमाल करते हैं कि वे अपना अर्थ खो देते हैं और नारे बनकर रह जाते हैं। हमारी भाषा के सर्वश्रेष्ठ

'एक्सप्रेशन्स', सर्वश्रेष्ठ शब्द इन लोगों के छोटे-छोटे टुच्चे स्वार्थ और राजनीति को सही सिद्ध करने में इस्तेमाल किये जाते हैं, यह भाषा के लिए सबसे बड़ा खतरा है।

रचनाकर्मी का भाषा के प्रति क्या 'एटीट्यूड' होना चाहिये, संवेदना की प्रक्रिया से गुजरकर एक लेखक का शब्द किस तरह निकलता है, इसका एक उदाहरण मैं मार्खेज का देता हूं। मार्खेज ने एक जगह बातचीत में कहा कि मैं उपन्यास लिख रहा था और लिखते-लिखते अचानक 'अमरूद' शब्द मैंने लिखा और रुक गया। हम सब लोग रोज तरह-तरह के शब्द लिखते हैं। लेकिन उन्होंने आगे जो बात कही वह ज्यादा महत्वपूर्ण है, कि मुझे ऐसा लगा कि मैं 'अमरूद' शब्द लिख तो रहा हूं। अमरूद का स्वाद और गंध मुझे अपने भीतर से आ नहीं रही है। मैं सिर्फ उस शब्द को लिख रहा हूं। जब तक मैं उस चीज—अमरूद—को महसूस न करूं, खाते हुए मुझे कैसा लगा था, अमरूद का स्वाद क्या था, अमरूद की गंध क्या थी, ये चीज जब तक अपने भीतर मैं जगा नहीं सकता, तब तक मेरी रचना में दम कहां से आयेगा? वह रचना सर्जनात्मक रचना कैसे होगी? शब्द वही हैं। एक व्यापारी लिखता है—दस या बीस अमरूद और वही शब्द मैं लिखता हूं। एक रचनाकार लिखता है। वह उसकी संवेदना और रचनात्मकता से, उसके भीतर की प्रक्रिया से गुजरकर किस तरह आता है। इसके लिए मुझे इससे अच्छा उदाहरण दूसरा नहीं मिला। मुझे याद है कि द्विवेदी जी की मृत्यु पर बड़े-बड़े विद्वानों ने बड़े-बड़े विद्वत्तापूर्ण वक्तव्य उनके समाकलन, उनके विचारों को सामने रखते हुए दिये, अच्छी-अच्छी बातें कहीं, लेकिन उनकी बेटी ने जो वाक्य बोले, मुझे उन सबसे भारी लगे, क्योंकि वह अनुभव से आये थे। उनकी बेटी ने सिर्फ यह कहा कि 'मैं ज्यादा उनके बारे में नहीं कहूंगी, लेकिन अगर कोई दूसरा जन्म होता हो तो मेरी ईश्वर से प्रार्थना यही है कि मैं फिर उनकी बेटी बनकर जन्म लूं।' छोटी-सी बात थी, लेकिन जिस तकलीफ से उसने कहा था, वह इन दो पंक्तियों में इस रूप से मुखर हुई।

अगर हम महसूस नहीं करते तो केवल शब्दों का एक जंगल तैयार करते हैं जिसमें हम जानते नहीं कि क्या बोल रहे हैं। और यह तकलीफ, यह मेहनत की गहराई, यह अनुभव, मेरा खयाल है कि एक रचना को रचना का स्तर देता है, जिसे टॉमस मान ने बहुत खूबसूरत ढंग से बताया था। उसने कहा था कि "इट माइट हेव हेपण्ड विद यू, बट इट इज आई हू विल रेज इट टू द लेंवल आफ एन आर्ट"। घटना आपके साथ हो सकती है, हुई होगी। बहुत-सी घटनाएं मेरे साथ होती हैं, वे आर्ट नहीं हैं। आर्ट तो मैं उसे अपनी प्रक्रिया से गुजारकर बनाऊंगा। मिट्टी का ढेला बड़ा खूबसूरत होता है। प्राकृतिक होता है, सच होता है। सब कुछ होता है। लेकिन उसको अगर मैं कूट-पीस कर उस प्रक्रिया से नहीं गुज़ारता और उसी मिट्टी से, उन्हीं तत्वों से एक बर्तन जैसी कोई चीज या खिलौने जैसा नहीं बनाता तो वह आर्ट नहीं है। वह मिट्टी का ढेला भर है। हमारे आसपास जो कुछ घटित हो रहा

है, अगर हम उसे उसी रूप में रख देते हैं और वह हमारी संवेदना से नहीं गुजरता तो मेरा खयाल है कि हम कलाकार का धर्म पूरा नहीं करते। हम निर्माण नहीं करते, हम केवल उसको 'इमिटेट' करते हैं या उसको केवल उधार लेते हैं। ये उधार लेना रचनाकर्म नहीं है। बाहर जो कुछ घटित होता है, जो मेरे अनुभव हैं, चीजों को जिस तरह मैं देखता हूं, उन्हें अपनी संवेदना में उतारकर, उस अनगढ़ और रेत भरी मिट्टी को अपने भीतर की प्रक्रिया में मैं पीसूंगा, कूटूंगा, छानूंगा और उसके बाद हो सकता है जो चीज आये वह उस बाहर वाली से बिल्कुल अलग ही हो। लेकिन उसमें वे सारे तत्व होंगे जो मुझे बाहर से मिले हैं। यह प्रक्रिया मुझे रचनाकर्म के ज्यादा निकट लगती है। या यही मुझे रचनाकर्म लगता है।

हो सकता है, शिवमूर्ति ने इस तरह की कोई घटना देखी हो या पचास घटनाओं को जमा करके पूरी कहानी 'तिरिया चरित्तर' बनाई हो लेकिन वह ज्यों की त्यों, ठीक इसी रूप में घटित हुई हो, यह जरूरी नहीं है। घटित होने वाले के साथ एक बड़ी विडम्बना यह होती है कि उसको लगता है कि इससे ज्यादा प्रामाणिक और क्या होगा कि वह उसके साथ घटित हुआ है। लेकिन फिर वही बात कि वह सिर्फ शुद्ध सोना है। उसे एक आकार देने के लिये, उसको ठोकना, पीटना, तराशना पड़ेगा और उसमें टांका भी मिलाना पड़ेगा वरना वह शुद्ध सोना, सोने का एक ढेला ही है, रचना नहीं है। मुझे ज्यादातर जो रचनाएं मिलती हैं उनमें शुद्ध सोना तो होता है, बहुत तीव्र अनुभव होते हैं, बड़ा सच्चा दर्द होता है, लेकिन हर बार लगता है कि वह रचना नहीं बनी, कहानी नहीं बनी। और मुझे यह दुर्भाग्यपूर्ण काम करना पड़ता है, मुझे अनेक मित्रों से यह कहना पड़ता है कि देखिये इसमें बात आपने अच्छी कही है, बहुत सही कही है लेकिन यह रचना नहीं है, उस रचना पर उन्होंने परिश्रम नहीं किया, उस रूप में प्रस्तुत नहीं किया कि वह बात मेरे दिल में वही हूक जगाये।

पढ़ना अपने आप में एक बड़ी रचनात्मक प्रक्रिया है। मैं अगर तॉलस्तोय या किसी बड़े लेखक की कोई रचना पढ़ता हूं तो मेरे भीतर मेरा एक संसार जागता है और यह एक अजीब स्थिति होती है। एक तरफ मैं किसी बड़े लेखक की रचना पढ़ रहा होता हूं, दूसरी तरफ अपने भीतर के अनुभवों की जो उस रचना की वजह से ही जागते हैं, तुलना भी कर रहा होता हूं। पाठक और लेखक के बीच यह एक दोहरी प्रक्रिया चलती है। सर्जनात्मक पाठन एक बड़ी समृद्ध करने वाली, अप्रयुक्त चीज है, जो मेरे अपने संस्कारों को, अनुभवों को उस रचना के माध्यम से फिर-फिर जगाती है, उनमें संवर्धन करती है। तभी हम कहते हैं कि एक अच्छी रचना हमको ज्यादा समृद्ध करती है। जरूरी नहीं है कि मैंने दुनिया की हर चीज अनुभव की हो, लेकिन बहुत चीजें, बहुत-सी तकलीफें, बहुत-से संघर्ष अगर मेरे अपने संघर्षों के साथ जुड़ जाते हैं, तो वह मेरे अपने बनने लग जाते हैं। हजारी प्रसाद द्विवेदी

की अपनी जिन्दगी, अपने संघर्ष, अपनी भटकन के साथ बाण की भटकन नहीं मिली होती, तो वह उपन्यास लिख ही नहीं सकते थे। वह आइडेण्टीफिकेशन, उन्हें बाणभट्ट में मिला, एक खास तरह की विद्वत्ता का, एक खास तरह के बंजारेपन का, एक सैलानी का, एक भटकने वाले राही का। यह नहीं होता तो वह इतना सुन्दर उपन्यास नहीं लिख सकते थे। यह पाइण्ट आफ आइडेण्टीफिकेशन हमें अपने पाठक को भी देना पड़ेगा।

और यह पाइण्ट आफ आइडेण्टीफिकेशन जिन जगहों से आता है, उनमें दो तत्व हैं—यातना और संघर्ष। मेरे मित्र हैं रमेश रंजक। उनकी एक पंक्ति मुझे इतनी अच्छी लगी जैसे किसी पुराने कवि ने लिखी हो—"बानी बिना दरद बेमानी।" सीधी-सी बात है। सफरिंग और स्ट्रगल—संसार की सारी कालजयी रचनाओं के यही दो आधार हैं। आप चाहें इसका एक रूप करुणा कह लीजिये, मैं तो उसे यातना और संघर्ष कहना ज्यादा पसन्द करूंगा, 'तिरिया चरित्तर' (शिवमूर्ति) की जो पठनीयता या सफलता है, उसके पीछे ये दोनों तत्व अपने मूल रूप में मौजूद हैं। शिवमूर्ति जो तत्व बताते हैं—सैक्स और फसाना, वे गलत हैं। स्टाइनबैक का उपन्यास 'एक मछुआ एक मोती' भी यातना और संघर्ष की ही कहानी है। जहां-जहां एक 'जेन्युइन' यातना और 'जेन्युइन' संघर्ष का चित्रण है, आइडेण्टीफिकेशन के स्तर पर उस अनुभव को अपना बनाते हुए लेखक ने लिखा है, वहां वह कभी भी असफल नहीं हुआ है। वह निश्चित रूप से पाठक को प्रभावित करता है। ऐसा हो नहीं सकता कि आप अपनी सफरिंग से, अपने भीतर की गहराइयों से, तकलीफों से जो बात करें, वह पाठक के दिल को न छुये। होता क्या है, हर समय के लेखन की कुछ रूढ़ियां बन जाती हैं। दुर्भाग्य से कहानी में इस समय कुछ कथा-रूढ़ियां बन गई हैं। वे रूढ़ियां जिस तरह की कहानियां हमारे सामने लाती हैं, वे एक खास फार्मूले के तहत लिखी हुई होती हैं। वे अनुभव, ऑब्जर्वेशन, पार्टिसिपेशन, शेयरिंग से आई हुई कहानियां नहीं हैं। चूंकि इस तरह की कहानियां चल रही हैं, इसलिये हैं, एक गरीब मजदूर है, उस पर अत्याचार है और अगर औरत है तो उस पर बलात्कार है, वगैरह वगैरह, जो आप सब जानते हैं। आज अस्सी प्रतिशत कहानियां इन रूढ़ियों की होती हैं और जो फार्मूला 'आक्रोश' ने दिया था, 'प्रतिघात' ने दिया था, उसकी आवृत्ति होती हैं। वह बात जो शिवमूर्ति ने नहीं कही, मेरे पास पत्रों में आई—"साहब वह जो नायिका है, वह दांत से काट नहीं सकती थी, उनमें से किसी का गला नहीं घोट सकती थी!" ये सारी बातें तो ठीक हैं, वो कुल्हाड़ी लेकर उसकी गर्दन नहीं काटती, तो कम से कम यह तो कर सकती थी। अब ये बताना बड़ा मुश्किल है कि बहुत जगहों पर यह भी संभव नहीं होता कि आप चीख भी सकें। और न चीख सकने की मजबूरी हमें, ज्यादा गहराई से हिलाती है, बजाय इसके कि हम उस सारी चीख का 'कैथारसिस' कर दें। उस गुस्से को वहीं छोड़ दें। एक भाप निकलते हुए बरतन के ढक्कन को

अगर हम बन्द छोड़ देते हैं, तो उसमें ज्यादा ऊर्जा पैदा होती है। अगर हम 'कैथारसिस' कर देते हैं तो बात वहीं खत्म हो जाती है : चलिये अच्छा हुआ, न्याय की विजय हुई, अत्याचारी को इसी तरह मरना था, ये मर-मरा गया, अच्छा हुआ। वाह, जो गुस्सा हमारे भीतर आना था, वह गुस्सा वहीं का वहीं समाप्त हो जाता है। जो कहानी हमारे गुस्से और हमारी भावनाओं का शमन और संतुष्टि करती है, मुझे लगता है कि वह कहानी कमजोर कहानी होती है। अपनी सारी खूबियों, कलात्मक उपलब्धियों और परफेक्शन के बावजूद।

कहानी की एक और खूबसूरती मानी जा सकती है। वह यह कि कहानी जिस जगह खत्म होती है, वहां से वह आपके भीतर शुरू हो। श्याम जांगिड़ की कहानी की सबसे बड़ी खूबसूरती यह है कि इस 'नाटक' कहानी में अन्त नहीं है। वह अन्त का वाक्य नहीं है। वह कहानी जिस जगह ख़त्म होती है वहां से वह आपके भीतर शुरू होती है एक नये रूप में, नये ढंग से, कि इस सारे नाटक का सूत्रधार या निर्देशक कौन था? यह राजनेता है जो भाषण दे रहा है? और कहानी अचानक ही एक दूसरा काम्प्लेक्शन, एक दूसरा आयाम, दूसरा स्वरूप ग्रहण करने लगती है और पूरी राजनीति की, आज के माहौल के नाटक की कहानी बन जाती है। यही इस कहानी की सफलता है और हर कहानी की सफलता यही है कि जहां लेखक उसे खत्म करता है, पाठक उस कहानी को वहां से जीना शुरू कर दे।

किसी ने कहा था कि कहानी वह सफल है 'विच कैन स्टैण्ड द टेस्ट आफ सेकेण्ड रीडिंग' यानी जो आपको दुबारा पढ़ने को आमन्त्रित करे। अक्सर कहानियों में क्या हुआ था, वगैरह सब मालूम होने पर भी क्यों हम किसी कहानी को दुबारा पढ़ना चाहते हैं? वह क्या चीज है जो मुझे उसके नये-नये कोण, नये-नये संवेदना के धरातल, नये-नये आयाम तलाश करने को उकसाती है? वह कहानी नहीं है जो सिर्फ जिज्ञासाओं पर टिकी होती है क्योंकि जिज्ञासा खत्म हो जाये तो उसके बाद तो आपको कहानी पढ़ने की जरूरत ही नहीं है। ये विशेषता कविता की भी है। बल्कि कहना चाहिये कविता की ही है। एक अच्छी कविता जो आपकी भावनाओं को, आपके मूड्स को व्यक्त करती है, आपके अन्तस्थल की गहराइयों को व्यक्त करती है, उसको आप कई बार पढ़ना चाहते हैं, मित्रों को सुनाना चाहते हैं—मैं इसे कला मात्र का गुण मानता हूं। जो कला आपको बार-बार अपनी ओर आकर्षित करे, आमन्त्रित करे, अपनी हिस्सेदारी के लिये बुलाये, वही सफल कला है। मुझे काफ्का की 'मेटामार्फोसिस' या अन्य महान् लेखकों की रचनाएं बार-बार पढ़ने के लिये आमन्त्रित करती हैं। मैं जानता हूं कि आगे क्या होगा, कौन-सी चीज कहां है, किसने क्या कहा, सब याद होता है। इसके बाद भी मैं पढ़ता हूं। ये गुण अनुभव की 'जेन्युइननेस' से आता है। 'अनुभव की प्रामाणिकता' शब्द को हम लोगों ने बहुत 'वल्गराइज' किया, बहुत रिडिक्यूल किया—बहुत मजाक भी उड़ाया, सब कुछ किया, लेकिन अभी

भी वही बात सच है कि जो अनुभव मेरा अपना नहीं हो सका, उस अनुभव पर लिखना एक कौशल हो सकता है, रचना नहीं। कौशल से कभी-कभी आप बहुत-सी चीज़ें कर लेते हैं, जैसे खाना बनाने के अभ्यास से आप हर बार वही स्वाद, वही जायका ला सकते हैं, वह एक कौशल है। लेकिन आत्मदान जो चीज मांगती है वो चीज आप उस कौशल से ही नहीं ला सकते।

ये कुछ चीजें हम लोगों को ध्यान में रखने की जरूरत है। भाषा पर मेहनत हमें बार-बार करनी पड़ेगी। जिस तरह किसी एक औजार को निरन्तर जांचने-परखने, नया करने की जरूरत होती है उसी तरह हमें अपने अनुभव को भी निरन्तर परखना होगा, यह मानकर कि हम एक रचना के स्वयं साक्षात् औजार या बाकायदा एक 'इन्ग्रेडियेण्ट' हैं और हर गाड़ी को चलाने से पहले, हर यात्रा पर जाने से पहले यह देखना ही पड़ता है कि इसके सब कील-कांटे दुरुस्त हैं या नहीं और यह मुझे वहां तक पहुंचा देगी कि नहीं। लेकिन दिक्कत यहां एक दूसरी भी है। कुछ चीजें ऐसी भी हैं जिन्हें किसी दूसरे को नहीं बताया जा सकता। ये सारी चीजें मैं बता रहा हूं लेकिन कहानी किस तरह लिखी जायेगी, यह सिर्फ आप जान सकते हैं। जैसा कि मैंने कहा कि यात्रा की सारी चीजें आपके पास हैं, गाड़ी में पैट्रोल भी है, मशीन भी ठीक है, सब कुछ आपने चैक कर लिया और आपको पहुंचना कहां है, यह भी तय कर लिया, लेकिन वो जो बीच का रास्ता है वहां पर कौन-सी चीज कहां सामने आ जायेगी, कहां किससे किस तरह बचना है, सड़क में किस जगह कौन-सा गड्ढ़ा है ये सारी चीजें, प्रक्रिया आपको खुद ही तय करनी होगी। इसमें कोई गुरु, कोई मित्र, कोई दूसरा आदमी कुछ नहीं बता सकता। यह इतनी निजी यात्रा, इतनी निजी प्रक्रिया है कि जिसका कोई नियम नहीं बनाया जा सकता और इसके लिये मैं एक बहुत खूबसूरत उदाहरण देना चाहता हूं 'वार एण्ड पीस' से। 'वार एण्ड पीस' में एक जनरल है पगला-सा झक्की-सा। एक जगह वह लड़ाई के बारे में कहता है कि मिलिट्री साइन्स के सारे शास्त्र, सारे नियम, आदमी के सारे अनुभव के बावजूद, जब दूसरी फौज सामने हो और सारी तैयारियां, हथियार-वथियार सब हों तो हमको क्या 'स्ट्रेटेजी' लेनी पड़ेगी, यह कोई नहीं बता सकता। वह बताता है कि हमने सब चीजें 'परफैक्ट' कर ली थीं, सब कुछ कर लिया था, लड़ाई में घूमते हुए या हमला करते हुए और बताते हुए अचानक हमारे सामने सूरज की चौंध आ जायेगी—यह किसने कल्पना की थी? इसे तो उन लड़ते हुए सिपाहियों को खुद ही भुगतना होगा। इसे कोई शास्त्र नहीं बतलायेगा। तो, कुछ यात्राएं, कुछ लड़ाइयां, कुछ प्रक्रियाएं इतनी निजी होती हैं कि दूसरा आदमी बिल्कुल नहीं बता सकता। ये सारी चीजें वे सावधानियां, वे सतहें हैं, इस्लाहें हैं जो हम लोग आपको दे सकते हैं, लेकिन अपनी लड़ाई, अपनी यात्राएं, अपना लेखन आपको खुद ही करना पड़ेगा।

लेकिन फिर वही बात है कि मेहनत का, परिश्रम का, लेखन को लेकर कुछ

सावधानियों का शॉर्टकट कोई नहीं है। क्योंकि गोली निगलकर मैं अपने शरीर की जरूरत पूरी कर लूंगा लेकिन वो जो चबाने के साथ की पूरी प्रक्रिया है उससे गुजरना एक स्वस्थ आदमी के लिये बहुत जरूरी है। और वह आप अपने ढंग से खुद ही करेंगे। इतना मैं जरूर जानता हूं कि रचना को लेकर निर्मम और निर्मोही होने की जरूरत है। यह मैं अपने अनुभव से कह रहा हूं। पहली रचना छपने से पहले तीन हजार पन्ने लिखकर मैं रिजेक्ट कर चुका था और अब मेरे मन में यह है कि उनको जला देना चाहिये। अभी भी मेरे पास चार-चार सौ, तीन-तीन सौ पन्ने के चार उपन्यास लिखे हुए रखे हैं जो मेरी पहली रचना से पहले के हैं। मैं उनको अपने रियाज की, जैसे हम कलम पकड़ कर अक्षर बनाना सीखते हैं और बहुत दिनों तक अक्षर और लेख सुधारते हैं, प्रक्रिया मानता हूं। यह निर्ममता जब तक लेखन में नहीं होगी, शायद लेखक बहुत प्रभावी चीजें नहीं दे पायेगा, यह मैं किसी उपदेशक की तरह नहीं, अनुभव को बांटने के लिए बता रहा हूं। जो गड्ढे यात्राओं के हैं, और जो खतरनाक पाइण्ट्स यात्रा के हैं, उनसे अगर आप सावधान हो सकें तो अच्छा है, वरना हर पुरानी पीढ़ी हमेशा नई पीढ़ी को रास्ते बताती है, अनुभव का दावा लेकर एक तरह से धमकाने की कोशिश करती है कि आपका अनुभव क्या है, हमने जितना घी पिया है, आपने उतना पानी भी नहीं देखा होगा...वगैरह, लेकिन हर नई पीढ़ी अपने ढंग से अपनी जिंदगी जीती है और अच्छे से अच्छे बेहतर रास्ते निकालती है।

(7 नवंबर, 1987 को श्रीडूंगरगढ़ में राजस्थान युवा लेखक शिविर में दिया गया भाषण)

कथा-यात्रा

प्रेमचन्द की विरासत

प्रेमचन्द की कथा-विरासत को लेकर झगड़ा हिन्दी में दो धरातलों पर चलता रहा है : प्रेमचन्द का कथा-क्षेत्र, पात्र और प्रेमचन्द की संवेदना-दृष्टि। मैं नहीं मानता कि किसी भी लेखक के विषय, क्षेत्र, पात्र या व्यक्तिगत रचना-संसार बाद वालों के लिए अनुकरणीय होते हैं। जो चीज परम्परा और विरासत के रूप में विकसित होती है वह है कथाकार की संवेदना और दृष्टि—उसके सरोकार और अपने कथ्य के साथ उसकी सम्बद्धताएं। यही वह कारण है, जो एक ही थीम, पात्र या कथ्य पर लिखने वाले दो लेखकों को अलग कर देता है। ग्रामीण क्षेत्र प्रेमचन्द के अपने अनुभव-संसार का हिस्सा है। वे वहां अधिक आश्वस्त और सहज महसूस करते हैं, इसलिए अपने कथानक, पात्र और परिस्थितियां वे वहीं से चुनते हैं। अगर उनकी पकड़ शहरी परिवेश पर भी उतनी ही सही होती, तो कोई वजह नहीं है कि उनकी संवेदना और दृष्टि वहां भी उतनी ही गहराई से न जाती...और भी आगे जाकर कहूं कि रेणु, मार्कण्डेय या भैरव इत्यादि ही प्रेमचन्द की परम्परा और विरासत के हकदार हैं और 'मुर्दाघर' या 'धरती धन न अपना' या 'उनका फैसला' के लेखक नहीं हैं—यह कहना निहायत क्षेत्रीय और अधूरा दृष्टिकोण है।

और अगर बात प्रेमचन्द के सरोकार, रवैये और यथार्थ-दृष्टि की ही है, तो मेरा सचमुच विश्वास है कि नगर कथाकार ने अपने आसपास को जिस गहराई और विविधता में देखा है, सम्बन्धों, सन्दर्भों और अस्तित्व की जिन जटिलताओं-भरी स्थितियों में अपने समय के आदमी को पकड़ा है, वैसा शायद विषय और क्षेत्र को ही प्रेमचन्द की विरासत का दावा करनेवाले लेखकों ने नहीं किया। इनका काम अधिक इकहरा रहा है। अपेक्षाकृत कम गतिवाले फलक पर बात हृदय-परिवर्तन की हो या 'कफन' और 'पूस की रात' की स्तबध-संवेदना (स्टूपिफिकेशन) की—प्रेमचन्द एक बिन्दु के बाद अपने को विचित्र अन्धी गली में पाते हैं। ठीक वैसे ही जैसे गांधीवाद से टूटे हुए सभी लोग मार्क्सवादी नहीं हुए थे, कुछ अरविन्द के पास गये थे, कुछ गोलवलकर के और कुछ और अधिक जोर-शोर से व्यवस्था के।

फ़ौरन ही मैं एक बात और साफ करना चाहूंगा कि बौद्धिक क्षमता को रचनात्मक क्षमता का पर्याय नहीं माना जाना चाहिए। मैं बिल्कुल मानता हूं कि अपने अन्तिम

वर्षों में प्रेमचन्द को मार्क्स का दर्शन ही सबसे अधिक प्रभावित कर रहा था—और वहीं से सीधी रेखा खींचकर हम उनके बाद के लेखन को मार्क्सवादी मानने की जल्दबाजी करते रहे हैं। ठीक वैसे ही जैसे अधिकांश उर्दू लेखकों की तत्कालीन रूमानी या व्यक्तिवादी रचनाओं को हम प्रगतिशील सिर्फ इसलिए मानते थे कि वे लेखक 'प्रगतिशील लेखक संघ' के साथ थे, वर्ना उन लेखकों की मूल-संवेदना फ्रायडवादी थी, उनकी रचनाओं का बाद में 'अंगारे' नाम से उर्दू में एक संकलन भी आया था। लेकिन मूल्यों-मान्यताओं को झकझोरने की मुद्रा के कारण हमें वह सब प्रगतिशील लगा और बाद में यही गलती क्या हमने निर्मल वर्मा जैसों के लेखन और पार्टी या साम्यवादी देशों के साथ उनके सम्बन्धों को लेकर नहीं की? सारी बौद्धिक जागरूकता या वैचारिक समृद्धता और घोषित प्रतिबद्धता के बावजूद क्या हर कलाकार अपने रचनात्मक धरातल के अन्तराल को हर क्षण महसूस नहीं करता? गांधीवाद से छूटकर प्रेमचन्द मार्क्सवादी हुए, तो फौरन ही मार्क्सवाद-प्रेरित रचनाएं करने लगे—मुझे इस समीकरण में बहुत जल्दबाजी या सपाटबयानी की गन्ध आती है; क्योंकि मूल्यों के घपलों और नये-पुराने दबावों के बीच तत्कालीन समाज निश्चय ही इतना इकहरा नहीं था। यह कुछ वैसी ही उतावली है जैसे कुछ लोगों के मुंह से कामू और सार्त्र का नाम सुनकर हम उनकी रचनाओं को भी अस्तित्ववादी होने का फतवा देते रहे हैं। किसी दर्शन या सिद्धान्त से बौद्धिक रूप से परिचित हो जाना एक बात है, और जीवन या अनुभव के धरातल पर उसका रचनात्मक अन्वेषण दूसरी बात।

मुझे लगता है कि दो युद्धों के बीच का भारतीय मानस मूलतः वैसा ही जटिल, कन्फ्यूज्ड, रोमाण्टिक था जैसा हर किशोर का होता है। एक किशोर को अपने भीतर उमड़ती शक्तियों, क्षमताओं और स्वतन्त्रता का अहसास कभी आसमान में उड़ने के सपने दिखाता है, तो कभी गौरवशाली अतीत की ओर खींचता है। वह कभी अलौकिक आध्यात्मिक चमत्कार साधता है, किसी हीरो को पूजता है, तो कभी किसी दर्शन के पीछे हो लेता है। अचानक बांध खोल दिये जाने का निरंकुश प्लावन और फिर शासन, सत्ता या सामाजिक व्यवस्था की वास्तविकता के आगे टूट जाने का दर्द—यही उस जमाने का यथार्थ मिजाज था। यूरोप के रेनेसां और रूस की विप्लवी गतिविधियां अपने-अपने देशों की दो बड़ी क्रान्तियों में समाहित हुई थीं, जबकि स्वतन्त्रता से पहले की हमारी सारी छटपटाहट सिर्फ किन्हीं अन्धी दीवारों से टकराकर लौट रही थीं और हम टूट-बिखर रहे थे : कभी आश्रमों में, कभी अतीत में, कभी अध्यात्म में, कभी अपनी कुण्ठाओं में और कभी व्यवस्था या व्यवसायों में—सिलसिला अलग-अलग रूप में वर्तमान से, अपने-आपसे, अपनी पराजयों से भागने का था—आत्महत्या कर लेने या अपने-आपको स्थगित कर देने का था।

शरच्चन्द्र के सारे नायक जब-जब वास्तविकता से टकराते हैं, तभी या तो बिखरने, भागने या टूटने लगते हैं या प्रतिहिंसक उत्तेजना में अपने को तोड़ने लगते हैं। सारी

करुणा, भावुकता और मानवीयता के बावजूद उनकी नारी जहां भी है, वहीं घुट-घुटकर मरने के लिए अभिशप्त है—पत्नी, वेश्या, विधवा सभी यथास्थिति से दुखी हैं। प्यार, मुक्ति, करुणा—सब ऐसे झूठे आकाश हैं, जिनकी सिर्फ झलक दिखाकर उन्हें हटा लिया जाता है—घुटन की और गहरी होती पीड़ा के बीच।

और ठीक शरच्चन्द्र जैसी ही स्थिति में प्रेमचन्द आदर्श का मॉर्फिया इन्जेक्शन देते हैं और जब उस इन्जेक्शन से विश्वास उठ जाता है, तो स्तब्ध संवेदना या हिस्टैरिक ऐंठन की डूबती संज्ञा है।

मैं चाहता हूं कि मेरे इस कथन पर भड़कने से पहले प्रेमचन्द को तत्कालीन सम्पूर्ण राजनीतिक, सामाजिक, आर्थिक परिप्रेक्ष्य में ही देखा जाये, एक इकलौते अपवाद के रूप में नहीं। क्या उस समय आसपास की सारी रचनात्मकता कुछ ऐसे बिन्दुओं पर ही नहीं टूट रही थी? एक दिशा में बढ़ते-बढ़ते झटके से सब कुछ का रुक जाना ही क्या उस समय का सच नहीं था?

और इसी समय कुछ लोग थे, जिन्होंने खतरे को सूंघ लिया था। वे दीवार से सिर मारने की बजाय लौटने लगे थे, कुछ पीछे और कुछ अपने भीतर। मेरा मतलब जैनेन्द्र, अज्ञेय और इलाचन्द्र जोशी से है। प्रेमचन्द की कहानियां आदमी और परिवार, आदमी और समाज के रिश्तों में कहीं कुछ गड़बड़ा जाने, उनके टूटने की कहानियां हैं, जिन्हें वे आदर्शवाद, सुधारवाद और हृदय-परिवर्तन के सरेस से बार-बार जोड़ते हैं और अन्त में हारकर यह प्रयत्न छोड़ देते हैं। अज्ञेय और जैनेन्द्र इन टूटे रिश्तों में लौटते लोगों की कहानियां लेकर आते हैं। उनके पात्र रणक्षेत्र से हारकर वापस आये लोग हैं—मेजर चौधरी की तरह—प्रयासहीनता और घुटन की दुनिया में। उस समय नेहरू ही अपने व्यक्तिगत या राष्ट्रीय अतीत ('मेरी कहानी' और 'भारत की खोज') में नहीं लौट रहे थे, सारा भारतीय मानस इसी प्रक्रिया से गुजर रहा था, क्योंकि वर्तमान ठहर गया था और वर्तमान का ठहराव या ठहरने की मजबूरी हमेशा पीछे देखने की ही स्थिति पैदा करती है—बाहर से घर की ओर, समाज से व्यक्ति की ओर, ऊपर से अन्दर की ओर और वर्तमान से अतीत की ओर। मूलतः वह सारा का सारा युग ही प्रत्यावर्तन का युग है। यहां कहानियां 'रिट्रोस्पैक्शन' 'इन्ट्रोस्पैक्शन' में कही जाती हैं, यानी प्रथम-पुरुष में, फ्लैशबैकीय अतीत और डायरी जैसी व्यक्तिगत अभिव्यक्ति। प्रेमचन्द की तरह सम्बोधन नहीं, अन्वेषण और अन्तः निरीक्षण उस युग का मुहावरा है, नरोत्तम नागर की जुबान में शुतुरमुर्गीयता। यह बात दीगर है कि यह लौटना भी उतना ही रोमानी था जितना आगे बढ़ना रहा था। क्योंकि इन कहानियों में हर कोई शहीद और हीरो बनकर लौट रहा था—जो वह नहीं था। लेकिन मैं झूठ बोलूंगा, अगर कहूं कि कुछ सर्वश्रेष्ठ कहानियां, पैनी और अर्थगर्भित भाषा उस युग ने हिन्दी को नहीं दी।

लेकिन नेहरू ने सिर्फ आत्मकथाएं ही नहीं लिखी थीं; विश्व इतिहास और

विश्व-विस्तार की दिशा में कुछ खिड़कियां भी खोली थीं। हो सकता है, नेहरू की यात्रा जिस जेलखाने में जाकर रुकी थी, वहां खिड़कियों के होने और उन्हें खोल सकने की सुविधा रही हो। काल-कोठरियों तक पहुंची बहुत-सी यात्राओं को ऐसा कहां नसीब था? हां, हिन्दी में प्रेमचन्द से भी अधिक ये खिड़कियां यशपाल ने खोली थीं और उन्होंने पहली बार मार्क्सवादी दृष्टि ली थी, हालांकि मार्क्सवाद को बाकायदा लाने का श्रेय राहुल को ही उनसे पहले मिलना चाहिए।

आपसी व्यवहारों या सामाजिक-पारिवारिक सम्बन्धों को तोलने-परखने से आगे जाकर यशपाल की कहानियां, सम्बन्धों और व्यवहारों का निर्धारण-नियन्त्रण करनेवाले मूल्यों और आदर्शों को जांचने-परखने की कहानियां हैं, सामन्ती या तथाकथित मानवीय विश्वासों की शव-परीक्षा की कहानियां हैं। उन्होंने निर्मम होकर उन हथियारों या नैतिक और सामाजिक मूल्यों की पड़ताल की, जिन्हें लेकर हमें असली यात्रा शुरू करनी थी।

लेकिन स्वतन्त्रता के बाद एक दूसरा ही दृश्य दिखायी दिया। प्रेमचन्द के स्तब्ध घीसा को मार्क्सवादी मन्त्र-सम्मोहन से बांधकर कार्यक्षेत्र में लाया जा रहा था। यानी घूंसा तानकर लाल सुबह तक पहुंचा देनेवाली ऐसी कहानियों की बाढ़ थी, जो अजीब-से हिस्टीरिया की शिकार हैं—भाषा से लेकर कार्य-स्थितियों तक सभी कुछ यहां ऐसी एक स्नायविक उत्तेजना में घटित होता है कि अपने आप घटित होता नहीं लगता। मानो एक 'हवा' है जो सब करा रही है। उस समय सौ रुपये पानेवाले स्कूल के मास्टर की निगाह में ढाई-सौ पाने वाला कॉलेज का लेक्चरर तक पूंजीवादी व्यवस्था का दलाल है।

हवा नहीं, एक दर्शन था जो हमें बना-बनाया मिल गया था। हम मार्क्सवादी प्रकाश में अपने आप और आस-पास को समझ नहीं रहे थे, सिर्फ तैयार (फिनिश्ड) कम्युनिज्म का आयात कर रहे थे। हमने यशपाल की तरह दृष्टि नहीं, आन्दोलन और आलोड़न लिये थे। नतीजे में अपने अन्दर ही ब्रह्म का साक्षात्कार करने वाले अपनी-अपनी समाधियों में जा बैठे थे और सारा जगत मिथ्या है की भाषा में 'हर दर्शन धोखा है' और 'हर दृष्टि झूठी है' का कीर्तन कर रहे थे और दूसरी तरफ सिर्फ नारे लगाये जा रहे थे। प्रेमचन्द और यशपाल दोनों इनमें कहीं भी नहीं थे।

यही मोटे रूप से नयी कहानी की शुरुआत का समय है। यह वही समय है जब प्रजातान्त्रिक ढांचा एक रूप ले रहा था और हमारी जिन्दगी में उसके असर ज्यादा सक्रिय और साकार होकर सामने आने लगे थे। देश का हर खण्ड और अंचल ही नहीं जाग रहा था, पूरी बनावट के सन्दर्भ में अपनी भूमिका समझने की कोशिश भी कर रहा था। समाज के सन्दर्भ में व्यक्ति की, देश के सन्दर्भ में अंचल की, वर्तमान के सन्दर्भ में अतीत की, बाहर के सन्दर्भ में भीतर की, विश्व के सन्दर्भ में देश की नयी-नयी पहचान होनी शुरू हो रही थी और इस सबको अभिव्यक्ति दे रही थी कहानी।

नयी जरूरतों और नयी यात्रा के हिसाब से बहुत-सी चीजों को छोड़ने से पहले उन्हें उलट-पुलटकर देखा जा रहा था—मूल्य, रिश्ते, अतीत, संस्कार और सन्दर्भ। यहां फिर प्रेमचन्द और यशपाल सांस लेने लगे थे। वही परिवार, वही रिश्ते, वही स्थितियां, वही लोग—उनकी कहानियों के अन्त नहीं, रचना-संसार में बसे हुए लोग। हां, रवैये बदल गये थे, सन्दर्भ बदल गये थे—बहुत कुछ को निर्मम होकर अस्वीकार करने के दबाव बढ़ रहे थे। वही बूढ़ी काकी थी, वही सुजान भगत थे, वही शान्ति थी और वही हामिद था, लेकिन उनके प्रति हमारे एटीट्यूड्स निश्चय ही वे नहीं थे। रिश्ते और लगाव वही थे, व्यक्ति और समाज वही थे, और इस सारे बदलाव को गति दी थी यशपाल ने।

लेकिन कहीं भी कुछ पहले की तरह इकहरा नहीं था। बहुत कुछ एक साथ पूरी संश्लिष्टता में घटित होता था। हर स्थिति एक साथ दोहरे और तिहरे धरातल पर चल रही थी। नयी कहानियों में जो अचानक भाषा से लेकर रचनात्मक बुनावट में दोहरे-तिहरे अर्थ और तेवर ध्वनित होने लगे थे, वह सिर्फ शिल्प का चमत्कार ही नहीं था; व्यक्ति और परिवेश का, समय और देश का अविच्छिन्न सम्बन्ध था। इनमें पीछे और भीतर लौटना भी है; नितान्त व्यक्तिगत की ओर वापसी भी है, नौस्टेलजिया और रोमांस भी है—सभी कुछ है, लेकिन उसे देखने की निगाह बदल गयी है। कहीं भी वह इतना मोहाच्छन्न नहीं करता कि अपना वर्तमान छूट जाये। जैनेन्द्र और अज्ञेय के नायक लौटे और हारे हुए व्यक्ति थे; ये अगली यात्रा की तैयारी में अपने को तोलते हुए लोग हैं। यही कारण है कि इस समय अपने भीतर या अतीत में ही डूब जानेवाले न इलाचन्द्र जोशी हो सकते थे, न वृन्दावनलाल वर्मा।

मनुष्य के ही माध्यम से अपने सम्पूर्ण समय और सन्दर्भों को पाने की कोशिश ने इस काल में हिन्दी को सचमुच कुछ विश्व-स्तर की कहानियां दीं।

लेकिन फिर झटके से सभी कुछ स्थगित हो गया। अचानक ही अकेले, कुण्ठित, निर्वासित, आत्महंता, ड्रॉप-आउट नायक ही पूरे कैनवास पर छा गये। यह निश्चय ही मोहभंग का युग था। विश्व-स्तर पर आदर्श और दर्शन झूठे पड़ गये थे, शीत-युद्ध ने शब्दों के अर्थ भ्रष्ट और ध्वस्त कर दिये थे, देश की सारी अर्थव्यवस्था चरमराकर समय-साधकों के हाथों में चली गयी थी—प्रजातन्त्र का घृणिततम रूप सामने आने लगा था और सत्ता की होड़ ने राजनीति को हर व्यक्ति के अस्तित्व की गहराइयों में उतार दिया था। आपसी रिश्तों में अब बदलाव नहीं, निश्चित दूरी, प्रतिहिंसा और प्रतिशोध पैदा हो गये थे। स्मगलिंग, ब्लैक, नेताओं और अफसरों की खरीद-फरोख्त, प्रच्छन्न और प्रकट देशी-विदेशी कॉलेबोरेशंस की फलती-फूलती छायाओं में ही हमारा यह खण्डित, विकृत और आत्महत्या की हद तक विक्षिप्त नायक पनपने लगा था और इसके लिए रक्षणीय या विचारणीय कुछ भी नहीं था। सभी कुछ तोड़ने, थूकने और फेंक देने लायक था। यही उस समय उभरनेवाले आदमी की तस्वीर है, जो

असहाय, विक्षुब्ध और हर चीज के खिलाफ है–अपने होने के भी।

एक बार पहले प्रेमचन्द के बाद जब यह नायक स्थगित हुआ था तो स्थिति दूसरी थी। वह सिर्फ अपने-आप में और अपने अतीत में लौट आया था। उस समय दूसरे महायुद्ध ने सारी राष्ट्रीय लड़ाई को उठाकर, अन्तर्राष्ट्रीय धरातल पर ले जाकर रख दिया था। यानी जिनसे हम लड़ रहे थे, वे खुद यूरोप में अपनी हार-जीत का फैसला कर रहे थे और हमारी बहुत कुछ रणनीति उनकी इस हार-जीत से निर्धारित होनी थी। लेकिन अब यहां तो धोखा देनेवाले, सभी कुछ लूट लेनेवाले अपने ही बीच में, अपने-आपमें ही थे। इसलिए पहले के स्थगित आदमी और इस स्थगित आदमी में मौलिक, गुणात्मक अन्तर है। पहला आदमी डरा, प्रतिहिंसालु है। शुरू-शुरू में यह भले ही अपनों और सिर्फ अपनों के खिलाफ खड्‌ग-हस्त होने की द्विधा में फंसे अर्जुन की तरह व्यामोह में रहा होगा, अब तो क्रमशः हत्या और आत्महत्या करने को उतारू अभिमन्यु की दिग्भ्रान्ति ही इसकी नियति है।

और शायद इसीलिए हम देखते हैं कि एक दूसरे अर्थ में नयी कहानी के बाद वाली कहानी में उभरनेवाले सारे नायक टाइप हो गये हैं–यानी व्यक्तित्वहीन। उनका कोई नाम और रूप नहीं है–सिर्फ एक तटस्थ-सा सर्वनाम 'वह' है और इस 'वह' के बोलने, सोचने, करने, जीने, के लहजे अद्‌भुत रूप से एक हैं। मूलतः यह क्रियाओं में नहीं, अपनी ही प्रतिक्रियाओं में रहनेवाले सपाट चेहरे के लोग हैं, अनुभव की प्रामाणिकता के अश्लीलतम रूप यानी सिर्फ अपने क्षणिक, सीमित अनुभवों में कैद। एक-दूसरे को भीड़ माननेवाले इन नायकों के रेवड़ के पास सिर्फ एक बैनर है और वह है–एण्टी यानी निषेध।

अगर सिर्फ निरन्तरता बनाये रखने की दयनीयता को लेखन न माना जाये, तो यह बात कितनी अजीब है कि नयी कहानी के समय के अधिकांश लेखकों ने इस बीच या तो सार्थक कुछ लिखा ही नहीं है, या फिर पशु-पक्षियों के माध्यम से कुछ कहने की कोशिश की है। मैं अपनी फैंटेसियों की बात नहीं कहता, अमरकान्त जैसे लेखकों की बात कह रहा हूं, जहां उनके नायक अपनी स्थिति और नियति को अकसर जानवरों के बहाने परिभाषित करते हैं। बकरी, तेंदुए, ऊंट, कुत्ते, चूहे, छिपकली, मूस, तिलचट्टे, हाथी-घोड़े, गैंडे, रीछ, भेड़िए, केंचुए–प्रेमचन्द के बैलों के बाद हिन्दी का चिड़ियाघर काफी समृद्ध हुआ है।

लेकिन सन् 70-72 के बाद से फिर एक बार दृश्य बदला है और कहानी फिर से सामाजिक प्रतिबद्धता की बात करने लगी है। ठीक उसी अन्दाज में दलित और शोषित आज नायक के रूप में उभरने लगे हैं, जैसे सन् 60 से पहले आये थे। अनुत्पादनशील, मध्यवर्गीय स्थगित नायकों के बाद शायद हमेशा ही कथा-साहित्य में साधारण आदमी अपने-आपको एसर्ट करता है। आशाजनक बात यह है कि प्रतिक्रियावादी या प्रगतिशील प्रवृत्तियों के रूप में थोपे हुए नहीं, बल्कि इस बार ये

लोग सचमुच उन्हीं तकलीफों और निचली गहराइयों से उभरकर आये हुए लोग हैं, जो अपनी ही जुबान बोलते हैं, अपनी नियति को खुद बदलना चाहते हैं और पूरे माहौल के सक्रिय हिस्सेदार हैं। फिर भी हमें यह नहीं भूलना चाहिए कि साहित्य का विकास कभी भी सीधी रेखा में नहीं होता। सारे समय की राजनीतिक, आर्थिक और दूसरी सामाजिक गतिविधियां ही उसके रास्ते तय करती हैं।

हां, नतीजे के रूप में यह जरूर कहना चाहूंगा कि जब-जब किसी प्रयास, आन्दोलन, दर्शन या व्यवस्था के आश्वासन ने ये प्रत्याशाएं और सम्भावनाएं दी हैं कि सचमुच स्थितियों को बदला जा सकता है, भीतरी और बाहरी शक्तियों को आपस में ढालकर अपनी नियति को मोड़ दिया जा सकता है, तभी कहानियों के नायक व्यक्तितत्ववान, सक्रिय और वास्तविक मनुष्य के रूप में दिखायी दिये हैं। ये सम्भावनाएं प्रेमचन्द के समय थीं, सन् पचास के आसपास थीं और शायद एक बार फिर लौटी हैं, और जब-जब ये आश्वासन टूटे हैं, साहित्य स्थगित, कुण्ठित और आत्महन्ता नायकों से पट गया है।

(प्रेमचंद की विरासत और अन्य निबन्ध)

आन्दोलन और हिन्दी कहानी

जब किसी क्षेत्र-विशेष के लोग एक ही समय एक बात महसूस करते हैं लेकिन व्यक्तिगत एकालाप की तरह उसे व्यक्त करते हैं तो माहौल बनता है; और जब ये सारे एकालाप आपस में संवाद का रूप लेने लगते हैं तो आन्दोलन का जन्म होता है। बात माहौल में जितनी शिद्दत से महसूस की जाती है, आन्दोलन उतना ही सक्रिय, प्रभावी, व्यापक और दीर्घजीवी होता है। आन्दोलन जिन्दगी की आधारभूत या रचनात्मक अभिव्यक्तियों या आकांक्षाओं और स्वप्नों को सुसंगठित, तीव्र और 'कम्पलिसव' बनाता है। लेकिन जब आन्दोलन के पीछे से ये वास्तविकताएं या सामाजिक सच्चाई समाप्त हो जाती है, या फिसल जाती है, तो मठ, सम्प्रदाय, स्कूल या इन्स्टीट्यूशन बनकर अपनी प्रासंगिकता बनाये रखने की कोशिश करता है। तब वह माहौल की आकांक्षाओं की, जरूरतों और सपनों की अभिव्यक्ति नहीं करता, बेरुकर उपलब्धियों और अनुभवों की गिनती करता है, परिभाषाएं, दर्शन और सूक्ति या सूत्र निकालता है, तब वह 'संवाद' नहीं, वक्तव्यों की कुतुबनुमाई भाषा में बोलता है।

हिन्दी-कहानी की सम्पूर्ण यात्रा में 'नयी-कहानी' पहला, और शायद साहित्यिक अर्थों में अभी तक का अन्तिम आन्दोलन था। द्वितीय युद्ध के बाद कविता राष्ट्रीय-अन्तर्राष्ट्रीय स्तर पर अपनी सार्थकता खो रही थी और युद्ध, विभाजन, ध्वंस से गुजरकर आये हुए लोग एक-दूसरे को अपने अनुभव सुनाने को इतने आतुर-व्याकुल थे कि कविता में अधूरापन महसूस करते थे और कहानी-उपन्यास के शास्त्रीय अनुशासन उन्हें बांधे रखने में असमर्थ थे। तीव्र, ज्वलंत और अस्तित्व-विदारक ये अनुभव हर विधा की शास्त्रीय सीमाओं को ओछा कर रहे थे। इस दौर के बाद ही आया अपने को जांचने, जमाने और भविष्य की ओर देखने का समय। यात्रा की मजबूरी, आगे बढ़ने की आपा-धापी, पीछे के खिंचाव और भविष्य के आश्वासन—जो सामने आने से पहले ही अपनी दरारें और तड़कनें दिखाने लगे थे। यानी आश्वासन शब्दों का रूप लेने से पहले ही अविश्वासों, आशंकाओं और भाषा-विदूषण या दूषण में बदलने लगे थे। और मोटे रूप से इसी मानसिकता को अभिव्यक्त करते हैं नयी कहानी के अधिकांश कथाकार—मूलतः वाम के प्रति झुकाव के साथ—क्योंकि

व्यवस्था के विरोध को वाम एक दार्शनिक आधार भी देता था। सब मिलाकर छूटता वर्तमान...बांधे रखनेवाले मूल्यों, संस्थाओं और दर्शनों के प्रति विरक्ति, उदासीनता या निश्चित आक्रोश—क्योंकि यही सब तो तरह-तरह की मरीचिकाओं के रूप में रास्ते में आ-खड़े होते थे।

इन्हीं कहानियों को मैं कलकत्ते में बैठकर लिख रहा था, राकेश जलन्धर में, मार्कण्डेय-कमलेश्वर इलाहाबाद में, रेणु-शिवप्रसाद पटना-बनारस में या निर्मल दिल्ली में। इस बदलते परिवेश में सभी अपनी-अपनी और इस बहाने अनजाने ही राष्ट्रीय अस्मिता की खोज में लगे थे। जरूरतों के दबाव ने संयोग से मुझे, राकेश और कमलेश्वर को दिल्ली में ला-पटका। प्रेमचन्द की संस्था से निकली हुई 'कहानी' ने जो माहौल तैयार किया था वह बाकायदा एक 'संवाद' का आकार लेगे लगा तो पाया कि नयी कहानी तो एक आन्दोलन है। लेकिन इसके बीच में हम तीनों ही कैसे आ गये, यह आज भी मैं नहीं समझ पाता। मैं बिल्कुल भी नहीं कहता कि बाद में इस बीच में होने को हम लोगों ने इस्तेमाल नहीं किया। कुछ का कहना है कि इस 'चमत्कार' के पीछे हमदम-सीरीज हैं। मगर हमदम तो लक्ष्मीनारायण लाल ने हस्बमामूल चरण-छू अन्दाज में भारती पर भी लिखा था। उन दिनों तो किसी भी बड़े लेखक का नाम लेकर खुद ही अपने को अभिनन्दित करने का भी रिवाज नहीं था। बहरहाल इसके पीछे खामखां दूसरों को छेड़कर दुष्ट मजा लेनेवाली कमलेश्वर की फतवेबाजियां थीं या राकेश के शतरंजी-पैतरों से लैस गुरु-गम्भीर मुखौटोमैनिया या मेरे तथाकथित गम्भीर, सैद्धान्तिक लेख और बहुत पढ़ने का रौब—यह बता सकना आज मुश्किल है। मुझे तो यह लगता है कि अन्दरूनी रूप से यह लड़ाई भैरव, नामवर और अश्क के बीच थी। हम लोग तो प्रमुख रूप से कहानियां लिख रहे थे और शगल के लिए इस सब में भी शामिल हो जाते थे। बातचीत व्यवहार में सारे अक्खड़पने के बावजूद भैरव अपनी सम्पादकीय इण्टैग्रिटी बनाये रहे और आत्मप्रचार के मारे अश्क इसी चिन्ता में दुबलाये रहे कि जड़ में तो मैं हूं, लेकिन मुझे कोई पूछता क्यों नहीं है। सबसे दयनीय हालत नामवर की रही : जल्दी से जल्दी चन्द्रगुप्त की तलाश करके चाणक्य बन बैठने की उतावली में वे पश्चिमी आलोचना से जो भी फन्दा ले आते, उसके नाप की गर्दन हम लोगों के बीच तलाश करने लगते—उसमें कभी मार्कण्डेय की गर्दन फिट बैठती, कभी निर्मल की—कभी नयी कहानी की शुरुआत उषा प्रियंवदा से होती तो कभी रवीन्द्र कालिया से। इस उठा-पटक ने सचमुच नामवर को अब तो इतना थका दिया है कि साहित्य-वाहित्य के मूल्यांकन छोड़कर वे सीधे-सादे रिश्तों पर उतर आये हैं : अनुज काशीनाथसिंह ही संसार के सर्वश्रेष्ठ कथाकार हैं।

नयी कहानी युग की इस रचनात्मक बेचैनी, अपनी वास्तविकता को पाने और व्यक्त करने की तड़प, लिखने के प्रति सम्बद्धता यानी इस पूरे परिप्रेक्ष्य को समझे बिना कुछ धांसू किस्म के कथाकारों ने नतीजा निकाला कि आन्दोलन का अर्थ है

पत्रिका। लीजिए साहब, जिसके हाथ जो पत्रिका आयी या जो भी जिस पत्रिका को हथिया सका; अपने आस-पास चमचों-चिमटों की भीड़ जमा की और एक आन्दोलन चला दिया। लड़ाई अच्छे-बुरे लेखन को लेकर नहीं, लेखन से प्राप्त होने वाली सुविधा-सम्मान और सेहरों पर आ-टिकी। आन्दोलन की मूलभूत प्रकृति या आवश्यकता पर इन लोगों को विश्वास रहा हो या न रहा हो, छपासु लेखकों और मुदर्रिस आलोचकों की रीढ़हीनता पर इन्हें कतई अविश्वास नहीं था। व्यक्तिगत महत्वाकांक्षा से आक्रान्त जिस भी लेखक के पास जितनी बड़ी पत्रिका हुई, उसका आन्दोलन भी उतना ही बड़ा हो गया—झांसे के शब्दों की तो कोई कमी थी ही नहीं, सारे कोश सुलभ हैं। महावीर प्रसाद द्विवेदी से लेकर भैरव प्रसाद गुप्त तक के जमाने में सम्पादक को सशक्त लेखकों, अच्छी कहानियों की तलाश रहती थी—आज इन लेखक-सम्पादकों को सिर्फ ऐसे कलम-घसीटों की जरूरत है जो एकान्त भाव से उनकी ही महानता में विश्वास रखते हों और हर लेख, पत्र या समीक्षा में किसी न किसी तरह उनका नाम घुसा सकते हों। जो लेखक-समीक्षक आसानी से ऐसा करते रहे हैं उनकी लेखन या आन्दोलन में निष्ठा का अनुमान सहज ही लगाया जा सकता है।

इस प्रदूषण का बहुत कुछ जिम्मेदार मैं उन लेखक-सम्पादकों को मानता हूं जो इस मनोवृत्ति को प्रश्रय देते हैं। सम्पादकीय-पद पर लेखकीय गरिमा का अन्तिम निर्वाह मैंने राकेश के एक साल के 'सारिका' कार्यकाल में पाया है और मैंने उन पाण्डुलिपियों को भी देखा है जहां लाल स्याही से अपना नाम काट दिया गया है। आज तो उस लेख का छपना मुश्किल है जिसमें कहीं-न-कहीं सम्पादक का जिक्र नहीं है! झुमरीतलैया से निकलनेवाली पत्रिका 'दादुर' में डॉ० खुशामदीलाल के लेख में आप देखेंगे कि रवीन्द्र-प्रेमचन्द्र के बाद एकमात्र कहानीकार—उसी पत्रिका के सम्पादक—'आत्ममुग्ध' हुए हैं और उनका एक आन्दोलन भी है। पत्रिका में अगर चित्र हैं तो आपको पहचानते देर नहीं लगेगी कि किस तरह वे तॉलस्तोय और शैक्सपियर को आंशीर्वाद देते हुए हंस रहे हैं या चार लेखक-नुमा लोगों के बीच पांचवे वे भी दिशा-दर्शक भाव से बोल रहे हैं; गम्भीर हैं या प्रधानमंत्री, राष्ट्रपति गृहमंत्री से हंस-हंसकर बतिया रहे हैं। अब यह और लोगों की ईर्ष्या, टुच्चापन या गुटपरस्ती नहीं तो और क्या है कि अपनी पत्रिका के सिवा कहीं उनका नाम ही नहीं आने देते। इसीलिए एक दिन पता चलेगा कि ईर्ष्यालु लोगों की इस धांधली के खिलाफ जिहाद बोलते हुए आत्ममुग्ध जी ने संकलन-दर-संकलन सम्पादित करने-कराने शुरू कर दिये हैं। विश्व की श्रेष्ठ कहानियों में एक अपनी भी डाल दी है। उन्हें भी जिद आ गयी है कि देखें आन्दोलन कैसे नहीं जमता!

इस फेनोच्छ्वसित कसरत और दयनीन शीर्षासन को ही आन्दोलन कहा जाता हो तो सचमुच तलाश करना पड़ेगा कि इसमें से रचना या कहानी कहां भाग गयी है।

हिन्दी साहित्य की नयी दिशा : कहानी

साहित्य जब अपनी प्रेरणा अपने-आप से लेने लगता है तो रूढ़ि बन जाता है। स्वतन्त्रता के बाद का हमारा सारा इतिहास क्रमशः रूढ़ियों से छूटने या उनके प्रति बढ़ते हुए अविश्वास का इतिहास है। यही कारण है कि कला हो या जीवन, ज्ञान हो या कार्यक्षेत्र, हमने परिपाटियों और रूढ़ियों, सभी से धीरे-धीरे अपने को मुक्त किया है। नये सिरे से उनकी परिभाषा करने की कोशिश की है। बंधी-बंधाई धारणाओं या शास्त्रों से न तो आज की जिन्दगी को समझा जा सकता है, न कला को—उसे केवल आज की जिन्दगी की सच्चाइयों से ही समझा जा सकता है।

स्वतन्त्रता के बाद आनेवाली हिन्दी-कहानी को भी इस स्थिति का सामना करना पड़ा था। कहानी की शास्त्रीय और परम्पराबद्ध धारणा में जीनेवाले लोगों के लिए यह समझ पाना बेहद कठिन था कि हम लोग जिस तरह की कहानियां लिख रहे थे—वे सचमुच कहानियां ही थीं या कुछ और। आधुनिक कहानियां, आधुनिक चित्रकला और आधुनिक कविता कुछ इस ढंग से बदल गयी थी कि विद्वानों को उनका सिर-पैर ही समझ में नहीं आता था। अपने पढ़े और जाने हुए के आधार पर ही वे इन सबको भी पा लेना चाहते थे और इसलिए सारा कला और साहित्य या तो उन्हें उलझी हुई पहेली लगता था या बकवास। यही नहीं, इन्हीं लोगों को आस-पास की जिन्दगी भी नरक में जाती हुई दीखती थी। बदली हुई सच्चाई की पकड़ इनके हाथ से छूट गयी थी और बिना परिवेश की वास्तविकता को सहानुभूति से समझे, वे कला को भी नहीं समझ सकते थे।

कथा-साहित्य इसी जिन्दगी से उभरनेवाली एक दूसरी सच्चाई है। वह बदलते हुए समय में सम्बन्धों के आदमी को ढालनेवाले सन्दर्भों का अन्वेषण है। हम कहानियों और उपन्यासों के द्वारा ही आदमी-आदमी, आदमी और समाज के रिश्तों को ज्यादा गहराई से समझ सकते हैं। स्वतन्त्रता के बाद ही कुछ लेखकों ने पाया कि हमारी कहानियों में या तो अपने परिवेश से कटे हुए अकेले आदमियों की व्यक्तिगत व्यथा की तस्वीरें हैं, या समाज के विकास और ह्रास की आशा और निराशा भरी कथाएं हैं। आदमी और आदमी या आदमी और समाज के बीच के सही सम्बन्धों और सन्दर्भों को समझने का प्रयास प्रायः नहीं है। अगर वह सम्बन्ध कहीं है भी तो या तो बड़ा

रोमाण्टिक, हवाई और आदर्शवादी है या बड़ा इकहरा या सपाट। आदमी या तो इतना टाईप हो गया है कि उसका अपना व्यक्तित्व, अपनी आकांक्षाएं और कमियां अलग से दीखती ही नहीं, या इतना 'टिपीकल' कि दूसरे से उसका कोई संवाद ही नहीं है और कहीं कोई उसकी बात सुन-समझ नहीं पाता है। वह एक निहायत ही अलग ढंग के आदर्शवाद में जीता या उसके बोझ के नीचे दम-तोड़ता आदमी है। वह अपनी स्मृतियों और कलाओं में अधिक जीता है, वास्तविकताओं में कम। यह आदमी अपने जैसे किसी आदमी के सम्बन्धों का भूखा है—वह चाहता है एक मित्र, एक प्रेमिका, एक घर, एक ठहराव। और जहां क्षण-भर के लिए भी ऐसा कुछ मिलता है, उसकी स्मृति उसके लिए कहानी हो जाती है। इसलिए इस प्रकार की सारी कहानियां या तो आत्म-संलाप या स्मृतियों के रूप में लिखी जाती रहीं—फ्लैश-बैक होती थी इनकी टैक्नीक। दूसरी तरफ सड़े-गले समाज या बदलने को व्याकुल समाज की प्रगतिशील कहानियां थीं, जीवित और जीवन्त व्यक्तियों की नहीं।

नये कहानीकार को अनजाने ही शायद लगा कि उसे ऐसे व्यक्तियों की कहानियां लिखनी चाहिए जो उतने असामाजिक न हों, या ऐसे समाज को चित्रित करना चाहिए जिसे बनानेवाले व्यक्ति उतने व्यक्तित्वहीन न हों। इसलिए सन '50 और '60 के बीच की कहानियों में, जीवित परिवेश में सांस लेते, व्यक्ति और व्यक्तित्व को बनाने और ढालनेवाले सूत्रों की खोज ही अधिक दिखाई देती है। इन कहानियों का नायक अपने आस-पास के सम्बन्धों में जीनेवाला व्यक्ति है। उसका सारा प्रयत्न न तो अपने व्यक्तित्व के खोल में ही घुलते रहने का है—न सारा व्यक्तित्व खोकर समाज की इकाई-मात्र बने रहने का है। बदलते समाज में टूटते और बनते सम्बन्धों की ये कहानियां, परिवेश की वास्तविकता और अनुभूति की प्रामाणिकता का आग्रह लेकर ही आयी थीं। झूठी और उधार ली-हुई अनुभूतियों को इन कहानियों और कहानीकारों ने प्रयासपूर्वक अलग रखा है। यही कारण है कि 'उसी क्षण' और परिवेश से ये कहानियां बिल्कुल नहीं हटतीं—जो हमारी मानसिकता का एक भाग है या हम खुद जिसके साथ अनिवार्य रूप से जुड़े हैं। इधर बीस-तीस वर्षों में शायद ही कोई ऐसा कथाकार हो जिसने देश या काल के बहुविध विस्तारों में जाने की कोशिश की हो। जिस स्थान और जिस काल को हमने नहीं जिया, उसके बारे में हम प्रामाणिक रूप से कैसे कुछ कह सकते हैं? परिणामतः इधर न तो ऐतिहासिक कहानियां लिखी जाती हैं, न देश-विदेश के विवरण—हां, अपने-अपने परिवेश को स्वर देनेवाले सारे लेखक मिलकर कहानी को बहुरंगी विस्तार जरूर देते हैं।

परिवेश की वास्तविकता और अनुभूति की प्रामाणिकता वाली कहानियों ने सारी कहानी के संवेदना और उसके मिजाज को ही नहीं बदल दिया, उसके स्वरूप और शिल्प को भी एकदम नये अर्थ और अभिप्राय दे दिये हैं। परिवेश और व्यक्ति या व्यक्ति के तनाव को कहानी की सीमा में अधिकाधिक सार्थक ढंग से बांधने की

प्रक्रिया में ये कहानियां सहसा ही दो या एक से अधिक धरातलों पर चलने लगी हैं। अपने संकेतों, भाषा, बिम्बों और प्रतीकों में ये पहले की तरह इकहरी या सपाट नहीं, अनेक-अनेक अर्थ ध्वनित करती हैं। जहां-जहां आदमी की भीतरी तहों को बाहरी सचाइयों से जोड़ने और परिभाषित करने के प्रयास किये गये हैं या सारे परिवेश को आदमी के भीतर समझने की कोशिश है—वहां यह अत्यन्त स्वाभाविक हो जाता है कि हर स्थिति और अनुभव दुहरे-तिहरे अर्थ दे। इसलिए अपने शिल्प और कलात्मकता में ये कहानियां निश्चय ही पहली कहानियों से अधिक सार्थक और प्रभावशाली हैं।

लेकिन बात इतनी ही होती तो आज की हिन्दी-कहानियों को समझना बहुत आसान हो जाता। कहानीकार खुद इन कहानियों की परिभाषा से बचता रहा है। किसी भी विकास की समाप्ति पर ही उसकी सही परिभाषा हो पाती है, तभी उसे ऐतिहासिक परिप्रेक्ष्य में रखकर उसका महत्व और मूल्य आंका जाता है और शास्त्र बनते हैं। कहानीकार परिभाषाओं और शास्त्र का विरोध करता है। उसका कहना है कि कहानी में यह बदलाव अचानक ही नहीं आया है—इसके पीछे अपने समय और अपने आसपास के प्रति हमारा बदलता हुआ रवैया है। न तो परिवेश का बदलना रुका है और न अभी उसके प्रति 'ऐटीट्यूड्स' ही स्थिर हुए हैं। संक्रान्ति और भीषण उथल-पुथल से गुजरते समाज में ऐटीट्यूड्स इतनी जल्दी निर्धारित भी नहीं होते—उनको स्थिर कर लेना अपने आपको जड़ बना लेना है। निरन्तर विकसित होते हुए समाज और व्यक्ति की ये कहानियां भी अपनी जगह रुक नहीं गयी हैं—वे भी उसी तरह विकसित हो रही हैं, इसलिए हमें अभी कला, संस्कृति, राजनैतिक सभी के माध्यम से अपने को तलाश करने की आवश्यकता है—अभी से परिभाषाओं के चक्कर में पड़ने की जल्दबाजी हमें नहीं दिखानी चाहिए....

इसलिए अनुभूति की प्रामाणिकता के नाम पर जब सार्थक-निरर्थक, प्रासंगिक-अप्रासंगिक सभी तरह की अनूभतियों से कहानियां बोझिल और रुग्ण होने लगीं तो कुछ कहानीकारों ने आग्रह किया कि अनुभूति की प्रामाणिकता ही कहानी का सबसे बड़ा गुण नहीं है—उसकी सार्थकता और समय-सन्दर्भों में उसकी प्रासंगिकता भी उतनी ही बड़ी विशेषता है। हम अनुभव करते हैं, यह अपने-आपमें बहुत बड़ी सच्चाई है, लेकिन हमारा अनुभव तभी सच्चा और सार्थक है जब दूसरों के अनुभव के साथ शामिल है, उनसे अनुमोदित है—आसपास की बड़ी प्रामाणिकताओं से भी जुड़ा है.....और इस अहसास ने कहानी को एक बार फिर बदलना शुरू कर दिया है।

(प्रेमचंद की विरासत और अन्य निबन्ध)

समकालीन हिन्दी कहानी

स्वतन्त्रता के बाद, यानी सन् 50 के बाद की कविता और कहानी दो अलग-अलग दृष्टिकोणों से प्रेरित हुई। एक ही समय दो साहित्यिक विधाएं इतनी विरोधी संवेदनाओं को अभिव्यक्त करें, यह अध्ययन अपने आपमें काफी दिलचस्प है। जिसे नयी कविता कहा जाता है, उसके पीछे प्रेरणा थी दिग्भ्रान्ति की, व्यक्ति की सीमित पराजयवादी मनोवृत्ति की; हर दर्शन और दृष्टि के व्यर्थ होने की और सब मिलाकर आदमी के निरर्थक और असमर्थ हो जाने की, लेकिन कहानी अचानक ही समय की सामाजिक शक्तियों से जुड़ गयी थी और अधिक गहराई और प्रभावशाली ढंग से आस-पास के आदमी की वाणी को स्वर दे रही थी। यही कारण है कि सन् 50 से 65 तक की कहानी ही साहित्य की केन्द्रीय-विधा के रूप में प्रतिष्ठा पाती रही।

जिस ढंग से हमें स्वतन्त्रता मिली और उसके साथ ही साम्प्रदायिक दंगों और हिन्दू-मुस्लिम जनता का स्थानान्तरण हुआ, उससे सब कुछ अव्यवस्थित होकर बिखर गया था। एक वर्ग इस आजादी को झूठी मानता था और दूसरा अवसरवादी राजनीति में अपनी स्थिति मजबूत कर रहा था। साहित्य में प्रगतिशील और प्रतिक्रियावादी—दो ही तरह का लेखन था और स्पष्ट बंटा हुआ था, लेकिन दोनों ही अपनी वास्तविकता से कट गये थे। व्यक्तिवादी लेखन सिर्फ अपने भीतर सिमट गया था, वह अपराधबोध और आत्मग्लानि का साहित्य था। उसे आगे कोई रास्ता नहीं दीखता था। बाहरी सफलता के बीच भीतरी विपन्नता का अहसास यहां बहुत तीखा था। इस प्रकार के लेखकों के लिए वर्तमान अवरोध और रुकावट का बिन्दु था और वे अपने भीतर की रहस्य और अन्धकार की यात्रा की ओर लौट रहे थे। उनके लिए अपने से बाहर सन्दर्भ या समय नाम की कोई चीज नहीं थी; केवल अपना व्यक्तिगत अतीत था। दूसरी ओर प्रगतिशीलों के लिए भीतर या गहराई में कुछ नहीं था। उधार के दर्शन से उत्साहित होकर वे लेखक सिर्फ बाहर की सतह पर तैर रहे थे। इस दर्शन को उन्होंने समाज के अनुभवों से नहीं निचोड़ा था। वे तेजी से बदलती और अन्तर्विरोधी स्थितियों को आवेश और उत्तेजना की भाषा में पकड़ना चाहते थे और हर कहानी का अन्त 'लाल सुबह' पर कर देते थे। अज्ञेय, जैनेन्द्र, इलाचन्द्र जोशी आदि व्यक्तिवादी साहित्य के अलमबरदार थे; तो कृश्नचन्दर, रांगेय राघव, अमृतराय प्रगतिशील

नारेवादी कहानियों के अग्रदूत। वास्तविकता को इन दोनों में से कोई भी नहीं पकड़ रहा था। एक अन्दर के रिपोर्ताज लिख रहा था तो दूसरा बाहर के। इसी व्यक्ति को सामाजिकता की पृष्ठभूमि या उस सामाजिकता को व्यक्ति की टेक देने का काम नयी कहानी ने किया । पिछली दोनों धाराओं में आदमी गायब हो गया था—सिर्फ दो प्रवृत्तियां रह गयी थीं—व्यक्तिवादी और प्रगतिवादी। व्यक्तिवादी रचनाकार मूलतः कवि थे और जब कविताओं को फैलाकर गद्य का रूप देते थे तो उन्हें ही 'कहानी' का नाम देते थे। प्रगतिशील प्रवृत्तियों के हामी अधिकतर कथाकार थे, लेकिन वे सिर्फ समाज की बाहरी सतह के अखबारी रिपोर्ताज लिख रहे थे। नयी कविता व्यक्तिवादियों के साथ थी, नयी कहानियां प्रगतिशीलों के।

नये कहानीकारों ने अपने अन्दर ही घुटते व्यक्ति को निकालकर समाज में लाकर प्रतिष्ठित किया और प्रगतिशीलता की घोषणाओं को व्यक्ति के अनुभवों में तलाश किया। यानी आदमी के अपने अनुभव को सामाजिक सन्दर्भों के साथ प्रामाणिक बनाया। उस समय 'प्रामाणिक अनुभव' या अनुभूति की प्रामाणिकता की बात ही सबसे अधिक सुनायी देती थी। समय के प्रवाह के 'क्षण' और सामाजिक फैलाव में व्यक्ति, दोनों ही उनके लिए अपने-आपमें कटे-छंटे द्वीप नहीं थे—वे प्रवाह और विस्तार के अंग थे। व्यक्ति परिवेश के भीतर सांस लेता था और परिवेश व्यक्ति के माध्यम से ही अपनी जबान पाता था। कहानीकार इन दोनों धरातलों को एक बिन्दु पर पकड़ना चाहता था। इन कहानीकारों का दूसरा आग्रह यह भी था कि न तो व्यक्ति इतना दृष्टिहीन है कि उसे अपने आस-पास या आगे का कुछ न दिखाई दे, न इतना हवाई कि कोई भी बाहरी दर्शन उसे जो भी दिखा दे वही उसकी सचाई बन जाये। अपनी सचाई को उसे अपने परिवेश और अपने अनुभवों को माध्यम से ही पकड़ना था।

दृष्टिकोण के इस बदलाव ने कहानी को अनेक धरातलों पर बदलना प्रारम्भ कर दिया। अब कहानी की भाषा उतनी इकहरी नहीं रह गयी। उसमें ऐसे बिम्ब, प्रतीक और अर्थ उभरने लगे थे जो व्यक्ति की अपनी विश्वसनीय अनुभूतियों का भी चित्रण करते थे, लेकिन साथ ही समाज की व्यापक सचाइयों को भी पकड़ना चाहते थे। ये कहानियां अनायास ही दुहरे-तिहरे धरातलों पर चलने लगी थीं। मेरी 'खेल-खिलौने', 'जहां लक्ष्मी कैद है,' ऐसी ही कहानियां थीं। व्यक्ति और परिवेश के आपसी सम्बन्धों को सम्पूर्ण जटिलता में पकड़ने के प्रयास में ये या इस तरह की कहानियां अधिक गहरी, कलात्मक और प्रभावशाली हो गयी थीं। उनसे अक्सर दो-दो, तीन-तीन अर्थ ध्वनित होते थे। वे सार्थक प्रयोगों की उत्कृष्टतम कहानियां हैं।

अनुभूति की प्रामाणिकता के आग्रह ने कथाकार को यह समझ दी कि हर अनुभव अपने ही समाज, समय और परिवेश की उपज होती है—उसे कहीं बाहर से लाकर थोपा और रोपा नहीं जा सकता। यही कारण है कि ये कहानियां—न बहुत पीछे

के ऐतिहासिक युगों में जाती थीं और न किसी सुने-सुनाये देश-प्रदेश में। वे अपने आस-पास ही सिमट गयीं। पहले के कहानीकार आसानी से अपनी कहानियों के घटनास्थल, इतिहास या किसी भी परिचित-अपरिचित प्रदेश में स्थापित कर लेते थे। उत्तर-प्रदेश में बैठकर निस्संकोच, बम्बई, बंगाल या काश्मीर की कहानियां लिखी जा सकती थीं। नयी कहानी ने इस झूठ से भी मुक्ति ली। शायद इसलिए इस दौरान न तो हमें कोई ऐतिहासिक कहानी देखने को मिलती है, न किसी अपरिचित देश-प्रदेश की; जिस देश-काल को हमने अपने अनुभव का हिस्सा नहीं बनाया है, वह हमारा कथा-क्षेत्र नहीं हो सकता।

यह सही है कि अनुभव की आत्मीयता और प्रामाणिकता के इस आग्रह ने नये कहानीकार का क्षेत्र बहुत सीमित कर दिया, लेकिन यह भी सही है कि उसकी सामाजिक चेतना ने हमेशा व्यक्तिगत अनुभव को वृहत्तर सामाजिक अर्थों से जोड़ने की कोशिश की। प्रेम-सैक्स, आशा-निराशा के छोटे-छोटे अनुभवों के माध्यम से समय की ही बड़ी सचाई को पकड़ने और परिभाषित करने की दिशा में शक्तिशाली प्रयोग हुए। प्रेमचन्द की यथार्थवादी और यशपाल की वैज्ञानिक दृष्टि इस युग की कहानी को संस्कार दे रही थी। प्रायः इस दौर के सारे सशक्त कथाकार अपने को प्रेमचन्द और यशपाल से ही जोड़ने की कोशिश करते दीखते हैं। मैंने स्वयं जब इस काल की कहानियों का प्रतिनिधि संकलन (एक दुनिया : समानान्तर) तैयार किया तो अपने समर्पण के लिए मुझे यशपाल के अलावा दूसरा नाम ही ध्यान नहीं आया। प्रेमचन्द का सरोकार अगर सामान्य-जन की वास्तविकताओं की तरफ था तो यशपाल ने इसे जकड़े रखने वाले संस्कारों और मूल्यों पर प्रहार किये थे।

विशिष्ट और विलक्षण व्यक्ति के स्थान पर सामान्यजन की स्थिति और बदलती हुई मानसिकता को पकड़ना ही इन कहानियों का मूल कथ्य है। स्वतन्त्र होने और जनतान्त्रिक व्यवस्था के आश्वासन ने एक ओर तो भारतीय जन में अपने आपको, राष्ट्रीय प्रभावों के बीच, एक खुली और वृहत्तर दुनिया में पाया था तो दूसरी ओर स्वयं चुनाव करके अपनी नियति और स्थिति को बदल सकने का नया विश्वास उसमें जागा था। मोटे रूप से इस सारे समय को अपनी अस्मिता (आइडैण्टिटी) की तलाश और निरूपण का काल कह सकते हैं। व्यापक स्तर पर जनमानस का अपनी स्थिति और अधिकारों के प्रति जागरूक होना इसका लक्षण था। कथाकार शहरी निम्न और मध्य वर्गीय व्यक्ति की अपनी हालत को ही नयी स्थितियों के बहाने समझना चाहता था, बल्कि देश का प्रत्येक कोना और अंचल जाग रहा था। कस्बों और गांवों से आये लोग, वापस अपने क्षेत्रों, बनावट और सांस्कृतिक परम्पराओं को कहानी के माध्यम से तलाश कर रहे थे। कहानियों में आंचलिकता की एक नयी धारा, शक्तिशाली ढंग से स्वरूप ग्रहण कर रही थी, और सुदूर बिहार, बस्तर, पहाड़ी क्षेत्रों के साथ उत्तर प्रदेश, मध्यप्रदेश की अनेक आंचलिक इकाइयां

हिन्दी-कहानी को समृद्ध कर रही थीं। इसी बीच उभरा आंचलिक और शहरी कहानियों का विवाद।

आंचलिक कथाकारों का दावा था कि प्रेमचन्द की परम्परा सिर्फ वे लोग ही सुरक्षित रखे हैं। वे प्रेमचन्द की तरह भारत की ग्रामीण जनता, वहां की बोलचाल, रहन-सहन और संस्कृति को अपनी कहानियों का आधार बनाये हैं उधर शहरी या नगर केन्द्रित कथाकारों का कहना था कि प्रेमचन्द की परम्परा का अर्थ, उनके पात्र और विषय और वस्तु या क्षेत्र नहीं, वह संवेदना और दृष्टि है, जिसका प्रतिफलन आज की कहानी कर रही है। हमें अपने समय को बदलनेवाले विभिन्न तत्वों और स्वरूपों को अपनी कहानियों के द्वारा पकड़ना होगा, उसमें आदमी की पहचान करनी होगी। यही यथार्थ-दृष्टि प्रेमचन्द की परम्परा है। हमें शहरी आदमी के दबाव, तनाव, बदलते हुए सम्बन्धों, पारिवारिक और आर्थिक ढांचों के बदलाव के बीच ही उसे देखना है। सामन्ती मूल्यों से मुक्ति और नयी औद्योगिक संस्कृति के बोझ, राष्ट्रीय अपेक्षाएं और अन्तर्राष्ट्रीय शतरंज को शहर का आदमी ज्यादा जटिल, संश्लिष्ट धरातलों पर भोग रहा था। इन जटिलताओं और द्वन्दों, छटपटाहटों और प्रयासों पर कहानी लिखना कहानीकार के लिए ज्यादा बड़ी चुनौती थी।

बहरहाल इस प्रतिस्पर्धा और प्रतियोगिता के बीच एक-से-एक सशक्त और उत्कृष्ट कहानियां हिन्दी में उन दिनों लिखी जाती रहीं। कहानी अपनी-अपनी जिन्दगी को स्वर देनेवाली भाषा, नये-नये मुहावरों, लहजों और शब्दों से समृद्ध होती रही और सारा हिन्दी-जगत ऐसी रचनात्मक हलचलों से भर उठा कि लगा पहली बार कहानी-लेखन और कहानी की समझ का सिलसिला शुरू हुआ है। वर्ना साहित्य-समीक्षक हजारों साल से कविता-समीक्षा के औजारों से साहित्य में अन्य विधाओं और रूपों का मूल्यांकन कर दिया करते थे। कविता और उसे समझने के औजार क्रमशः अप्रासंगिक हो गये थे और खुद कहानीकारों और नये समीक्षकों ने कथा-समीक्षा पर चलनेवाली बहसों में खुल कर हिस्सा लिया था।

जहां यह सही है कि तेजी से बढ़ते मध्यवर्ग का छोटा और सामान्य आदमी सारे व्यक्तिगत सम्बन्धों और वृहत्तर सामाजिक सन्दर्भों में अपने-आपको समझ रहा था, कहानी को नयी गहराई, शक्ति और भाषा को नये तेवर दे रहा था, वहां यह भी सच है कि एक खास तरह की असहायता और समर्थता का बोध भी क्रमशः उसके भीतर सिर उठाने लगा था। उसने देखा कि सत्ता की जोड़-तोड़ और कुर्सी की होड़ में राजनीति सारे देश के मनोविज्ञान पर हावी है, वही पुराना साम्राज्यवादी तन्त्र है; अफसर और नौकरशाही, सामन्तों और पूंजीपतियों के साथ मिलकर मनमानी कर रहे हैं। नेता लोग देश की उभरती प्रगतिशील शक्तियों के साथ नहीं, अफसरों और पैसेवालों के हाथ में हैं। तिकड़मों और हथकण्डों के बीच सारे मानव-मूल्य दम तोड़ गये हैं। राजनैतिक पार्टियां एक-दूसरे को तोड़ और जकड़ रही हैं। भ्रष्टाचार

और भ्रष्ट तरीकों से लोग रातोंरात कोठियां-कारें खड़ी कर रहे हैं और देश का भाग्य इन नये-नये कुर्सीधारी और पलक झपकते ही नव-धनाढ्यों के हाथ में है। यह सब देखकर लोक दिग्भ्रमित होता चला गया, सामान्य जनता, भाग्य और भगवान के नाम पर अपनी तकदीर बदलनेवाले 'भगवानों' द्वारा चमत्कार की राह देखने लगी।

यही वह समय है जब हिन्दी कहानी में भय, मृत्यु, संत्रास, कुण्ठा, अकेलेपन, पराजय के नारे गूंजने लगे। बड़े-बड़े डॉलर और मशीनें, विशेषज्ञ और 'प्रोजेक्ट' ही विदेशों (विशेष रूप से अमेरिका से) नहीं लाये गये—ये आत्मघाती दर्शन भी, बुद्धिजीवियों के मानसिक शून्य को भरने लगे। हिप्पियों, ड्रापआउटों और चरस-भांग या 'साइकैडेलिक' तन्द्राओं में चौकानेवाले, खूबसूरत फिकरे यहां के विद्यार्थियों और बुद्धिजीवियों में फैशन की तरह गूंजने लगे। कहानी और कविता में भी श्मशानी, दिगम्बर और ऐसी ही पीढ़ियां शिव की बारात की तरह धमाचौकड़ी मचाने लगीं। उधर सैक्स और हिंसा के फुटपाथी साहित्य और रंगबिरंगी फिल्मों की चकाचौंध से बाजार पट गया।

लेकिन साथ ही भारतीय साहित्यकार—विशेषकर कथाकार ने महसूस कर लिया कि सारी दुनिया को अपनी राजनैतिक जालसाजियों, घातक हथियारों की प्रयोगशाला बनानेवाले समृद्ध देश अमेरिका का रास्ता हमारा रास्ता नहीं हो सकता। आधुनिक होने का अर्थ पतनशील पूंजीवादी व्यवस्था की अन्धी नकल नहीं है। विकासशील देश को अपनी आधुनिकता, अपनी स्थितियों के हिसाब से ही तलाश करनी होगी; बल्कि विकासशील देशों को आपस में मिलकर अपना रास्ता अलग ही बनाना होगा।

और इधर की कहानियों में, चुपचाप स्थितियों को भोगता, 'समझता' या पराजित, पस्त, हताश, आत्महन्ता नायक नहीं, अपनी नियति और हालत को बदलने में तत्पर एक अधिक सक्रिय तथा कर्मठ नायक, आम और साधारण आदमी का प्रतिनिधि उभरता हुआ दिखायी देता है। यह नायक फिर एक बार जीवन और साहित्य सम्बन्धी सारी धारणाओं को बदलने-परखने की मजबूरी पैदा कर रहा है। वह किसी विदेशी दृष्टि और दर्शन से अपने समय और मानसिकता को परिभाषित नहीं करना चाहता, नीचे से उभरनेवाली सामान्य जनता के प्रयासों के साथ, अपने ही ढंग से जीने की मांग करता है। राष्ट्रीय और अन्तर्राष्ट्रीय राजनैतिक पैंतरों और हथकंडों को पचीस-तीस साल भुगतकर यह अब अधिक समझदार, वयस्क और आक्रामक हो गया है।

आज कहानियां इसी मानसिकता को प्रतिबिम्बित करती हैं।

(प्रेमचन्द की विरासत और अन्य निबन्ध)

कहानी : तीन दशक, तीन नायक

नई कहानी के दौरान उभरने वाला व्यक्ति अपने छूटते हुए अतीत और वर्तमान दोनों के बीच जीता है, अपने पुराने और नये सन्दर्भों और सम्बन्धों की सचाई को समझना चाहता है। यही समय है जब दादियों और बाबाओं की कहानियां लिखी जाती हैं, मां-बाप के साथ रिश्ते तय किये जाते हैं और भावुक आदर्शों के धुन्ध को बेधकर अपनी वास्तविकता से साक्षात्कार की बेचैनी होती है। एक बड़े इतिहास और महान् अतीत से निकलकर अपने समय के तनावों और दबावों में आकर खड़े होने की यात्रा का यही संवेदनात्मक कथारूप हो सकता था। हमारे अपने-अपने मूड के लिए यही प्रासंगिक और प्रामाणिक भी था। वरना उस धरातल पर तो उस व्यक्ति को कुर्रतुल-एन-हैदर की तरह अतीत का सारा 'आग का दरिया' पार करके वर्तमान तक आना होता। शायद इसीलिए नयी कहानी युग की कहानियां, अतीत-वर्तमान, व्यक्ति-समाज, अनुभूति-परिवेश के अनेक धरातलों पर एक साथ चलती हैं। उनके प्रतीक, बिम्ब, सांकेतिकताएं, ध्वनियां सिर्फ शिल्प का चमत्कार नहीं, समय-सत्य को अनेक महीन और उलझे (कभी-कभी विरोधी) स्तरों पर पकड़ने और व्यंजित करने की कलात्मक मजबूरियां हैं। उन्हीं ने शायद कहानी को सशक्त कला-माध्यम या केन्द्रीय-विधा का व्यक्तित्व दिया है।

सिर्फ एक मुद्दे से मेरी बात अधिक स्पष्ट हो जाती है। हिन्दी की प्रारम्भिक कहानी 'उसने कहा था' फ्लैश-बैक शैली में लिखी गयी है और पचास-साठ के बीच दर्जनों कहानियां फ्लैश-बैक में हैं, लेकिन दिलचस्प बात है कि एक ही टेकनीक पचास साल बाद किस तरह अपने समय की सचाई को दूसरी तरह अभिव्यक्ति देने लगती है। 'उसने कहा था' से लेकर जैनेन्द्र-अज्ञेय तक की सारी फ्लैश-बैकिय कहानियां अपने 'डेड-एण्ड' या अन्तिम-चरण पर आये लोगों की कहानियां हैं—उनके अपने जीवन का पुनरावलोकन है। पचास-साठ के बीच की कहानियां प्रायः अपने जीवन को जीते चलनेवाले एक गतिशील व्यक्ति की, अतीत और वर्तमान की समानान्तर कहानियां हैं और यहीं क्रमशः अतीत छूटता गया है और वे सिर्फ 'अभी और यही' की कहानियां होती गयी हैं। सम्पूर्णता में अपना व्यक्तित्व या अपनी अस्मिता तलाश करता व्यक्ति इनका नायक है.....ये यात्रा आरंभ करने वाले आदमी की कहानियां

हैं जो अपने को लेकर हर-चीज और सामान को इस निगाह से देखता है कि क्या छोड़ना है क्या ले जाना है। पुराने छूटते हुए को देखकर भावुक हो जाने की प्रवृत्ति को भी यहां देखा जा सकता है। चल पड़ने के दबाव, आशा-आशंका और बहुत कुछ छोड़ने की मजबूरी के द्वन्द्व में अपने आप और आस-पास को नये सिरे से देखने-परखने की मानसिकता से उद्विग्न यह नायक कहीं विह्वल है, कहीं अपराध-बोध पीड़ित और कहीं पुनः वापस लौट आने को विवश..., मगर इस प्रस्थान की आवाज को यह भौतिक, मानसिक, नैतिक, सांस्कृतिक सभी धरातलों पर महसूस कर रहा है।

सब मिलाकर ये प्रायः प्रतीक्षा की मानसिकता की ही कहानियां हैं। इनमें गति कम, स्थितियां अधिक हैं। इनमें कहीं सम्बन्धों के टूटने का दर्द है, तो कहीं पकड़े रखनेवाले सूत्रों का रेखांकन, उनकी पुनर्व्यवस्था। नये समीकरणों की तलाश की बेचैनी भी इन कहानियों का कथ्य है।

और फिर यह यात्रा स्थगित हो जाती है। सारी तैयारियां, कुंठा और 'फ्रस्टेशन' में बदलने लगती हैं। कहानियों का मूड झुंझलाहट, झल्लाहट, हताशा, पस्ती का बनने लगता है। कहानी अब सिर्फ सिचुएशन ही नहीं रह जाती, यहां हलचल और गति भी दिखाई देने लगती है, मगर यह सारी हलचल तैयारियों के स्थगित हो जाने से उत्पन्न आक्रोश से पैदा हुई है। 'जायें सब भाड़ में' की प्रतिक्रिया चीजों के फेंकने, तोड़ने, अपना मुंह, बाल नोंचने जैसी लगने लगती है। मुझे किसी से कुछ नहीं लेना, मेरे लिए सब नदी, कुएं में जा पड़ें, मैं खुद कहीं डूब मरूंगा—का भाव एक नये नायक को जन्म देने लगता है। कम-से-कम उसकी यह भाषा परिचित नहीं है। इस भाषा को हम अभी तक विदेशों में सुनते आये थे, इसलिए जल्दबाजी में हमने भी कहा कि यह जबान, ये वाक्य, यह सोच तो हमारी नहीं, बाहर की है। अभिव्यक्तियों को पराया या बाहरी कहने के जोश में हम यह नहीं देख-समझ पा रहे थे कि स्थिति का वह संकट कौन-सा होता है, जब आदमी इस प्रकार अपरिचित हो उठता है, या उसकी भाषा इतनी बेगानी और 'अजनबी' लगने लगती है कि हम उसकी बीमारी को भी उसका अपना नहीं मानना चाहते। एक पीढ़ी यात्रा की अपनी सभी तैयारियों के बावजूद दिशा, क्षमता और साधनहीनता के चलते अपना विचार बदलने को मजबूर हो सकती है, मगर आशाओं, सपनों और उत्तेजना के मारे बच्चे तो अचानक गुस्ताख हो ही उठेंगे। यही रास्ता है कि साठ और सत्तर के दशक का नायक 'अचानक' इतना बदल गया लगता है कि सतह पर देखने वाले पाठक और लेखक स्वयं उसे नहीं पहचानते और विभिन्न आन्दोलनों का नाम देते दिखायी देते हैं। यहां जरा गहराई से देखने पर यह अपने पहले दशक का ही तार्किक और युक्तिसंगत विकास लगता है। अपने अतीत, सम्बन्धों और सन्दर्भों—सभी को अस्वीकार करते जाने के सिलसिले ने न सिर्फ व्यक्ति और कहानी को इकहरा कर दिया है, बल्कि उसका सारा परिप्रेक्ष्य

(पर्सपैक्टिव) ही छीन लिया है। कथ्य से लेकर अभिव्यक्ति तक की पुरानी धारणाओं के अस्वीकार ने आगे बढ़कर आत्म-अस्वीकार और आत्म-धिक्कार का रूप ले लिया है। यही वह समय है, जब कहानी के आसपास मृत्यु, संत्रास, कुण्ठा, सैक्स-विकृतियों की आवाजें सुनायी देती हैं। वस्तुतः यह हर कहीं से कटा हुआ निष्क्रिय (पैसिव) घुटता हुआ नायक है जो अपने भीतर के जंगल के शेर-चीतों से संत्रस्त होकर ही अपने-आपको 'अपने होने' का आश्वासन दे रहा है। व्यवस्था से छिटककर अलग आ-पड़े, या उसका खुला तिरस्कार करते 'बीट' और 'हिप्पी' आन्दोलनों की यह भारतीय अनुगूंज है, या अपने यहां के विराट मोहभंग से अवसन्न हो गये युवक की स्तब्ध स्थिति—कोई भी निर्णय देना सपाट-बयानी होगी। लेकिन यह सच है कि साहित्य में मृत्यु-संत्रास, विद्यार्थियों में चरस-गांजा, नक्सली आन्दोलन और अधिकांश मध्यमवर्गीय समाज में योग, ध्यान-कुण्डलिनी जगानेवाले गुरू-भावनाओं का राष्ट्रीय-अंतर्राष्ट्रीय युग प्रायः एक साथ ही आया है। ये ऐसे बेचैन आत्महंता युवक हैं, जो या तो रातोंरात स्थिति बदल देना चाहते हैं या अपने को समाप्त कर देना चाहते हैं। इसका बहुत बड़ा कारण मैं तो अपने यहां की आर्थिक-राजनीतिक नीतियों का निरंतर गलत और असफल होते जाना मानता हूं। रुपये का अवमूल्यन तो नासूर का बाहर फूटा हुआ अंश है, भीतरी तौर पर तो विश्वास का अवमूल्यन ही सर्वव्यापी है। बात उतनी सीधी या गहरी नहीं है, जैसी कहानी के आन्दोलनबाज समीक्षक और बाद के फतवेबाज चिन्तक ('60-'70वें दशक के) बताते रहे हैं। मूलतः यह युग अनायक का नहीं, स्थगित और अवसन्न नायक का युग है।

इसके बाद की कहानियों में उभरनेवाला व्यक्ति न उस तरह स्थगित है न निष्क्रिय ...वह निश्चय ही अधिक सक्रिय और अधिक आक्रामक है। यह संयोग या आकस्मिक नहीं है कि 1975 के बाद की कहानियां अपने-आपको 'नयी कहानी' से जोड़ने लगी हैं, वे फिर अपना सूत्र वहीं से उठाकर आगे बढ़ती हैं। उधर बीच का अवान्तर नायक कहानियों से एकदम गायब हो गया है। आज वह अपने को धोखा देने, फालतू, बेगाना, अजनबी, मृत्यु-संत्रास, सैक्स के खूबसूरत दर्शनों में फंसाये रखनेवाली स्थितियों और शक्तियों को ज्यादा साफ ढंग से समझ और देख पाता है। नपुंसक बनाये रखनेवाली एक दशक-तन्द्रा और बिखराव के बाद आज कहानी में जो विशेष सामाजिक जागरूकता, वर्तमान से जूझने की जिम्मेदारी या वामपंथी शक्तियों के साथ भविष्य बनाने की तड़प दिखायी देने लगी है, वह क्या अचानक ही है?

अवान्तर-नायक के दशक में जो व्यक्ति के, व्यक्ति और परिवेश के बीच के सन्दर्भ और संवाद-सूत्र स्थगित और मृत हो गये थे, उनका फिर से जीवन्त हो उठना ही इधर के नायक को एक विशेष आक्रामकता की मुद्रा देता है....और नतीजे में कहानी का मुहावरा फिर बदलता दिखायी देने लगा है। लेकिन इस नायक और उसके व्यक्तित्व को जरा रुककर दूसरी तरह भी समझने की जरूरत है।

यह सही है कि साहित्य की अपनी दृष्टि नहीं होती : उसे दृष्टि मिलती है अपने 'समय' से—यानी समय को प्रभावित करने वाली विचारधाराओं, प्रभावों, धारणाओं और अन्य संघातों से। समय अर्थात् विशिष्ट युग में रहनेवाला समाज या समाज का केन्द्रीय व्यक्ति जो अपने समग्र समय और समाज को मानसिक, शारीरिक, आध्यात्मिक और चेतना के स्तर पर जीता है। यहीं बात आम, साधारण, मामूली या सामान्य आदमी की आती है। इसमें सन्देह नहीं कि यही 'आम आदमी' आज के कथा-साहित्य का केन्द्रीय-व्यक्ति हो सकता है।

समय, समाज, समूह या भीड़ कभी भी कथा-साहित्य का सीधे और निरपेक्ष सरोकार नहीं हो सकते, माध्यम व्यक्ति को ही बनाना पड़ेगा। आखिरकार अपने परिवेश के बीच सांस लेते आदमी की धड़कती जिन्दगी ही कहानी-उपन्यास का कथ्य होती है। गतिरोध तभी आता है जब परिवेश से कटा हुआ अनुत्पाद वर्ग का व्यक्ति कहानी या जिन्दगी में अचानक 'नायक' रूप में उभरने लगता है और क्रमशः यह नायक व्यक्ति से अधिक नायक की रूढ़ि बनता चला जाता है। इस नायक-रूढ़ि के खिलाफ पहला विद्रोह होता है, अ-नायक की स्थापना से, लेकिन प्रतिक्रिया में उठे विद्रोह का सारा उफान नायक, अ-नायक के बीच के द्वन्द्व में ही भटककर रह जाता है, जबकि असली जरूरत होती है, केन्द्रीय-व्यक्ति की तलाश।

हमारी कहानी वस्तुतः यहां आकर फिर एक बार रुकी हुई लगने लगी थी। हमने सबसे पहले नायक और खलनायक की विभाजन-रेखा को तोड़ा—क्योंकि गुणों या विशेषताओं का ऐसा कोई बंटवारा नहीं होता। एक ही व्यक्ति स्थिति के अनुसार नायक भी होता है, खलनायक भी। और जब यह व्यक्ति भी रूढ़ि बनने लगा तब सामने आया अ-नायक। मगर शीघ्र ही पाया कि अ-नायक के गुण भी निश्चित होते चले जा रहे हैं। वस्तुतः यह लड़ाई या खींचतान अनुत्पादनशील और उपजीवी बढ़ते हुए मध्यमवर्ग के कमरों के अन्दर ही हो रही थी, आम आदमी दरवाजों पर, खिड़कियों के बाहर, जंगलों और शीशों से झांकता सिर्फ 'तमाशाई' था। अचानक हमारा यानी मध्यवर्गीय कथाकार का ध्यान इस व्यक्ति की ओर गया : असली कथा व्यक्ति तो वह है। यहीं रुककर सोचने की जरूरत है कि हमारा ध्यान, आपसी उठा-पटक से खीझकर, इस एकरस लड़ाई से ऊबकर उधर आकर्षित हुआ या सचमुच इस आदमी की उपस्थिति की अनिवार्यता, उसकी तकलीफों और क्षमताओं में आस्था से उधर खिंचा है? कहीं ये वही पुराने संस्कार ही तो नहीं हैं कि आपसी खींचतान से ऊबकर मध्यमवर्गीय कथाकार, नायक का ताज लेकर बाहर भाग आया है कि जिसके सिर पर भी वह ताज फिट बैठेगा वही मेरी कहानियों का नायक होगा...

बहरहाल, नायक-अ-नायक की आपसी लड़ाई के आरोप-प्रत्यारोपों का अन्तहीन दुश्चक्र इसका कारण रहा हो कि हम सारे खिड़की-दरवाजे खोलकर नये प्रत्याशियों को अन्दर लाने की उदारता दिखा रहे हों या यह कि इस सबसे ऊबकर झुंझलाहट

में हम बाहर निकल पड़े हों—मूल मुद्दा यही है कि आज कथाकार उस केन्द्रीय-व्यक्ति के ठीक आमने-सामने आ खड़ा हुआ है जो हमारा कथा-नायक हो सकता है। यानी आम, साधारण और मामूली आदमी। लेकिन आज के सन्दर्भ में यहीं कथाकार की दूसरी समस्या सामने आती है। चौंकाती यह बात है कि 'कथाकार' इस आदमी की स्थिति, हालात, समय और नियति को रचनात्मक धरातल पर 'ग्रहण' नहीं कर रहा, बल्कि उनके बारे में वक्तव्य, दर्शन और सिद्धान्त दे रहा है। यहां यह समझ पाना सचमुच मुश्किल है कि वास्तविक रचनाएं पहले आ रही हैं या सिद्धान्तों के बाद? ये वक्तव्य कहानियों और उपन्यासों से निकले हैं, या पहले तीर मार लेने की जल्दबाजी में युगद्रष्टा विचारक सम्पूर्ण स्थिति की रनिंग कमेंट्री देने लगा है। मान लीजिए, एक ईमानदार पत्रकार या संवेदनशील राजनेता इसी स्थिति पर अपने रिपोर्ताज या वक्तव्य देता तो कथाकार के इस वक्तव्य से कितने अलग होते? अपने समय की एक ही स्थिति के प्रति राजनीति, समाजशास्त्र धर्म, अर्थशास्त्र या पत्रकार की एप्रोच (उससे भी ज्यादा ज़बान) क्या एक ही होती है? हमारी समझ और हमारे बोध पहले की तरह आज उतने कटे-छंटे नहीं हैं, सारे 'शास्त्र' और सारी दुनिया हमारी चेतना को प्रभावित करते हैं।

और अब यह स्थिति भी टूटने लगी है, उस आम आदमी के अपने बोल उठने के कारण। दलित साहित्य जैसी रचनाएं यही सिद्ध करती हैं कि आदमी को खुद आगे बढ़कर अपनी बात कहनी होगी, क्योंकि सद्भाव और प्रोफेशनल ईमानदारी के बावजूद मध्यवर्गीय वकील उसे सही ढंग से पेश नहीं कर पायेंगे। यह बिचौलियों को हटाकर खुद अपनी बात कहने का गुस्सा है और इसलिए हममें से बहुत से कहते हैं : देखो, यह कैसा गंवार है। न इसे अदब कायदा मालूम है न कोर्ट की ज़बान, उसका सलीका डिकोरम कानून की नफासत, परम्परा, दलीलों के दूरगामी प्रभाव कुछ भी तो नहीं जानता और अपनी अपनी हांके जा रहा है...हम क्या बेवकूफ हैं, जो सैकड़ों सालों से कानून को ऐसा तराशे-संवारे और धारदार बनाये बैठे हैं।

अपने व्यर्थ हो जाने की यह बौखलाहट कभी कलात्मक आभिजात्य की आड़ लेती है, तो कभी परम्परागत गरिमा की...निश्चय ही हममें से कुछ अब इस असली आदमी की बात सहानुभूति और समानुभूति से सुनेंगे, कुछ इस सबको गंदा, गलीज, फूहड़ और भेड़िया-धसान कहकर अपने-अपने घरों और मनों के भीतर लौट जायेंगे, हसरत से उन लोगों को याद करेंगे जो बात को सलीके और सूफियाना तरीके से कहा करते थे।

आधुनिक हिन्दी कहानीकारों पर सामयिक पश्चिमी कहानीकारों का प्रभाव

सबसे पहले मैं यहां 'आधुनिक' और 'सामयिक' शब्दों को स्पष्ट कर देना चाहूंगा; आधुनिक काल को हम कब से मानेंगे? हमारे इधर के इतिहास में दो बड़े मोड़ हैं—एक काल का मोड़ और दूसरा दिशा का मोड़—वहीं से आधुनिकता का मोटे रूप में प्रारंभ माना जा सकेगा। काल का मोड़ बीसवीं शताब्दी का प्रारंभ है और दिशा का मोड़ हमारा स्वतंत्र होना है। सच पूछा जाये तो आज हमारे लिए आधुनिकता का प्रारंभ स्वतंत्र हो जाने की चेतना है। इस जगह 'आधुनिकता' का अर्थ, बीसवीं शताब्दी का प्रारंभ इसलिए और भी नहीं है कि कथा साहित्य की परम्परा चाहे अनादिकाल से हो, मगर हिन्दी के वर्तमान रूप में यह विधा कुल सौ-सवा सौ साल पुरानी है और बाकायदा इस शताब्दी के आस-पास प्रारंभ हुई है। युद्ध का अन्त, स्वतंत्रता-प्राप्ति और फिर साम्प्रदायिक दंगों का विस्फोट, इस सबने देश की चिन्ता धारा को एक बारगी ही मोड़ दिया था और सुविधा के लिए हम वहीं से अपनी 'आधुनिकता' का प्रारंभ मान लेते हैं।

लेकिन यहां एक दिक्कत और भी है। साहित्य में प्रभाव प्रायः दूसरी तरह पड़ते हैं और उस अर्थ में नहीं पड़ते जिस अर्थ में उद्योगों या राजनीति में पड़ते हैं। दूसरे, साहित्य के प्रभाव उतने सीधे भी नहीं होते—मैं तो कहूंगा कि प्रभाव जैसी कोई चीज होती ही नहीं है। अक्सर लोग प्रभाव और अनुकरण को एक ही चीज समझने लगते हैं। किसी भी—या कहीं भी, प्रसिद्ध या सफल रचना का अनुकरण करके जैसे-तैसे अपने को साहित्य में प्रतिष्ठित कराने के इच्छुक हर युग में, हर जगह होते हैं। जो रचनाएं साहित्य के विकास में सार्थक होती हैं और महत्वपूर्ण मानी जाती हैं, उन पर ऐसा कोई सीधा-सीधा प्रभाव नहीं पड़ता—जिसे हम प्रभाव समझते हैं। वह वस्तुतः शिक्षण और संस्कार होता है। अपनी दृष्टि, संवेदना, बोध और चेतना को समृद्ध करने के लिये आज का लेखक केवल यूरोप की ही नहीं, हर देश की रचना पढ़ता है और हर तरह की रचना पढ़ता है—उसे 'प्रभाव' क्यों कहा जाए, उसे 'समझ' क्यों न कहा जाये? उसे परम्परा और परिप्रेक्ष्य की जानकारी ही क्यों न कहा जाये? कहते हैं शास्त्रीय संगीत या आधुनिक चित्रकला को समझना है, तो बार-बार तन्मय भाव

से संगीत सुनो और चित्र देखो। कला की समझ पैदा करने के लिए अपने को उस माहौल से गुजारना होता है। कहानी के क्षेत्र में भी कथाकार इस माहौल में अपने को डुबाकर समझ या संस्कार पाता है।

साफ समझ या प्रबुद्ध संस्कारों वाला कथाकार प्रभाव को अनुकरण के अर्थ में ले ही नहीं पाता। अधिक से अधिक वह प्रेरणा लेता है। उदाहरण के लिये, भगवती चरण वर्मा का उपन्यास 'चित्रलेखा' लें, लेखक ने स्वयं उसमें अनातोले फ्रांस की 'थाया' का ऋण स्वीकार किया है—और हो सकता है, दोनों में कहीं कुछ ऊपरी साम्य भी हो, लेकिन संवेदना, विचार और दृष्टि के धरातल पर दोनों दो रचनाएं हैं और 'चित्रलेखा' उतनी ही मौलिक है जितनी अन्य कोई भी रचना। ईमानदार लेखक के सामने उसकी अपनी सामाजिक परिस्थितियां होती हैं—उनकी समस्याएं होती हैं, और उन्हीं से उसे जूझना होता है—इसलिए मैं यहां किसी विशेष रचना की नहीं, उसी संस्कार की बात करूंगा, वर्ना 'रामचरित मानस' न पहली रचना है, न मौलिक।

हिन्दी में इस युग में (प्रेमचन्द तक) प्रभाव था, तॉलस्तोय, तुर्गनेव, अलेक्ज़ान्द्र कुप्रिन, फ्लॉबेयर, ओ'हैनरी, डयूमा, स्कॉट, गाल्सवर्दी और डिकेन्स का।

यों खुशवन्तसिंह ने अपने किसी लेख में घोषित किया है कि इस शताब्दी में, भारतीय कथाकारों पर सबसे अधिक प्रभाव समरसैट मॉम का है। मैं इस बात से बिल्कुल सहमत नहीं हो पाता। एक समय था, जब पंजाब में—विशेषकर उर्दू के साहित्यकारों के बीच मॉम की चर्चा जोर-शोर से होती थी और मंटो, कृष्णचन्दर, राजेन्द्र सिंह बेदी और उपेन्द्रनाथ अश्क अपनी कहानियों को मॉम की कहानियों से अच्छा सिद्ध करने के लिये लड़ा करते थे। लेकिन हिन्दी में मॉम से अधिक सम्मान मोपासा और चेख़व को प्राप्त था। हां, कुछ लोगों ने ओ'हैनरी जैसी झटकेदार कहानियां भी लिखीं।

हिन्दी कथा-साहित्य को जिन लोगों ने संस्कार दिये, उनमें रोम्या रोलां, मोपासां, चेख़व, मॉम और रवीन्द्रनाथ प्रमुख हैं। मोपासां की निर्द्वन्द्व कड़क, चेख़व की तरल संवेदना और मॉम की सन्तुलित शिल्प-दृष्टि, हर कथाकार को खींचती है और यशपाल जैसे लेखकों को देखकर लगता है कि उनके कथा-गुरू प्रमुख रूप से यही तीन रहे होंगे। स्टीफेन ज़्विग और खलील जिब्रान की रचनाओं के अनेक अनुवाद हिन्दी में कई-कई बार हुए। ज़्विग की 'अनजान औरत के खत' के आधा दर्जन अनुवाद हिन्दी में हैं।

दूसरे युद्ध से पहले और बाद में जिन कथाकारों की चर्चा बड़े जोश-खरोश से की जाती रही—उनमें गोर्की का नाम शायद सबसे आगे है। लेकिन उनकी चर्चा उसकी कथाकृतियों को लेकर कम, सम्पूर्ण जीवन-दृष्टि, शैली के ओज को लेकर अधिक है। वस्तुतः पहले महायुद्ध के तुरंत बाद तॉलस्तोय और दूसरे महायुद्ध के

बाद गोर्की की रचनाओं के अनेकानेक अनुवाद हिन्दी में हुए। यह प्रगतिशील-साहित्य का युग था और गोर्की, तुर्गनेव के साथ-साथ इल्या एहरेनबर्ग, शोलोखोव, अलेक्सेई तॉलस्तोय और ई० कज़ाकेविच तथा चीन के लू-शुन और माओ त्से तुंग की रचनाएं अक्सर वाद-विवाद का विषय रहा करती थीं। उधर ज्यूलियस फूचिक की अकेली रचना—'फांसी के तख़्ते से' की ईमानदारी सारे हिन्दी साहित्य को झकझोरे हुए थी। तब कहानी और संस्मरण के बीच की एक और विधा, रिपोर्ताज़, नई-नई ही साहित्य में आई थी; अमृतराय, रांगेय राघव और भगवत शरण उपाध्याय के रिपोर्ताज शौक से पढ़े जाते थे। वैसे जेम्स जॉयस, हैंमिग्वे इत्यादि की बातें भी लोग करने लगे थे और इलाचन्द्र जोशी जैसे लोग दोस्तॉयेव्स्की से बुरी तरह प्रभावित थे।

इधर देश की ऐतिहासिक परिस्थितियों के कारण वह उद्वेलन और तनाव अधिक नहीं चला। स्वतंत्रता की जिम्मेदारियों और अन्तर्देशीय सम्बन्धों ने कथाकार को एक और तरह की मानसिकता और दृष्टि प्रदान की। उसने अब अधिक स्वस्थ और आत्मविश्वास के भाव से दूसरे देशों के सम्बन्धों को लिया और एक विचित्र तथ्य सामने आने लगा। वैचारिक धरातल पर हो सकता है, उसे अनेक यूरोपीय कथाकार अपनी और खींचने लगे—लेकिन इधर कोई ऐसा कथाकार यूरोप के पास नहीं है जो कहानी, उपन्यास की विधा या उसके स्वरूप को कुछ दे सके, अतः हिन्दी कथाकार को लगा कि अपनी कथा-विधाओं का विकास उसे स्वयं करना होगा, अपने जैसे देशों से करना होगा और इस बोध की दो प्रतिक्रियाएं बहुत स्पष्ट हुईं।

पहली प्रतिक्रिया तो यह थी कि हिन्दी कथाकार ने उन सारे सिद्ध कथागुरुओं को नयी दृष्टि से पढ़ा जो उसके पूर्वजों को बेहद 'प्रभावित' करते रहे थे। मोपासां, चेख़व, मॉम के साथ-साथ स्टीफ़ेनज्व़िग, टामसमान, आन्द्रेज़ीद, हैमिंग्वे, रोम्यांरोलां, डी.ऐच. लॉरेन्स, जेम्स जॉयस, वर्ज़ीनिया वुल्फ, कैथरीन मेन्सफ़ील्ड की ओर रुचि नये सिरे से जाग्रत हुई। शीतयुद्ध में जॉर्ज औरवैल, पास्तरनाक, आर्थर कॉयस्लर सोल्ज़ेनित्सिन को कलामूल्यों के लिए नहीं, सोवियत रूस के खिलाफ़ इस्तेमाल करने के लिए खूब उछाला गया।

दूसरी प्रतिक्रिया उन लेखकों के प्रति आकर्षण के रूप में हुई जो सारे युग के दर्द को अपनी दार्शनिक पृष्ठभूमि के साथ-साथ कथा के रूप में बांध रहे थे—इनमें दोस्तॉयेव्स्की और काफ़्का विशेष रूप से तथा अस्तित्ववादी कथाकार सार्त्र, सिमॉन द बोउआ और कामू प्रमुख हैं। चर्चा बार-बार वर्जीनिया वुल्फ और आइन रेण्ड की भी होती रही। इधर इंग्लैण्ड की नयी पीढ़ी में 'एंग्री-यंग मैन' नाम के कथाकारों का एक प्रमुख दल भी आया और उनमें किंगूज़ले एमी, जॉन ऑस्बोर्न, कॉलिन-विल्सन, जॉन ब्रेन, जॉन वेन, आइरिस मरडॉक का नाम बार-बार लिया जाता है—साफ बात यह है कि प्रभावित करने लायक न इनके पास शिल्प है, न कोई तीव्र अन्तर्दृष्टि। हां, पास्तरनाक और नाबोकोव ऊपरी रूप से चाहे केवल राजनैतिक

और नैतिक चर्चाओं तक ही रह गये हों, लेकिन इन्होंने हर गंभीर कथाकार के मन में कहीं बहुत गहरे प्रश्न जरूर उठाए। आगे चलकर इन प्रश्नों को सोलज़े नित्सिन ने उद्वेलन तक उठाया।

लेकिन इन प्रश्नों के स्वरूप को अपने सामयिक जीवन या कथा-विकास के प्रति जागरूकता के सिवा कोई और नाम देना गलत होगा। जैसा कि मैंने कहा—हर जानकारी और जागरूकता को 'प्रभाव' घोषित कर देने की प्रथा पुरानी हो गयी है। कथाकार पर अगर किसी का प्रभाव होता है, तो वह उसके अपने समकालीन जीवन और आस-पास के परिवेश का। वहीं से उसे चरित्र मिलते हैं और वहीं से दृष्टि। देश की आर्थिक-सामाजिक या भौगोलिक परिस्थितियां, कभी-कभी एक जैसी घटनाओं और कथानक का भ्रम भी उत्पन्न कर सकती हैं। और आज बाहरी जीवन तो थोड़े-बहुत अन्तर के साथ सभी कहीं समान है—हां, उन्हें मौलिक रूप से दृष्टि एप्रोच, संवेदना धरातल या कथा-वस्तु की सम्पूर्ण धारणा ही अलग करती है। इसीलिए यहां बलपूर्वक कहा जा सकता है कि आधुनिक हिन्दी कथाकार जहां अपने प्रभाव और संस्कारों से दृष्टि को धुंधला नहीं होने दे रहा, वहां अपनी स्वतंत्र कथा-विधा का विकास भी कर रहा है।

केन्द्रीय विधा की तलाश

नागपुर कथा-सम्मेलन में एक दिलचस्प चर्चा चली थी : आगे साहित्य की केन्द्रीय-विधा क्या होने जा रही है? कुछ ने इस सवाल की संभावनाओं को गंभीरतापूर्वक लिया था और कमलेश्वर ने यह तर्क देकर सवाल को ही हटा दिया था कि आज की संवेदनाएं और सचाइयां किन रूपों में अपनी अभिव्यक्ति खोजेंगीं, इस सबकी भविष्यवाणी करना हमारा काम नहीं है, समय खुद तय कर देगा। मेरी राय थी कि समय, भाग्य और भगवान का दूसरा नाम है और हमें सवालों से कतराना नहीं चाहिए।

हमें केन्द्रीय नहीं, सार्थक विधा की तलाश है, कहना बात के साथ चतुराई बरतना है और श्रीकान्त वर्मा की इस बात से मैं सहमत नहीं हूं; केन्द्रीय सरकार अपनी सार्थकता खो देने के बाद भी कुर्सी से चिपकी रह सकती है। मगर साहित्य की दुनिया अधिक प्रजातांत्रिक है। यहां सार्थक-विधा ही, केन्द्रीय है। समय का स्वर जिस विधा में अपनी अभिव्यक्ति और जबान पाता है वही विधा सार्थक हो सकती है—हो जाती है। शताब्दियों तक केन्द्रीय विधा रहने के बावजूद कविता पिछले कुछ दशकों से उतनी सार्थक नहीं दिखायी देती, जितनी कहानी। इस अवधि की सारी बौद्धिक, संवेदनात्मक चेतना और चिंतन का आलम्बन कहानी ही रही है और समय की जीनियस ने इसी के द्वारा अपनी सार्थकता पाने की कोशिश की है।

लेकिन इधर कुछ वर्षों से कहानी में भी एक खास ठहराव नजर आने लगा है। संवेदना और अनुभवों से ले कर जब उनके प्रति एप्रोच और ट्रीटमेंट, भाषा और शैली सभी में एकसापन और एकरसता आने लगती है, तो विधा की अपनी प्रासंगिकता और सार्थकता समाप्ति पर आ जाती है। लगता है आज कहानी, एक ही भाषा में एक ही मुहावरा दुहराने लगी है और एक कहानी को दूसरी से अलग कर सकना कठिन हो गया है। कहानी जिन प्रतिभाओं के सहयोग से समृद्ध हुई है, वे या तो एक-एक करके चुप हो गयी हैं या लिखते रहने के बावजूद उनकी चुप्पी मुखर है। किन्हीं एक-दो के साथ हुई घटना को व्यक्तिगत संकट, सामर्थ्य—रिक्तता या प्रतिभा का अक्षम हो जाना कह सकते हैं; लेकिन जब वही घटना किसी-न-किसी रूप में अनेक जगह दुहरायी जाये, तो उसे प्रवृत्ति ही मानना होगा, उसके कारण साहित्य या लेखक में नहीं समाज में देखने होंगे।

केवल लिखते रहना, जीवित होने की निशानी नहीं, मजबूरी भी हो सकती है। सही है कि विधा की अपनी कोई सार्थकता-निरर्थकता नहीं होती, उसे अपनाने-वालों की हो सकती है—विधा तो उस स्थिति की अभिव्यक्ति मात्र है। इसी स्थिति की अभिव्यक्ति के लिए कभी विधा को तोड़ना-बदलना होता है, तो कभी एकदम हटकर किसी और ही मुहावरे की खोज करनी होती है। विधा की संभावनाओं का चुक जाना महसूस करके, समर्थ लेखक या तो नये सिरे से सार्थकता की खोज शुरू करता है या रुककर अपने आपको तोलता है। सही बात के लिए सही मुहावरे और विधा की पहचान भी लेखकीय प्रतिभा का दायित्व है। इस तलाश या पहचान को भविष्यवाणी का नाम देकर जिम्मेदारी से कतरा जाना या उसी बिन्दु पर चिपके रहना—दोनों मुझे लेखकीय अंतर्दृष्टि के अनुरूप नहीं लगते। हर समय, चुप हो जाना, चुक जाना ही नहीं ईमानदारी भी हो सकती है, अपने को नयी यात्राओं के लिए तैयार करना भी हो सकता है। चुक जाना स्थिति को ज्यों का त्यों स्वीकार करते जाना है। खोज और संभावनाओं की वृत्ति को ही खारिज करना है। नयी यात्राओं की तैयारी के इस अंतराल में हमें ईमानदारी से इस बात की पहचान करनी होगी कि खोज और प्रयोगों के रूप क्या हो सकते हैं? युग की संवेदना को वहन कर सकने की संभावना क्या और कहां हो सकती है? विद्यमान-विधाओं को ही ज्यों का त्यों स्वीकार किये रहा जाये या स्थिति की सार्थकता के लिए विधाओं के वर्तमान रूपों को तोड़कर अपने लिए अभिव्यक्ति के नये उपकरणों की तलाश की जाये?

अनेक तेजस्वी प्रयत्नों के बाद भी निरन्तर सिद्ध होता चला जा रहा है कि कविता आज के स्वर को पकड़ नहीं पा रही है। इससे मैं सहमत हूं कि नाटक निश्चित रूप से विकसित और प्रबुद्ध साहित्यों का प्रमुख स्वर हो गया है। लेकिन इसीलिए 'हिन्दी में कहानी की सफलता, नाटककार की असफलता है' कहकर श्रीकांत वर्मा की तरह बात को चुस्त फिकरे में कसकर घुमा देने से समस्या हल नहीं हो जाती। अगर यह सही है कि आज वही विधा सफल हो सकती है, जिसमें अधिक-से-अधिक लोग हिस्सा ले सकें, उनसे सीधा, सजीव संवाद स्थापित किया जा सके, तब तो नाटक ही निस्संदेह हमारे सामने एक सशक्त विकल्प रह जाता है। मगर हिन्दी में वह नहीं है। आज तक नहीं है। क्या हिन्दी में मंच का न होना या नाटक के साथ किसी प्रथम श्रेणी की प्रतिभा का न जुड पाना ही इसका कारण है? पहले मंच वाली बात ही लें; यह अंशतः सही होते हुए भी प्रासंगिक नहीं है। जिस तरह के नाटकों की बात आज के सन्दर्भ में हम सोचते हैं, वह लेखन और मंचन दोनों स्थितियों में प्रयोगधर्मा रहने को बाध्य हैं—यानी मंच का होना या न होना वहां बहुत मदद नहीं कर पायेगा। बंगला में मंच का होना भी नाटक को साहित्य प्रयोगों के रूप में बहुत सार्थक कर पा रहा है, ऐसा नहीं लगता। वह कुछ दर्शकों को संभ्रान्त (साफिस्टिकैटेड) मनोरंजन दे कर रह जाता है या दूसरी जगहों से 'प्रेरणा' ले कर

कभी-कभी कुछ सवाल उठा देता है। आधार भूत-सवाल मौलिक ढंग से वहां भी अभी नहीं उठाये गये।

बात हिन्दी नाटकों की ही हो। आज व्यवस्था का सारा समर्थन और सारे साधन मंच और नाटककार के लिए उपलब्ध हैं, उसे फिलहाल आवश्यकता न सही, फैशन बनाने के सारे तरीके मानसिक और बौद्धिक स्तर, ऊंचाई के साथ इस्तेमाल किये जा रहे हैं; नाट्य समीक्षकों की सारी उन्नासिक, गरिमामयी दार्शनिकता और सौन्दर्यबोध की नाजुक महीन समीक्षाएं नाटक की सेवा में हाजिर हैं, फिर भी हिन्दी नाटक वह सार्थकता नहीं ग्रहण कर रहा, जो अन्य विकसित साहित्यों में दिखायी देती है। जो ब्रेख्त, बेकेट आयनास्को, ऍल्बी जैसे नाटककारों ने नाटक को दी है। शायद इसके कारण के लिए दूर जाने की आवश्यकता नहीं है। राज्य की हो या सरमायेदार की, व्यवस्था कभी भी साहसिक प्रयोग या विद्रोह की स्वीकृति नहीं देती और जिसे वह स्वीकृति देती है वह सब कुछ हो सकता है, साहसिक प्रयोग और विद्रोह तो नहीं ही होगा—अधिक-से-अधिक किसी हवाई-विद्रोह की परिभाषा होगी—दार्शनिक और अमूर्त। दूसरी ओर, कलाकार व्यवस्था का समर्थन करके लूट में हिस्सा ले या उससे विद्रोह करके अस्वीकार का रुख अपनाये, यह चुनाव भी आज हमारे सामने नहीं रह गया है—उसे सार्थक होना है तो विद्रोही होना ही होगा। कहानी इसीलिए तो सार्थक विधा रह सकी कि उसे कभी भी व्यवस्था का समर्थन नहीं मिला : विद्रोह और अस्वीकार अपनी जगह हैं और व्यवस्था से प्राप्त सुविधाएं अपनी जगह : इस कलाकारी को केवल सौदे का नाम दिया जा सकता है। यहां कलाकार की सारी गरिमा इस सौदे को ढंग से साध लेने में है। इस सिद्धि का परिणाम सामने है : हमारे यहां के नाटककार या बंगला के लोकप्रिय उपन्यासकार अचानक ही इतिहस की सुरक्षाओं में जाकर आज के जलते और विप्लवी 'सवालों' को हल करने लगे हैं या निवृत्ति और प्रवृत्ति की गीता लिखने लगे हैं—वह सब अनायास ही नहीं हो गया। और यह भी मात्र संयोग नहीं है कि क्यों हिन्दी का जीवन्त कथा-साहित्य अपनी किसी समस्या के लिए एक बार भी इतिहास में नहीं भागा। अधिक-से-अधिक पौराणिक प्रतीक लिये गये हैं, जिनकी प्रामाणिकता नहीं, प्रभाव-क्षमता ही सामने रही है। यहां ऐतिहासिक और पौराणिक स्थितियों के बीच में अन्तर करना होगा। कृष्ण, अर्जुन, दुर्योधन इत्यादि इतिहास नहीं, ऐसे मिथक हैं जो आर्क्टाइप्स—या संस्कारों के रूप में आज भी हमारे साथ हैं और हममें से हर व्यक्ति ने उन्हें इस तरह अपने भीतर पाया है कि वे व्यक्ति नहीं वृत्तियां बन गये हैं। धर्मवीर भारती के कृष्ण या कामू के कालीगुला की पौराणिक अप्रामाणिकता हमारे समय की प्रामाणिकता को खंडित नहीं करती। इनके विपरीत, इतिहास की प्रामाणिकता यथावत बनाये रखते हुए अपनी प्रामाणिकता स्थापित कर देना—निश्चय ही दोनों तरफ अप्रामाणिक होना है और हिन्दी कहानी ने वह नहीं ही किया है। व्यवस्था

इसी 'अप्रामाणिकता' को स्वीकार सकती है—उसे कोणार्क और उज्जयनी का 'प्रामाणिक' स्थापत्य अपने होटलों और भवनों में चाहिए। अपनी सांस्कृतिक उपलब्धियों को उठाकर आधुनिकता के पूरे परिवेश में प्रस्तुत कर देना—सैलानियों को अनेक असुविधाओं से ही नहीं बचाता, अपनी आधुनिकता को परम्परा और सांस्कृतिक मुखोटे देने में भी सफल हो जाता है। हमारे आज के सारे विद्रोही सवाल, योग और इतिहास—संस्कृति में अपने हल खोज रहे हैं—व्यवस्था को इसमें आपत्ति क्यों हों? हां, इन अनुसंधानत्मक जिज्ञासाओं के लिए व्यवस्था के सारे शोध-संस्थान, अकादमियां और विश्वविद्यालय पेशे-खिदमत हैं। साफ ही है कि ये 'वैल-मैड' और 'वैल-टेलर्ड' नाटक आज की सार्थकता के सन्दर्भ में अप्रासांगिक और 'इर्रिलेवेंट' हैं। जिस तरह का नाटक आज केन्द्रीय विधा हो सकता है, उसका प्रारम्भ भुवनेश्वर के 'तांबे के कीड़े' में हुआ था और ललित सहगल ने 'हत्या एक आकार की' या काशीनाथ सिंह ने 'घोआस' में केवल उसे ही छुआ है। इसे सिर्फ शुरुआत ही माना जा सकता है। संभावनाओं का उपयोग कब होगा, कह सकना कठिन है।

आज के आदमी की यातना और विक्षोभ को उसकी अपनी जबान देने की जोखिम कहानी ने उठायी थी और साफ ही नाटककार उससे कतरा गया है। इस कहानी ने न नयी और पुरानी-कहानी से एक साथ ही स्वीकृति लेने की अदा अपनायी, न व्यवस्था और विद्रोह के बीच 'मध्यम-मार्ग' को साधा। इसलिए रूमानी, रूपहीन और संध्या-भाषा में उसने सर्व-स्वीकार्य रचनाएं नहीं दीं—वे निश्चय ही राजनीतिक, नैतिक और सौन्दर्यशास्त्र की स्थापित मान्यताओं के लिए चुनौती थीं—सीधी, ठोस और बेबाक—सही चीजों को सही नाम देने की कोशिश संपूर्ण और समग्र युग-संचेतना ही थी, जो कला के स्तर पर राजनीतिक, नैतिक और सौन्दर्यशास्त्रीय दृष्टि से आपत्तिजनक रचनाओं को जन्म दे रही थी—यानी यह उस अस्वीकार का स्वर था, जो व्यवस्था के लिए 'आपत्तिजनक' हो उठता है, क्योंकि तर्कहीन विश्वास और झूठे आशावाद से उसे बहलाया नहीं जा सकता।

लेकिन आपत्तिजनक होने को ही जब कुछ लेखकों ने विद्रोही होने की एकमात्र शर्त के रूप में स्वीकार कर लिया, तो सारा दृष्टि-बिन्दु ही बदल गया। बोध अपने में संपूर्ण और समग्र इकाई है। विधा या अभिव्यक्ति के माध्यम कोई हों। बोध को राजनीतिक और सौन्दर्य शास्त्रीय स्तर पर खंडित नहीं किया जा सकता। विद्रोह किसी एक कोण पर संग्रथित, संकेंद्रित हो सकता है, मगर ऐसा नहीं होता कि एक धरातल पर आदमी विद्रोही हो और दूसरे पर परम रूढ़िवादी; नैतिक दृष्टि से क्रुद्ध हो और राजनीतिक स्तर पर परम्परा-पोषक। व्यवस्था का पैटर्न इस तरह बंटा हुआ नहीं है और वहां राजनीतिक दृष्टि से कांग्रेसी, नैतिक दृष्टि से आर्यसमाजी और सौन्दर्य-दृष्टि से रसवादी होने के पीछे एक ही व्यवस्था-दृष्टि है। इसके मुकाबले खंडित और विभाजित विद्रोह सिर्फ अपने व्यक्तित्व को तोड़-मरोड़ सकता है। नतीजे में इधर

कुछ दिनों से साहित्य में आने वाला घोषित 'देहवादी विद्रोही' यौन-धरातल पर घनघोर आक्रामक रहा और दूसरे पक्षों पर सुविधाजनक रूप से मौन.....शीघ्र ही यह सब विद्रोह न होकर आत्मरति और नुमायश होकर रह गया। परिवेश की संपूर्णता या उसमें व्याप्त अन्विति उसकी निगाह से ओझल हो गयी।

भोगे और झेले हुए यथार्थ की प्रामाणिकता को जब तक तटस्थ और अलग आदमी की दृष्टि से नहीं देखा जायेगा, तब तक न तो परिवेश की संपूर्णता पकड़ में आ सकती है, न व्यापक अन्विति—अर्थात् कहानियों में छायी यह घुटन और ऊब केवल आत्मरति और आत्मदया के ही शहीदाना क्लोज़अप देती रहेगी। भोगने और झेलने की सारी तल्खी और तीव्रता एकरसता और मुहावरे के एक सपने में खो जायेगी। इस तटस्थता को पाने के लिए सतह से ही न चिपक कर, गहराई में जाना होगा, हटकर इस सबको दूसरी तरह देखना होगा और इसका रास्ता या तो हरिशंकर परसाई, श्रीलाल शुक्ल, शरद जोशी जैसे लोगों की व्यंग्य रचनाओं में देखा जा सकता है, जहां अपने और दूसरों पर हंसने, उनका मजाक उड़ाने की तटस्थता हासिल की जा सकी है या फिर लोक-कथाओं और काफ्का जैसी रूपक कथाओं, फेंटेसियों में 'अब और यहीं' की इस संकरी-कैद को तोड़ा जा सकता है। कहानी के वर्तमान स्वरूप को बनाये रखने के आग्रह के साथ बात को सही कह सकने का और तो कोई सार्थक तरीका फिलहाल सामने नहीं दिखाई देता। हां, विधा को एकदम तोड़ने या छोड़ने की बात सोची जाये, यह अलग स्थिति है।

परिवेश की संपूर्णता और व्याप्ति, अन्विति की खोज एक बार फिर उपन्यास को अपनी अभिव्यक्ति के माध्यम के रूप में स्वीकार करने की दिशा में प्रेरित कर सकती है। लेकिन उपन्यास की जो मध्यकालीन-फुरसती तस्वीर हमारे सामने है, वह आज की जिन्दगी के सन्दर्भ में निहायत बेमौजूं हो उठी है। शायद वैसे बड़े उपन्यास संस्कृतियों की समाप्ति पर ही लिखे जाते हैं। वहां जिन्दगी साफ सुथरी, सुस्थिर और निथरी दिखायी देती है। कशमकश, तनावों और दबावों में आज जैसा घपला नहीं होता, मूल्य और लोगों के आपसी सम्बंध प्रायः पूरी तरह निर्धारित होते हैं और समय या भौगोलिक व्यापकता में पूरी पृष्ठभूमि के साथ इत्मीनान से उनका उद्घाटन-अन्वेषण किया जाता है। वे समाप्ति बिन्दु पर खड़े होकर संस्कृतियों और व्यक्तियों के सिंहावलोकन हैं; तभी उनमें व्यक्ति या घटना की जिन्दगी बड़े धीरज के साथ दिखायी जा सकती है। आज उस तरह के महाकाव्यों और उपन्यासों का न होना एक संस्कृति की समाप्ति के सिवा और क्या है? हां द्वितीय श्रेणी की प्रतिभाएं या व्यावसायिक दृष्टियां हमेशा इस तरह की सांस्कृतिक परंपराओं को भुनाने के लिए उन्हें घसीटे जाती हैं—और विमल मित्र, शंकर, गुरुदत्त, नरेन्द्र कोहली, अपनी-अपनी क्षमताओं में यही सब कर रहे हैं।

नयी संस्कृति के प्रारम्भ में जब चारों ओर एक अनिश्चय, अस्थिरता और असुरक्षा

का वातावरण हो, मूल्यों और दृष्टियों की कहीं कोई साफ रूपरेखा न हो तो अपने अनुभवों और अपने बोध के सिवा कहीं कुछ भी प्रामाणिक नहीं लगता, यानी निगाह का वृत्त या फोकस छोटा हो जाता है। बीती और उतरी संस्कृति की रेत में मुंह छिपाना या भविष्य के यूटोपियन आशावाद में छलांग लगाना, दोनों वर्तमान संकट की चुनौतियों से पलायन करना है। इस पलायन और अपनी असमर्थता को चतुराई से दार्शनिकता भी दी जा सकती है। इस स्थिति में वृहद और डबल-डेकर उपन्यासों में परिवेश की व्यापकता पकड़ने की ज़िद ने अनेक लेखकों को असफल उपन्यासों के स्रष्टा का ही गौरव दिया है। व्यक्तित्व के निर्माण-तत्वों की खोज के नाम पर उन्होंने या तो पीछे जाकर शरच्चंद्रीय अदा में अपनी रोमानी कुंठाओं के लम्बे, नॉस्टेल्जिक विवरण दिये हैं या इस तरह अलग-अलग कहानियों को गूंथा है कि आसानी से उन्हें काट-काट कर मुक्त किया जा सकता है। वे या तो अलग-अलग व्यक्तियों के पोर्ट्रेटों के अलबम हैं या ट्रेन की दो-तीन टायरों वाली सीटों जैसे स्वतंत्र किस्से और यह सब एक जगह इसलिए नत्थी हैं कि उपन्यास का नायक वहां मौजूद हैं। व्यक्तित्व के अविच्छिन्न अंगों के रूप में ये सब आते हों या न आते हों, हां परिवेश की सूचनात्मक तालिका के रूप में जरूर आते हैं।

वस्तुतः आज की जिन्दगी में कोई भी व्यक्ति इतना महत्वपूर्ण नहीं रह गया है कि बाकी सब कुछ, बहुत अधिक समय तक केवल उसी के लिए और उसके आस-पास सौर-मण्डल की तरह घूमता रहे। ऐसे मुग़ालते लेकर जो निकले थे, वे शीघ्र ही दर्शक या पर्यटक होकर रह गये; वे या तो समाज के एक धरातल पर भटकते, नोट-बुक लेकर अखबारनवीसी करते पाये गये या एक जगह रुके रहकर आस-पास के चेहरों को घूरते रहने का शुगल करते रहे। इस तरह रिपोर्ताजों का रेणु जैसे लोगों ने सार्थक उपयोग करने की भी कोशिश की और वास्तविकता समझ कर पूरे परिवेश को ही प्रमुख-पात्र के रूप में पकड़ना चाहा— यह प्रयोग किसी हद तक सफल इसलिए भी रहा कि परिवेश की संपूर्णता को पाने के लिए रेणु ने सम्पूर्ण इंद्रिय-बोध का उपयोग किया—उन्होंने परिवेश को 'देखा', 'सुना', 'सूंघा' और इस तरह उसे छूकर महसूस करने की कोशिश की, लेकिन इस सब में व्यक्ति भी नदी-पेड़ की तरह की कोई चीज बनकर रह गया।

शायद यही कारण था कि इस विधा को अनुशासित और नियंत्रित करने वाला कोई तत्व नहीं रह गया और लगा, यह विहंगावलोकन अनंत भी हो सकता है। अपनी घुटन और जकड़न से ऊपर उठ या उड़-कर पूरे विस्तार को देखने की ताज़गी देने-वाला खुलाव इसमें जरूर था, लेकिन व्यक्ति और परिवेश का भावनात्मक तनाव उस तीखेपन और गहराई से वहां दिखायी नहीं देता था जो आज की कहानी की विशेषता है। अनुवीक्षण-यंत्र से आंख लगाये बैठे रहने वालो व्यक्ति के लिए दूरबीन लेकर वायुयान से इतना कुछ देखने का यह अनुभव काफी स्फूर्त-विस्मय और रोमांचकारी डिस्क्वरी

के रूप में आया और शायद यहीं से एक और सूत्र मिला : व्यक्ति-स्तर पर चूंकि परिवेश-बोध एक अखंडित प्रक्रिया है, इसलिए अभिव्यक्ति माध्यम के रूप में भी एक ऐसी अखंडित विधा की खोज क्यों न की जाये जो इस संपूर्णता को बांध सके। इस युक्ति के आधार पर एक ही अनुभव को लेकर, एक ही कृति में, अनेक विधाओं के प्रयोग की बात सोची गयी। मुझे लगता है इसका परिणाम पुरानी फिल्मों में जिन्दा नाच-गाने डालने या आधुनिक नाटक में स्लाइडें दिखाने के चमत्कार के सिवा कुछ नहीं हो सकता। वैसे नया और अनूठा प्रयोग मनोरंजक तो निस्संदेह रूप से रहेगा ही कि कहानी चलते-चलते अचानक नाटक में बदल जाये, नाटक, सिनेरियों बनने लगे कि लिफाफे से एक लांग-प्लेइंग डिस्क निकल पड़े, अगली बात पेंटिंग में होती हुई कविताओं तक आये और फिर कहानी सबको समेट कर एकरूप दे दे। जब थ्री-इन-वन आइसक्रीम या काक्टेल-शराब आधुनिकता-बोध की उपज हो सकती है, तो विधाओं के इस मुरब्बे ने ही क्या बिगाड़ा है?

खैर, सवाल विधाओं की जोड़-तोड़ और काट-छांट से बोध और अनुभव की अखंडता का भ्रम देने का नहीं, इस बोध को अविच्छिन्न शिद्दत (इंटैंसिटी) में जीने और व्यक्त करने का है। कहानी की सार्थकता शायद इसी में रही है। लेकिन यह अब हम सब को लगने लगा है कि कहानी न तो अनुभूति के दूसरे बृहत्तर आयामों का अन्वेषण कर पा रही है, न वर्तमान क्षण की संकरी होती सीमाओं को तोड़ पा रही है—इसलिए वह या तो बहुत अधिक सपाट हो जाती है या फिर बेहद दुरूह। मुझे लगता है कि बोध की समग्रता और तीव्रता को कामय रखते हुए ही कहानी के वर्तमान स्वरूप का अतिक्रमण करना हमारी मजबूरी हो गयी है। हो सकता है स्वरूप का यह अतिक्रमण (जैसा कि मैंने कहा) यथार्थ के अतिक्रमण के रूप में हो। लोक-कथाओं और फैंटेसियों जैसे प्रयोगों में—या वर्तमान-विधा की सीमा विस्तार करके। यानी कहानी और उपन्यास के बीच की कोई विधा समय के सन्दर्भ में सार्थकता ग्रहण करने लगे—और कथाकार सजीव-बिम्बों में ही अपनी बात कहने के लिए अनुभूति का ऐसा नाटकीय क्षण चुने, जो छोटी कहानी और बड़े उपन्यास—दोनों को तोड़ने से बनता है। शायद नाटक, उपन्यास और कहानी का यही एक सामासिक (सिंथेटिक) रूप हो। मैं पृष्ठ-संख्या निर्धारित करके बात को व्यावसायिक नहीं बनाऊंगा—मेरा आशय, बोध की सघन-समग्र तीव्रता और प्रामाणिक अनुभव की अखंड व्यापकता को पकड़ने की 'एप्रोच' से है। कुछ महत्वपूर्ण लेखकों की सारी रचनाओं में इस तरह के प्रयोगों का अत्यन्त विशिष्टि हो उठना मुझे अकारण और अचानक ही नहीं लगता—वे चाहे संकरा-द्वार; ब्लैक-स्वान, बूढ़ा और समुद्र, अजनबी, बारावास, नौशिया जैसी विदेशी कृतियां हों या चित्रलेखा, त्याग-पत्र, बारह घंटे, अपने-अपने अजनबी, चांदनी के खंडहर, सूरज का सातवां घोड़ा, मित्रो मरजानी, समुद्र में खोया हुआ आदमी, हुजूर, बड़ी-बड़ी आंखें जैसी हिन्दी की रचनाएं।

लगता है, उपन्यास और कहानी समय की सार्थकता को पकड़ने के लिए किसी ऐसे ही रचनात्मक नाटकीय-क्षण की ओर बार-बार बढ़ते रहे हैं, क्योंकि आज का आदमी खुद न तो पहले की तरह का (महापुरुष) है, न अपना व्यक्तित्व और आइडैंटिटी खो कर भीड़ और परिवेश की वह नगण्य इकाई, जिसे लघु-क्षुद्र मानव के रूप में जाना जा सके। वह इन दोनों के बीच इनसे हटकर अपना व्यक्तित्व जीता और उसे स्थापित करता ऐसा व्यक्ति है जो अपने आप में पूरे समय को पाना चाहता है और पूरे समय में अपनी स्थिति और प्रासंगिकता जानना चाहता है। उसकी इस तड़प को न तो ज्योतिषी की भविष्यवाणी के रूप में लेना चाहिए, न निर्णायक के फैसले के रूप में—यह तो केवल अपनी स्थिति का जायजा और संभावनाओं की खोज की दिशा में एक प्रयत्न-भर है—इसे स्थिति से विद्रोह भी कह सकते हैं और विधाओं के उपलब्ध सांचों का अतिक्रमण भी।

पहाड़, नदियां, आदमी, औरत और भेड़िए

भुवनेश्वर की कहानी 'भेड़िए' को लेकर हिन्दी में यह विवाद शायद तीसरी या चौथी बार उठा है। अकसर ही समीक्षकों और लेखकों को यह कहानी 'भारतीय' नहीं लगती। मैंने भी जब इसे पहली बार पढ़ा तो नामवरसिंह की तरह झटका लगा—इतनी सधी संपूर्ण और झकझोर देने वाली कहानी क्या हिन्दी में दूसरे महायुद्ध के पहले—यानी सन् 37-38 में लिखी जा सकती थी? जरूर यह कहीं से 'उड़ाई' गयी है। जिन्दगी के हर क्षेत्र में हमें अपनी हिन्दुस्तानी नकल-नवीसी पर इतना गहरा विश्वास है कि कहीं भी कुछ एकदम मौलिक, अद्भुत या अचानक होता हुआ देखते ही चिन्ता सताने लगती है। इसका मूल कहां है? गुलेरी जी की 'उसने कहा था' आज तक गले नहीं उतरती और सुदर्शन की 'हार की जीत' को लेकर शंका है। जरूर होते होंगे 'फ्रीक' (अजूबे) मगर वे हमारे यहां नहीं होते। उनके होने की जगहें भी कहीं और ही हैं। डाक्टर शुकदेव सिंह की यह टिप्पणी, कहानी सहित कमल गुप्त के 'कहानीकार' में आयी थी। उन्होंने ही 'कहानी पर पहली किताब' में इसे संकलित करने से पहले 'भुवनेश्वर की रचनाएं' में इसे लिया था। बहरहाल, सन् 65-66 की 'नई धारा' में डॉ. विजयमोहन सिंह ने इसे हिन्दी की पहली 'आधुनिक कहानी' और बाद में शुकदेव सिंह ने पहली 'नई कहानी' माना। मगर स्रोत कोई विदेशी है, यह प्रायः हर कोई कहता रहा। इस सिलसिले में बीसियों लोगों ने जैक लंदन की 'लव ऑफ लाइफ' का जिक्र किया है। कुछ इसे रूसी लेखकों (विशेषरूप से बूनिन) से जोड़ते हैं। जिसे देखो वह इस सिलसिले में 'लव ऑफ लाइफ' का नाम लेता रहा है, इसे क्या कहेंगे? 'भेड़िए' को देखते ही विद्वानों का भेड़िया-धसान?

जहां तक मुझे याद आता है, इस कहानी को मैंने 50-51 में 'सरगम' में पढ़ा था। 'सरगम' मासिक ख्वाजा अहमद अब्बास ने बम्बई से हिन्दी-उर्दू के लेखकों के एक जीवंत संवाद के रूप में निकाला था और तभी अधिकांश उर्दू लेखकों से हिन्दी वालों का बाकायदा परिचय हुआ। जैक लंदन की इस कहानी का नाम 'जिजीविषा' या ऐसा ही कुछ था। अंग्रेजी में बाद में पढ़ी। शायद उन्हीं दिनों हैदराबाद की 'कल्पना' में भी 'जीवनधारा' नाम से यह कहानी छपी। पर 'सरगम' के मुकाबले 'कल्पना' वाला अनुवाद लद्धड़ था। मौत की तरह पीछे लगा हुआ मरियल-सा जिद्दी भेड़िया

और कुहनियों के बल एक-एक फुट सरकता लहु-लुहान नायक-अभी भी कहीं मेरे मन में सुरक्षित है। बाद में शायद अश्क जी ने इस कहानी को अमरकांत की 'जिंदगी और जोंक' के सिलसिले में याद किया। न जाने क्यों, मुझे 'स्नोज ऑफ किलिमंजारो' को पढ़ते हुए लगता है कि मृत्यु के प्रतीक के रूप में हाइना (लकड़बग्घे) का चित्रण करते समय हैमिंग्वे के दिमाग में भी 'लव ऑफ लाइफ' का यह भेड़िया जरूर रहा होगा।

पिछले एक महीने से मैं इसी सिलसिले में जैक-लंदन की संपूर्ण रचनावली को खंगालता रहा हूं—पंद्रह-बीस कहानियां पढ़ डालीं, बाकी के पन्ने पलटे। जैक लंदन शायद दुनिया में भेड़ियों, स्लेज खींचने वाले खूंखार कुत्तों और समुद्री-भेड़ियों का एकमात्र अधिकारी लेखक है। उसने उनके हर व्यवहार का आश्चर्यजनक अध्ययन किया है। मूलतः वह विकल्पहीन स्थितियों के बीच बनैली जिजीविषा, साहस और दुर्दाम इच्छा-शक्ति का अद्वितीय चितेरा है। मगर मुझे कहीं भी कोई स्थिति ऐसी नहीं मिली जिसे भुवनेश्वर की कहानी से जोड़ सकूं। 'लव ऑफ लाइफ' में हारे थके घिसटते नायक के साथ-साथ चलता बीमार भेड़िया बड़े धीरज और लगन से अपने 'शिकार' के मरने या बेहोश हो जाने की राह देखता है। घिसटने के दौरान नायक हल्का होने के लिए पहले सोना, फिर अन्य चीजों का थैला, बंदूक इत्यादि छोड़ता चलता है, ताकि घिसटने में आसानी हो। शिवमूर्ति द्वारा बताये इसी लेखक के उपन्यास 'ह्वाइट फेंग' में भी स्थितियां अलग हैं। मेरे साथ मेरे भीषण पढ़ाकू मित्र राजेंद्र कुमार मिश्र रूसी कहानियों की जान को लगे रहे। शिकारी के संस्मरण लिखने के बावजूद तुर्गनेव को प्रकृति और मानव-मन का सौंदर्य प्रिय है; गोगोल, तॉल्सतोय और गोर्की ही ऐसे लेखक लगे जो इस कहानी को लिख सकते थे, चेखव, दोस्तॉयेव्स्की, लर्मन्तोव या कोरेलैंको—हमने पहले ही छोड़ दिये थे। चूंकि बूनिन का जिक्र आया था, इसलिए उसकी भी कुछ कहानियों को देखना पड़ा। हालांकि भुवनेश्वर ने इन रूसी लेखकों को पढ़ा होगा, यह विश्वास नहीं था। उनका अध्ययन क्षेत्र उस समय के अधिकांश स्नॉब बुद्धिजीवियों की तरह ब्रिटिश और यूरोप का ही साहित्य रहा था। बहरहाल इस खोजबीन के बावजूद ऐसी किसी कहानी पर उंगली रखना मुश्किल लगता है जिसे 'भेड़िए' का 'मां' या 'बाप' के रूप में तय किया जा सके—हो सकता है कोई छूट ही गयी हो। अगर पाठक बता सकें तो सचमुच बहुत उपकार हो...

मगर मैं सवाल यहां दूसरा उठाना चाहता हूं कि अगर 'भेड़िए' के पीछे कोई देशी-विदेशी कहानी हो भी तो इससे क्या फर्क पड़ता? हो सकता है, हमारे यहां न वैसे रेगिस्तान हों, न बाढ़ की तरह पीछा करते भेड़ियों के झुंड—नटनियों, बैलों या बाप को इस तरह फेंकते जाना स्वाभाविक या मानवीय न लगता हो तो भी 'सो व्हाट'? क्यों हम 'भेड़िए' कहानी को फेंटेसी या रूपक-कथा के रूप में नहीं ले सकते?

मूलतः यह कहानी है ही फेंटेसी। मानता हूं कि उस समय तक भारतीय लेखकों का परिचय काफ्का से नहीं हुआ था और ऐसी रूपक कहानियां उन्हें अजूबा ही लग सकती थीं। कहानी में फोटोग्राफिक यथार्थ ही क्या एकमात्र यथार्थ है? उस तर्क से तो भुवनेश्वर के नाटकों या बाद में आने वाली एब्सर्ड की अवधारणा को हम कहां रखेंगे? क्या भेड़िए की हर पंक्ति हमें यह अहसास नहीं कराती कि स्थितियां भारतीय या परिचित हों या न हों—कहानी मूल में कहीं दूसरी बड़ी बात कह रही है जो प्रस्तुत से अलग है जो बहुत व्यापक है और लगभग प्रौफेटिक (भविष्य-द्रष्टा) है....? वह 'ओल्ड मैन एंड द सी' की तरह पूरी मानव-प्रजाति की संघर्ष-गाथा का नाटकीय रूपांतरण है। कफन के घीसू और माधव अगर पाशवीकरण (ब्रूटॅलाइजेशन) की परिणतियां हैं तो 'भेड़िए' लगभग अस्तित्ववादी स्थिति में उसकी अग्रिम प्रक्रिया है—जहां खुद आदमी परिस्थिति और व्यवस्था के द्वंद्व में भेड़िया बन रहा है...एक अंधी दौड़ में अपनों को ही खाता-चबाता हुआ।

मुझे लगता है कि कहानियां कभी भी स्थितियों और पात्रों की समानता से नहीं, प्रभाव से जांची जानी चाहिए। नकल वे लेखक करते हैं जो सिर्फ स्थितियों और पात्रों को दुहराते हैं, जो उन्हें उपलब्ध सामग्री की तरह इस्तेमाल करते हुए अपनी प्रतिभा और समय के हिसाब से नये अर्थ और नयी व्याख्याएं देते हैं—वे हमेशा मौलिक होते हैं : अपना पढ़ा-देखा-सुना सब उनके संस्कार में होता है। मैं जोर देकर कहना चाहूंगा कि अगर जैक लंदन या किसी और ने भेड़िए जैसी कहानी पहले लिख भी रखी हो तो भी वहां वे अर्थ नहीं होंगे जो भुवनेश्वर ने दिये हैं। वर्ना ढेरों ऐतिहासिक और पौराणिक कहानियों का क्या होगा जहां सारी कहानियां हजारों बार पहले कही जा चुकी हैं? क्यों हम 'रामचरित मानस' से लेकर 'अंधायुग' तक को मौलिक रचना मानेंगे? इंतजार हुसैन की जातक कथाएं या विजयदान देथा की लोककथाएं उनकी अपनी उद्भावनाएं तो नहीं हैं, वे भी तो सैकड़ों सालों से कही और सुनायी जाती रही हैं। अपनी-अपनी लोककथाओं से उठायी गयी देथा की कहानी 'परिणति' (यह उस पर आधारित फिल्म का नाम है, मूल नाम याद नहीं आ रहा) और कामू के नाटक 'क्रास परपज' की कहानी आश्चर्यजनक समानता के बावजूद क्या एक ही हैं? (कोई बता रहा था कि दोनों के मूल में कोई रूसी या कश्मीरी लोक कथा है) ब्रेख्त के तो अधिकांश नाटकों की कहानियां कहीं न कहीं से ली गयी ही हैं—समझने की जरूरत सिर्फ यह है कि मौलिकता लेखक की दृष्टि और व्याख्या में होती है या कुछ ऊपरी समानताओं में?

मुझे याद है कि सन् '60 के आस-पास 'नई कहानियां' में जब मेरी कहानी 'नये-नये आने वाले' छपी तब मेरे लिए लगभग अपरिचित कथाकार द्रोणवीर कोहली ने किसी अरबी या फारसी कहानी का अनुवाद भेजा—उसे चुरा लेने का आरोप लगाते हुए। हो सकता है कुछ समानता रही हो, मगर तब तक सचमुच मैंने ऐसी कोई कहानी

नहीं पढ़ी थी और वह विशुद्ध रूप से मेरा अपना अनुभव था। हां, उसी के आस-पास मैंने मोहनसिंह सेंगर की एक कहानी पढ़ी—'लावारिस लाश', कहानी 46-47 के कलकत्ता के सांप्रदायिक दंगों पर थी। परिवार का एक सदस्य सुबह से गायब है और उसकी खोज हो रही है। किसी एक लाश को देखकर मान लिया जाता है कि यह वही है। रोना-पीटना होता है कि अचानक कहीं से 'असली' व्यक्ति आ खड़ा होता है। इस तरह कहानी सुखांत होकर समाप्त हो जाती है। मुझे लगा कि यह तो स्थिति से बच निकलने का झटका हुआ। वह लाश आखिर कहां गयी—वह भी तो किसी परिवार का कोई सदस्य ही रहा होगा। लेखक का ध्यान उधर क्यों नही गया? क्या लाश के बहाने मानवीय संबंधों की और गहरी पड़ताल नहीं की जा सकती थी? और इसी प्रक्रिया में लिखी गयी कहानी थी 'संबंध'। आसानी से इसे 'लावारिस लाश' की नकल कहा जा सकता था। मगर मैं जानता हूं 'गलत लाश की पहचान' के अलावा मेरी कहानी का कथ्य जड़मूल से अलग है। हो सकता है कोई तीसरा इन दोनों से अलग कहानी लिख दे...जैसे प्रेमचंद की 'पंचपरमेश्वर' पर रांगेय राघव ने इसी नाम से कहानी लिखी। मगर यही बात तीस-पैंतीस साल पहले की विवादास्पद कहानी, कमल जोशी की 'पत्थर की आंख' के बारे में सही नहीं थी—वह बिना किसी निजी दृष्टि या स्थिति के दबाव के ज्यों की त्यों उठायी गयी कहानी थी। जैसे आनन्द हर्षुल की कहानी 'उस बूढ़े आदमी के कमरे में' को राम गुप्त ने उठा लिया था। कहते हैं, कमलेश्वर की 'समुद्र में खोया आदमी', जार्ज एम. सिंज के एकांकी 'राइडर्स टु द सी' का भारतीयकरण है और मोहन राकेश की कहानी 'क्लेम' चेख़व की 'ग्रीफ' पर बुनी गयी है। जैसे प्रेमचंद की 'मंत्र' कहानी चैखव की 'वैनेडैटा' का रूपांतर है। 'अज्ञेय' की तो अनेक रचनाओं को लेकर ऐसे आरोप लगते रहें हैं और भीष्म साहनी की 'चीफ की दावत' का मूल-स्रोत भाइयों ने दोस्तॉयेव्स्की की एक कहानी में खोज निकाला है। चैखव की कहानी 'वांका' और ओ'हेनरी की 'टोपिन्स पाम' शायद भारतीय साहित्य में सबसे अधिक 'चुरायी' हुई कहानियों में हैं।

जैसा कि मैंने ऊपर कहा, कभी-कभी कुछ लेखक आने वालों के लिए चुनौती या भयंकर सीमा बनकर खड़े हो जाते हैं। तॉल्सतोय की 'ईवान इल्यिच की मौत' ऐसी ही कहानी है। जब-जब किसी ने भी बूढ़े और तिल-तिल कर मृत्यु की ओर सरकते व्यक्ति की कहानी लिखी है, यह कहानी सामने आ खड़ी हुई है। राजी सेठ की 'उसका आकाश', मृणाल पांडे की 'एक स्त्री का विदागीत' या कृष्णा सोबती की ताजा कहानी 'ए लड़की'। ये तीनों ही इल्यिच से अलग, उत्कृष्ट और नितांत मौलिक कहानियां हैं। पिछले दिनों 'भारतीय साहित्य' में छपी 'उसका आना' कहानी को लिखने में मुझे तीस वर्ष लगे और उसे दस-दस वर्ष के अंतराल से मैंने तीन बार लिखा। हर बार इल्यिच रास्ता रोक लेता था। इन सभी के प्रमुख पात्र, भरपूर जिन्दगी जीने के बाद मृत्यु के सामने आ खड़े हुए हैं—अतीत के साथ अपने द्वंद्वात्मक

संबंधों की प्रक्रिया को जीते और मृत्यु से समीकरण तय करते हुए। ये सारी कहानियां शायद इसलिए लिखी जा सकीं कि मरणासन्न व्यक्ति की असहायता के सिवा इनमें कहीं कोई समानता नहीं है—मृत्यु का सामना करने का हरेक का तरीका अलग है। तॉल्सतोय की कहानी 'कौन तेरी पत्नी, कौन तेरा बेटा' व्यर्थता बोध और मृत्युभय को जीतने के प्रयास में से आयी है तो मृणाल की भरे-पूरे परिवार की संतुष्ट स्त्री की स्मृतियां बनकर—कृष्णा सोबती की बेहद कलात्मक संयम से लिखी कहानी मृत्यु के 'डिफायेन्स' (उद्धत अस्वीकार) से उपजी है, तो मैंने अपनी कहानी को नैतिक स्खलन के आत्मस्वीकार के रूप में लिखा है—हालांकि राजेन्द्र कुमार मिश्र का विश्वास है कि नैतिक-बोध शून्य या आत्मा रहित व्यक्तियों पर विश्वसाहित्य में कभी कोई बड़ी रचना नहीं लिखी गयी।

रूसी लेखक रास्पूतिन का उपन्यास 'अन्तिम घड़ी' और रामधारी सिंह दिवाकर की 'हंस' में छपी 'शोक पर्व' की स्थितियों में अद्भुत समानता है—मगर दोनों ही एक-दूसरे से उतने ही अपरिचित हैं जितने 'आपका बंटी' (1969) और 'क्रैमर-वर्सेस-क्रैमर' (1975) या समरसैट मॉम की 'रेन' और मोहन राकेश की 'जानवर और जानवर', जिन्दगी की समान स्थितियां न जाने कितनी देशी-विदेशी रचनाओं को 'समान' बना देती हैं.....जैसे राजेन्द्र सिंह बेदी की 'गुलामी', उषा प्रियंवदा की 'वापसी' और मेरी 'बिरादरी बाहर'।

'कुलटा' कहानी लिखते हुए मुझे डर था कि 'कुत्तेवाली महिला' की समानता खोजकर कहीं कोई 'उत्प्रेरित' लेखक (पाठक नहीं) इसे चेखव की कहानी के साथ न जोड़ दे। एकाध जगह शायद ऐसी चर्चा हुई भी। मगर इस पर सबसे दूर की कौड़ी नामवर लाये। (उन्हें अभ्यास है!) उन्होंने लिखा कि अगर स्थितियां, पात्र, संवाद और कथानक बदल दिये जायें तो 'कुलटा' जैनेन्द्र जी का 'त्याग पत्र' है। मैंने जवाब दिया कि अगर इतना ही कुछ बदलना हो तो वह निश्चय ही 'गोदान' की नकल है।

मूल-स्रोत के खोजी उत्साहितों से मेरा आग्रह सिर्फ यही है कि ऊपरी या छोटी-मोटी सतही समानताओं के आधार पर फतवे देने के बजाय कुछ गहराई से देखने की कोशिश करें कि रचना में नया और अलग क्या है? पहाड़, नदियां, आदमी, औरत सब कहीं तो एक ही हैं। उनकी जिंदगी के संयोग और स्थितियां भी एक जैसी हो सकती हैं, मगर हरेक के लिए उनके अर्थ रूप अलग क्यों हो जाते हैं? जिन्दगी के अनंत सुरों में एक स्वर 'अपना' मिलाने को ही तो शायद कला कहते हैं.....

('हंस', जुलाई 1991)

बाहरी नज़र से अपनी पहचान

ब्राउन विश्वविद्यालय अमेरिका के हिन्दी प्राध्यापक राबर्ट हक्स्टैड और इटली की शोध-छात्रा फ्रंचैस्का ओर्सिनी ने अलग-अलग अवसरों पर लगभग एक ही बात कही। हक्स्टैड की बात ने तो लेखकों के बीच खासी बहस उठा दी। वे कभी-कभी हिन्दी-कहानियों के अनुवाद करके अमेरिका की लघु-पत्रिकाओं में भेजते हैं। बड़ी पत्रिकाओं में साहित्य के लिए न कोई जगह है, न रुचि। फिर तीसरी दुनिया का पिछड़ा साहित्य। खुला-साहित्य वहां भी लघु-पत्रिकाओं या स्वप्रयासी अनियतकालीनों में सिमटकर रह गया है। सुनकर लगा कि हमारी बड़ी पत्रकारिता कितनी तेजी से अमेरिका के उन्नत-स्तर को प्राप्त कर रही है। विपन्न, बीमार, नंगे, भ्रष्ट या मौलिकताविहीन हम चाहे जितने हों, लेकिन कुछ क्षेत्र तो हैं जहां हम आक़ा देश अमेरिका के बराबर हैं। दोनों विदेशियों की दूसरी बात ज्यादा विचलित कर देने वाली थी; अकसर ये हिन्दी कहानियां इन पत्रिकाओं से भी यह कहकर वापस कर दी जाती हैं कि 'बहुत भावुक हैं'। सुनकर ही अनायास मुंह से निकला कि अगर आज की हिंदी कहानियां भावुक हैं तो बेचारे सारे बंगला-साहित्य का क्या होगा? सभी तरह की कहानियां पढ़ने का अवसर मिलता है और हम लोगों का खयाल था कि स्वतंत्रता के बाद शायद भारतीय-साहित्य में हिन्दी और पंजाबी कहानियां ही सबसे कम भावुक हैं; उनके बाद मराठी, कन्नड़ और मलयाली—फिर गुजराती और बंगला ...बल्कि हिन्दी कहानियों पर तो आरोप है कि वे बेहद बौद्धिक, कथा-रसहीन, रूखी और यथार्थाश्रित कहानियां हैं। बहरहाल, अमरीकी संपादकों को जो इधर के लेखक पसंद आये हैं, वे हैं : निर्मल वर्मा, उदय प्रकाश और मुद्राराक्षस....सुनते ही साथ बैठे एक सज्जन व्यंग्य से मुस्कुरा पड़े, "हां-हां, क्यों नहीं, इन लेखकों की संवेदना उन्हें बिल्कुल अपनी जैसी लगती होगी...न, अगर विदेशियों को दाल-रोटी के मुकाबले, यहां की डबलरोटी, पेस्ट्री ज्यादा अपनी लगती हो तो ताज्जुब क्या है..." मेरी अपनी प्रतिक्रिया इतनी तीखी नहीं थी...दाल-रोटी यहां का आधार-भोजन हो सकती है, पर एक बहुत बड़ा मध्यमवर्ग ऐसा भी तो है, जिसके लिए ब्रैड-पेस्ट्री उतनी विदेशी नहीं रह गयी है जैसी पचास साल पहले हुआ करती थी। कम से कम लाखों लोगों का चाय-नाश्ता तो है ही। सरल और सुविधाजनक। हिन्दी में निर्मल की अन्तर्राष्ट्रीयता

विवादास्पद हो सकती है, मगर उदय और मुद्रा तो ठेठ दाल-रोटी वाले लोग हैं। 'परिन्दे' का फ्लैप-मैटर या ब्लर्ब लिखने वाले नामवर सिंह का 'तिरिछ' की काट से लोट-पोट हो जाना, जिन लोगों को वही पुरानी निर्मल जैसी अंतर्राष्ट्रीयता लगता है, उन्हें यह नहीं भूलना चाहिए कि उदय ने–'छप्पन तोले का कर्धन' और 'टेपचू' जैसी कहानियां भी लिखी हैं। बल्कि उन्हीं की संख्या ज्यादा है। हां, यह हो सकता है कि उदय में बौद्धिक ठंडापन अधिक हो और मुद्रा में गुस्सा...

निश्चय ही इन दोनों ने न यह बात आरोप के रूप में कही थी न आमंत्रण के। हिन्दी से जुड़े ऐसे व्यक्तियों के रूप में ही इसे लेना चाहिए जो अपनी कहानियों को विदेशी पाठकों तक पहुंचाना चाहते हैं। मगर बात में आरोप भी है और आमंत्रण भी : "अगर अपनी कहानियां हमें विदेशी पाठकों के गले उतारनी हैं तो भावुकता से पीछा छुड़ाकर उनकी संवेदना के अनुरूप लिखना होगा" बात सिर्फ 'ट्रीटमेण्ट' तक ही नहीं रहेगी, कथ्य तक भी आयेगी। विषय और कथ्य भी ऐसे हों, जिनमें विदेशी-पाठक की रुचि हो–यानी मुख्य रूप से गरीबी, अंधविश्वास और जहालत। दृष्टिकोण रहेगा यथास्थितिवादी। (उस लिहाज से तो सत्यजित राय की फिल्मों की तरह 'तिरिया चरित्तर' ज्यादा निर्यातनीय कहानी है।) शायद निर्मल वर्मा ने कहीं लिखा या कहा भी है कि प्रगति, सुधार या अन्य मसीहाई जोश में ऐसे क्षेत्रों की अपनी जीवन-पद्धति और विश्वासों से छेड़-छाड़ करना या उन्हें बदलने की कोशिश करना 'मार्क्सवादी नीचता' है! आदिवासी हों या अछूत, हम उनकी संस्कृति को भ्रष्ट या प्रदूषित करते हैं...हम कौन होते हैं उन्हें 'सभ्य' बनाने या उद्धार करनेवाले? और फिर जो कुछ भी हम उन्हें बनायेंगे, किसने कहा कि उसे ही 'सभ्य' बनना कहते हैं? उन्हें ज्यों का त्यों अपनी जड़ों से उखाड़कर अपने नागरिक माहौल में लाना 'उत्सवीकरण' है। वे जहां और जैसे हैं, वैसे ही बने रहने देना चाहिए...हमें उनकी जिन्दगी में 'हस्तक्षेप' नहीं करना, सिर्फ उन्हें 'देखना' है (संरक्षित वन्य-पशुओं की तरह?)। 'क्रान्ति का निर्यात नहीं किया जाता!'

बीस-पच्चीस वर्ष पहले इस 'देखनेवाली दृष्टि' पर मैंने पश्चिमी जर्मनी के डॉ. लोठार लुत्से से पूछा था, "भारतीय साहित्य में आपकी रुचि, क्या समाजशास्त्रीय और नृतत्वशास्त्रीय है? या कलात्मक अनुभव और बदलते समाज में हमारी साहित्यिक बेचैनी भी आपको आकर्षित करती है?" जो कुछ उन्होंने कहा, उसका सार यही था कि प्रश्न सिर्फ कला या साहित्य का होता तो शायद यूरोप से बाहर निकलने की जरूरत ही नहीं होती। कहीं एक खास तरह की जिंदगी को जानने का खिंचाव तो है ही हिन्दी पढ़ने के पीछे। कोई भी जब किसी साहित्य को पढ़ता है तो सिर्फ कलात्मक अनुभव, भाषा सौष्ठव या साहित्यक उत्कृष्टता से ही नहीं गुजरता, उस सबके स्रोत और कथ्य–यानी वहां की जिंदगी और उसके संदर्भों को जानने की उत्सुकता भी कहीं होती ही है। अगर हमें आपके साहित्य में, अपने से अलग नयी

तरह की जिंदगी, अंदाज़े-बयां और उस सबके प्रति नयी तरह की 'एप्रोच' को जानने-समझने का मौका मिलता है तो बुरा क्या है? जानने से आगे बढ़कर हम भावना और संवेदना के धरातल पर उससे जुड़ भी सकते हैं; मगर आपकी तरह उसे विकसित करने, बदलने का सरोकार 'विदेशी हस्तक्षेप' होगा, उससे एक तो मेरी टाइलर की तरह की समस्याएं आयेंगी, फिर उस सबको स्वीकार करने में आपको और हमें दोनों को समय लगेगा। हो सकता है, फिर भी हम आपकी कसौटी पर खरे न उतरें। हमारी इस सक्रिय दिलचस्पी को आप और आपकी सरकार संदेह की दृष्टि से न देखें, यह भी संभव नहीं है...शायद यही स्थिति आप जैसे नागरिकों की अविकसित और पिछड़े हुए इलाकों में जाने पर होगी। इसलिए दिलचस्पी सिर्फ देखने और जानने तक ही ठीक है...साहित्य के माध्यम से हमारा आपको इस तरह देखना समझना हो सकता है कि आपके भीतर प्रतिरोध और विद्रोह जगायें कि—"क्या हम दर्शनीय वस्तु हैं?" लेकिन जब आप स्वयं आदिवासियों और पिछड़े इलाकों मे जाते हैं तो क्या यही प्रतिक्रिया वहां के लोगों में नहीं जगाते?

बात में अपना वज़न है! उनके द्वारा स्वीकार्य बनने के लिए क्या हम नीरद चौधरी की तरह 'भूरा साहब' बनने के शीर्षासन करें—आत्म-प्रताड़ना और आत्मधिक्कार की भाषा में बोलें या तीसरे दशक की मिस मेयो के मुहावरे में, नायपालों से "अंधेरे-गड्ढों में पड़े कीड़े-मकोड़ों" के प्रमाण-पत्र लें—या कांगो के राजा की तरह पंखों-कौड़ियों के मुकुट-माला पहने, भाले-तीर-कमान लिये, नंगे बदन, प्रदर्शन की वस्तु और कौतूहल का केंद्र बने रहकर उनकी दिलचस्पी जगाते रहें? इन सारी ही स्थितियों में हम एक तनाव की अस्वाभाविकता से ग्रस्त होंगे—क्योंकि हमारे अस्तित्व और व्यक्तित्व का स्वरूप निर्धारण और निरूपण एक 'बाहरी' दृष्टि कर रही होगी ....ऐसे में हम अपने प्राकृतिक 'स्व' में न होकर 'उनके लिए' होने लगते हैं। दूसरी तरफ इस दुश्चक्र से हटकर क्या आज यह सोच पाना संभव है कि 'वे' जायें भाड़ में; हम अपने को सिर्फ अपनी दृष्टि से देखेंगे, अपनी स्थिति को अपनी तरह भुगतेंगे और अपनी नियति को अपने स्वप्नों के अनुरूप निर्धारित करेंगे? इस सचाई से कैसे शुतुरमुर्गी इंकार किया जा सकता है कि अपने आप में होने के साथ-साथ हम अन्तर्राष्ट्रीय फलक पर भी स्थित हैं—संपूर्ण बिरादरी के हिस्से भी हैं और अनेक-अनेक स्तरीय अंतर्क्रियाओं के दौरान हमारी जिंदगी उनसे प्रभावित निर्धारित होती है...

मैं बिल्कुल नहीं कहता कि हमें उनकी स्वीकृतियों या प्रत्याशाओं के हिसाब से अपने को बदलना और ढालना है। अपनी कहानियों में हम भोले-बुद्धू (नायेव) और भावुक हैं, तो हैं। हमारी वयस्कता अपनी तरह होगी—हो सकता है वह 'उनकी तरह' की वयस्कता से अलग हो...मगर सूक्ष्म दृष्टि से जांचें तो क्या यह सही नहीं है कि रचना का जन्म ही भोक्ता और द्रष्टा की द्वंद्वात्मक प्रक्रिया से होता है? क्या यह द्रष्टा हमारे अपने 'स्व' को दूर से देखती 'आंख' नहीं है? देखती हुई आंख,

यानी तटस्थ पर्यवेक्षक, अपने से अलग एक 'बाहरी दृष्टि'—या अत्यंत निराकार रूप में वह समय और समाज जो निरन्तर हमारे भीतर प्रवेश कर रहा है! (इस द्वन्द्व पर मैंने 'साहित्य की मेरी पहचान' में विस्तार से लिखा है) सब मिलाकर क्या बिना 'बाहरी दृष्टि' के अपने को भी 'सही' पहचान पाना संभव है?

हमारी कहानियों में, जिसे विदेशी-पाठक भावुकता कहता है, कहीं वह समय के दबाव में छूटती धरतियों का किशोर मोह ही तो नहीं है? वस्तुगत स्थितियों के अनुरूप, मूल्यों-मान्यताओं-संस्कारों को न बदल पाने की भावनात्मक मजबूरियों और तनावों की उच्छ्वसित प्रतिक्रिया को ही क्या भावुकता नहीं कहते? चूंकि-अतिरिक्त उद्विग्न मानसिकताओं में लिये गये निर्णय प्रायः पुराने-के-पक्ष में ही होते हैं, क्या इसीलिए वे हमें अधिक 'अपने' नहीं लगते? असुरक्षित अपरिचित के बरअक्स जहां हैं, वहीं बने रहना एक अजीब सुकून और रिलीफ तो देता ही है...

बहरहाल, 'बाहरी दृष्टि' पहली तीव्र प्रतिक्रिया जगा चुकने के बाद अपने भीतर झांकने की प्रेरणा और प्रस्थान बिंदु तो बन ही सकती है—संवेदनशील कथाकार के लिए बननी चाहिए...

('हंस', दिसंबर 1988)

कहानी से गायब होता आदमी

कबीर ने कहा था, तू कहता कागद की लेखी...........सुनते हैं किसी नाटक में बूढ़े नायक को हृदयगति रुक जाने से मरना था। बहुत कम लोगों ने इस संयोग की तरफ ध्यान दिया कि अभिनेता को ठीक उसी समय हार्ट-अटैक हो गया और मंच पर वह सचमुच तड़पते हुए ही मरा। परदा खिंचा और हाल तालियों से गूंज उठा। मगर समीक्षक ने अगले दिन लिखा कि एक्टर बहुत 'लाउड' था, उसके अभिनय में गहराई और कलात्मक संयम का अभाव था। उसे वास्तविकता लाने के लिए अमुक-अमुक सिद्ध अभिनेताओं के अभिनयों से सीखना होगा और तभी वह दर्शकोन्मुख अतिरंजनाओं से मुक्त हो सकेगा। अभी उसमें बहुत कच्चापन है.... इत्यादि।

हिन्दी-कहानी आत्मालोचन के इसी दौर से गुजर रही है। एक तरफ अशोक वाजपेयी जैसे कवि-समीक्षक हैं जो दूर बैठे-बैठे कविता के औजारों से कहानी की सर्जरी करते हुए फैसले सुना रहे हैं कि कहानी, साहित्य के अंतर्राष्ट्रीय धरातल पर हाशिए की चीज भी नहीं है, इसमें कविता जैसी गहराई, अमूर्तन, आत्मा और बुद्धि को झकझोर देने वाले आध्यात्मिक सवाल नहीं उठाये गये या इस क्षेत्र में जो कुछ भी महत्वपूर्ण हुआ है, वह सिर्फ कवि-कथाकारों ने किया है जिनकी सूची इस प्रकार है। दूसरी ओर मेरा अपना सोचना है कि हमने अपनी संपूर्ण मनीषा को अभी तक, समृद्ध और उपनिवेशवादी देशों के मॉडलों की होड़ में ही ज़ाया किया है। न उनके रुझान (एटीट्यूड्स) हमारे हो सकते हैं, न समस्याएं। फिर वे मॉडल भी स्थिर नहीं हैं और हम दूसरी दिशाओं की ओर दौड़ लगाने लगते हैं, कुशल खिलाड़ी की तरह वे हमें सिर्फ छका रहे हैं...उनके क्षेत्र में हम कुछ भी नहीं कर पायेंगे। हमें झख मारकर अपने ही औजार या लक्ष्य तलाश करने होंगे...अपने मैदानों में।

कहानी मूलतः अपनी प्रकृति में उतनी हवाई (या अमूर्त) हो ही नहीं सकती क्योंकि उसमें 'लोग' होते हैं, उनके संदर्भ और संबंध होते हैं, कुंठाएं, संघर्ष और स्वप्न होते हैं। वह अनिवार्य रूप से एक सामाजिक विधा है। व्यापक और तात्विक होने के लिए निश्चय ही हमें अमूर्तन में जाना पड़ता है। कविता के लिए आसान है कि वह वास्तविक को सार्वभौमिक या सार्वजनीन बनाने के लिए अवास्तविक में

स्थगित हो जाये, मूर्त को अमूर्त में बदलती रहे, मगर कहानी के संदर्भ में आकार का यह निषेध वास्तविक का या अंततः मनुष्य का निषेध है। मनुष्यता के नाम पर मनुष्य का अस्वीकार साहित्य में कहानी-मात्र का अस्वीकार है। वहां अमूर्त संवेदों को पात्रों की वास्तविकताओं के माध्यम से जीकर ही प्रत्ययों में पहुंचने की कोशिश है...

मनुष्य या कहानी के अस्वीकार का कार्य, कलावादियों या मूर्त को नकारनेवालों ने ही किया हो, ऐसा नहीं है। यह सब स्वयं प्रतिबद्ध कहे जाने वाले कहानीकारों, समीक्षकों ने भी कुछ तात्कालिक दबावों में किया है और इस बात में सचाई है कि कहानी-समीक्षा सिर्फ छवि-निर्माण को ही गंभीर विश्लेषण का नाम देती रही है। आचार्य किस्म के लोग कभी इस या कभी उस कहानीकार को 'सबसे महत्वपूर्ण' होने के नामधारी फतवे उछालकर सनसनीखेज वक्तव्य देते रहे हैं या कोई चमत्कारी सूक्ति फेंककर तिलस्म की चाबी पा-लेने का मुग्ध मुर्गावलोकन करते रहे हैं। शेष समीक्षा के नाम पर स्थितियों का एक समाजशास्त्री विश्लेषण और सहसा ही कुछ नामों की सूचियां परोसी जाती रही हैं। पुस्तक समीक्षा की तो सारी शब्दावली ही ऐसी हो गयी है कि वहां आसानी से एक कथाकार की जगह दूसरे की पुस्तक का नाम और उदाहरण बदले जा सकते हैं। स्वयं कुछ कथाकारों से ज्यादा रचनात्मक समीक्षा की उम्मीद थी। (कवियों और कथाकारों में इसकी लंबी परंपरा है) कुछ ने कोशिश भी की, मगर अधिकांश या तो गुट बनाकर आंदोलन निचोड़ते रहे या फिर नई कहानी के दौर के तीन-चार लेखकों के नृशंस अत्याचारों के विधवा-विलाप को समीक्षा का नाम देकर मंचीय तालियां बटोरते रहे...समस्याओं, विषय या मुद्दे को व्यक्ति-विरोध में घसीटने के कुत्साकरण को नाम दिया जाता रहा 'ईमानदार-विश्लेषण'। निश्चय ही यह कविता में नहीं हुआ, नहीं कहा सकता कि यह अंतर सरोकारों का है या बौद्धिक स्तरों का...

पिछले वर्ष उत्तर-भारत के विभिन्न नगरों में लगभग एक दर्जन कथा गोष्ठियां हुईं। कुछ में शामिल होने का सुयोग भी मिला। बंधे-बंधाए खांचों से बाहर निकलने की छटपटाहट प्रायः सभी में दिखायी दी। नयों की चिंता अपने अवरोधों से मुठभेड़ करने की रही तो पुरानों के सिरदर्द रहे उनके अपने ही समकालीन। कहीं "मनुष्य सबसे ऊपर है, मनुष्य महान है, हमारा साहित्य मनुष्य के लिए है" की धर्म-कीर्तनवादी अर्थहीन उद्घोषणाओं से स्थिति का निपटान किया गया तो अकसर ईमानदार आत्मविश्लेषण भी हुए कि आखिर हम कहां चूक रहे हैं कि न तो कहानी में कुछ कर पा रहे हैं, न उनसे जुड़ पा रहे हैं जिन्हें कहानी संबोधित है। 'पाठक कहा हैं' को हर बार रेखांकित किया गया और व्यापक असंतोष के बीच प्रश्न बार-बार उभरकर आये कि चूक विषयवस्तु में है, दृष्टि और दर्शन में है या इस सबके कथा-ट्रीटमेंट में...? क्यों सब कुछ इतना इकहरा हो गया है? जिस मनुष्य का पहाड़ा हम दिन-रात

पढ़ते हैं, वह मनुष्य हमारी कहानियों में कहां है? अगर है तो हम उसे पहचान क्यों नहीं रहे? दुनिया की जिन कहानियों को आज हम याद कर पाते हैं वे न तो अपनी खूबसूरत भाषा के कारण याद आती हैं न बेहद यथार्थवादी विवरणों के लिए—वे सिर्फ कुछ चरित्रों के कारण ही आज हमारे साथ हैं—सब कुछ से छनकर जो कुछ हमारी चेतना और सोच के साथ जुड़ गया है, वह कोई चरित्र या व्यक्ति ही है। यही वह जीवित मनुष्य है जो सहसा आज अनुपस्थित हो गया है।

हमारी कहानियों में यह आदमी चार जगह मरा है : कलावादियों के अमूर्तनों में, विज्ञापन-प्रायोजित दूरदर्शनी इकहरी दृश्य छवियों में, सपाट पत्रकारी विवरणों में और राजनीति के फार्मूलों में...जैसा कि मैंने कहा : अमूर्तन, आकार को देशकाल के बंधनों से मुक्त करता है—सार्वभौमिक और सार्वकालिक बनाने के आग्रह में प्रत्यक्ष को प्रत्ययों और अवधारणाओं मे निचोड़ डालता है। ये चेतनावादी कहानियां मूर्त और अमूर्त के बीच न आपस में स्थानांतरण करती हैं, न संवाद बनाती हैं। वे विश्व के विराट प्रश्नों को उठाती और वहीं हल तलाश कर लेने के पूर्वग्रह से पीड़ित हैं: तरल द्रवणशील भाषा, शब्दों का बेहद सावधान चुनाव और कलात्मक तराश विद्वानों के लिए इन्हें साहित्य की 'अमूल्य-निधि' बनाती हैं—विमान में बैठकर शीशों के पार धरती का सारा परिदृश्य जैसा सुंदर-सहज और रोग-शोक से मुक्त लगता है, वैसी ही इन कहानियों की दुनिया है, चीटियों जैसे छोटे-छोटे आदमियों, नदियों, सड़कों को देखकर यही भाव आता है कि अस्तित्व, जीविका, परिवार जैसी किन तुच्छ और क्षुद्र बातों में फंसे हैं ये लोग....''मैडम, तीन बार बटन दबा चुका हूं, आप जूस नहीं ला रहीं...अब कहां से गुजर रहे हैं हम लोग? बाई द वे आप सैंट कौन-सा लगाये हैं, मुझे किसी के लिए ले जाना है...''

पत्रकारिता हर चीज को घटना और स्थितियों में बदल डालती है—वहां आदमी नहीं, सिर्फ उसका नाम या सूचना होती है। राजनैतिक चेतना से संपन्न होने का दावा करने वाली अधिकांश कहानियां या तो अखबारी विवरणों और विस्तार की सपाटता में बह जाती हैं या बेहद फिल्मी बना दी जाती हैं। अपराधी, नेता, गुंडे अपने बड़े कट-आउटों में सड़कों और चौराहों पर ही नहीं, पत्र-पत्रिकाओं के समाचारों में भी वृहदाकार होकर छा गये हैं—क्योंकि वे ही समाचार बनाते हैं। वे अधिकारियों और पैसे वालों को इशारों पर नचाते हैं, अपनी शर्तों पर शासन चलाते हैं, हताशा और सहने के चरम बिंदु पर पहुंचा हुआ नायक (या नायिका) पलटकर वार करता है और कहानी में क्रान्ति का सूत्रपात हो जाता है। जाहिर है कि कहानीकार ने न खलनायक को पास से देखा-पहचाना है, न नायक को। उसके पास सिर्फ नाम हैं, शोषण है और उसके खिलाफ लड़ने का फॉर्मूला है। कितना आसान हो गया है ऐसी 'जनवादी' कहानियां लिखना और इसी सांचे में ढली ढेरों कहानियां रोज निर्मित हो रही हैं।

इस सारे दौर में जिस तत्व को एक सिरे से देश-निकाला दे दिया गया है वह है वास्तविकता की स्वानुभूत जानकारी और रचनात्मक कल्पना-शक्ति। सही है, जिंदगी में विषमताएं हैं, शोषण है, संघर्ष है, राजनीति है, सत्ता का सर्वग्रासी दमन है, विचारधारा है, बहसें और द्वंद्व हैं; और यह भी सही है कि सब कुछ लगभग एक ही तरह घटित होता है मगर उस सबकी भी अपनी सश्लिष्टताएं, जटिलताएं हैं, स्तर धरातल और तरीके हैं। क्यों नहीं लेखक उन सबको नये और अछूते कोणों से उठाता? कथ्य को अधिक-से-अधिक प्रभावी बनाने के लिए क्यों उसने अपने औज़ारों के साथ प्रयोग करना छोड़ दिया है? सीमाओं का अहसास या प्रयासों की असफलताओं की चेतना, अपने उपलब्ध औजारों को अधिक-से-अधिक असरदार ढंग से इस्तेमाल कर सकने की कल्पना को उकसाती है; मगर लगता है कि एक ही ढर्रे पर फॉर्मूलाबद्ध कहानियां लिखने वालों को न अपनी सीमाओं की कचोट है न प्रभावहीन हो जाने का असंतोष...अगर यथार्थ मिट्टी है तो खेत से उठाकर ढेलों को ज्यों का त्यों लाकर मेज पर रख देना कहानी नहीं है—उस मिट्टी को तोड़-गूंधकर ही किसी आकार में ढाला जा सकता है—वास्तविकता का रंग-रोगन देकर...ढेले या लकड़ी के कुंदे या डाल में से, बिना बहुत काट-छांट किये किसी आकार को निकाल लेने के लिए भी गहरी रचनात्मक कल्पना-दृष्टि की जरूरत है...

कहानी से आदमी गायब हो गया है, यह इस बात से भी सिद्ध है कि साहित्य में इधर या तो संस्मरण छा गये हैं या आत्मकथ्यों के रूप, विशेषकर दलितों द्वारा लिखी जाने वाली आत्मकथात्मक कथा रचनाएं...यह जीते-जागते ऐसे आदमी को पकड़ने की कोशिश है जिसे कथाकार निकट से जानता है, जिसे उसने विभिन्न स्थितियों में देखा है और जिसे पाठकों के सामने अधिकारपूर्वक हू-ब-हू खड़ा कर सकता है। टाइप से टिपीकल की ओर जाने का यह रुझान या दूसरे शब्दों में प्रामाणिक व्यक्ति और प्रामाणिक अनुभवों की इस तलाश को मैं कहानी के मशीनी ढांचे या अखबारीपन से मुक्त होने के प्रयास के रूप में देखता हूं। कहानी मूलतः सार्वजनीनता (यूनिवर्सल) में निजी (यूनीक) और निजी में सार्वजनीनता के द्वंद्वात्मक रिश्ते की नाटकीयता है। प्रथमतः जो निजी या प्रामाणिक नहीं है वह सार्वजनीन भी नहीं होगा...जो कुछ आप खुद महसूस नहीं करते, वह दूसरा भी नहीं करेगा...

और कथाकार की इस नवोन्मेषी प्रतिभा का एकमात्र हथियार है उसकी भाषा ...मुझे शिकायत एक यह भी है कि हममें से नये कथाकार भाषा के प्रति आपराधिक रूप से लापरवाह हैं। वे व्याकरण सम्मत शब्द-विन्यास को ही भाषा लिखना मानते हैं। दुनिया के हर बड़े लेखक के लिए भाषा शायद सबसे बड़ा सरोकार रहा है—एक निजी और विशेष अपनी भाषा। हम सब बोलते हैं, बातें करते हैं—मगर वह क्या चीज है जिसे बिना बोलने वाले को देखे भी हम बता देते हैं : यह अमुक साहब हैं। हममें से कितनों के पास अपनी ऐसी निजी भाषा है कि बिना लेखक का नाम

देखे हम बता सकें? जैसे कान्वेंटों से निकली सारी लड़कियां लगभग एक ही ढंग से हिन्दी या अंग्रेजी बोलती हैं। (क्योंकि इन्हें भी उन्होंने सीखा है वैसे ही सभी लगभग एक ही सी भाषा लिखते हैं। अखबारों में तो इस तरह का सपाट मानकीकरण आदर्श हो सकता है; रचनात्मक लेखन को वह निश्चय ही बेजान बनाता है। जैसे कवि एक-एक शब्द को तोलता है, गद्यकार की जरूरत भी इससे कम नहीं है। सतत् प्रवाही लोकभाषाओं ने हर समय ठहरी और अवरुद्ध किताबी भाषा को सड़ांध से निर्बंध किया है। मगर यहां भी कथाकार ने आसान रास्ते ही चुने हैं, उसने क्षेत्रीय या लोकभाषाओं को संवादों और शेष कहानी को स्तरीय भाषा में देकर सिर्फ दोनों को समानान्तर रख दिया है। इन दोनों के घुलने-मिलने से भाषा के रूप क्या होंगे, इस तरह के प्रयोग बहुत कम हैं।

मुझे कहानी में बड़े और महत्वपूर्ण प्रश्नों की कमी नहीं, खुद आदमी की यह अनुपस्थिति परेशान करती है। जब सिद्धांत हावी होते हैं तो आदमी गायब हो जाता है और आप मरते हुए आदमी की यातना को, 'मरने वाले आदमी' के अभिनय-सिद्धान्त पर फेल कर देते हैं।

('हंस', फरवरी, 1992)

'कोल्ड टैक्स्ट' का सौन्दर्यशास्त्र

कोई भी वैचारिक मुद्दा या तो बहस लायक होता है या नहीं होता। मगर मित्र लेखकों में एक अजीब प्रवृत्ति दिखायी देती है—लगभग दयनीयता की हद तक। वे या तो सवाल उठाने वाले की जन्मपत्री बांचने लगते हैं या प्रश्न की परिभाषाओं में ही अपना बौद्धिक कमाल दिखाते हैं। काशीनाथ के 'देख तमाशा लकड़ी का' के बहाने जब मैंने आर्ष-भाषा और लोकभाषा के आपसी रिश्ते को समझने के लिए, उस पर एक बुद्धिजीवी की तरह विचार करने का आमंत्रण दिया तो कुछ मित्रों ने प्रत्याक्रमण को ही 'जवाब देना' समझा (अगर 'लोकभाषा' यानी 'गालियों' से आपको इतना ही मोह है तो अपने घर में क्यों नहीं बोलते?) मेरा आग्रह था कि भाषा को लेकर पारिवारिक किस्म के आत्मसंतोष की बजाय गहराई से विचार इस पर किया जाना चाहिए कि क्या अन्य उपकरणों की तरह भाषा भी छोड़ी और ग्रहण की जाने वाली चीज है या स्वयं जीवनपद्धति और—अस्तित्व की अभिव्यक्ति है? सवाल दो प्रकार की भाषाओं से आगे बढ़कर संभ्रांत और लोक के आपसी रिश्तों का है, उन्हें लेकर अपनी या समाज की मानसिकताओं के विश्लेषण का है। करोड़ों लोगों के 'अस्तित्व की अभिव्यक्ति' भाषा को जब हम 'पाखाना-पेशाब-संभोग' जैसे निजी कर्मों को सार्वजनिक रूप से पेश करने के तर्क के रूप में बदल देते हैं तो हमारी कौन-सी ज़हनियत प्रकट होती है? एक विशेष वर्ग (चाहे इसमें हम स्वयं भी क्यों न शामिल हों) के इस अहंकार की गहरी पड़ताल क्यों बुद्धिजीवी की चिंता का विषय नहीं होना चाहिए?

केंद्रीय प्रश्न से कतरा जाने की यह मनोवृत्ति 'दूर बैठे का दुख' को लेकर भी आयी थी। इसे पुनर्प्रस्तुत करने के पीछे अशोक वाजपेयी का कच्चा-चिट्ठा प्रस्तुत करना नहीं था, न ही उनके 'काले कारनामों' का उद्घाटन। मुझे लगा उन्होंने कुछ ऐसे सवाल या आक्षेप पेश किये हैं जिन पर अपनी विधा के हित में विचार किया जाना जरूरी है। प्रसन्नता है कि अशोक वाजपेयी, उनकी अदाएं, राजनीति, भारत-भवन, अफसर, उनके द्वारा की गयी साहित्यिक नृशंसताएं इत्यादि-इत्यादि के ब्यौरों के संपादन के बाद उनके वक्तव्य के कुछ अंतर्विरोधों पर खुलकर बात हुई और कथा-समीक्षा के कुछ जरूरी सवालों को निथारकर सामने लाया जा सका।

हालांकि मुझे लगता है कुछ जरूरी बातें छूट गयी हैं : अगर कविता बनाम कहानी को सवाल की तरह पेश किया जाना जरूरी है तो विचार इस पर भी होना चाहिए कि दोनों की आस्वाद-प्रक्रियाएं क्या एक ही हैं या अलग-अलग? कथा-संवेदना और काव्य-संवेदनाएं आपस में विरोधी हैं या उनमें कोई गुणात्मक अंतर भी है? क्या कहानी को भी सीधे जीवन-संदर्भों से काटकर देखा जा सकता है? कहानी में अमूर्तन विषय-वस्तु में होता है या कथ्य और संप्रेषण में? कविता के संवेदन-बिंबों की तरह क्या कहानी के अनुभव-बिंबों का एकमात्र स्रोत, संदर्भ और विस्तार सिर्फ रचनाकार ही बना रह सकता है और उसे अपने को पात्रों में प्रक्षेपित करने, बांटने या समो देने की जरूरत नहीं रहती? जीवन—वह भी सिर्फ निजी जीवन से उठाये गये बिंबों को अपने मन के 'लैब' में लाकर कवि जिस तरह रासायनिक ट्रीटमेंट करता है, क्या कहानी में भी वही संभव है? अगर है, तो फिर उस गतिशीलता का क्या होगा जो फ्रीज़ किये हुए पात्रों को आपस में और अपने समय और समाज से जोड़ने का दूसरा नाम है? कहानीकार क्या बिना पात्रों और उनके आपसी संबंधों के काम चला सकता है? अगर पात्र हैं तो क्या उन्हें देश-काल से काटकर रुंड-मुंड संज्ञाओं में बदलकर (वैश्विक प्रश्नों) से जूझा जा सकता है? माना कि हर कथा अपने आप में मूलतः रूपक, प्रतीक या दृष्टांत कथा ही है, मगर अपने उपकरणों के लिए वह जिस किस्से या यथार्थ का उपयोग करती है, उसकी अपनी प्रामाणिकता और विश्वसनीयता का दायरा क्या है? अगर यथार्थ इतना ही ऊपरी 'डिस्पैंसेबिल' (जिसे आसानी से छोड़ा जा सके) या 'मैनेजेबिल' है तो क्यों नहीं (बिना हास्यास्पद या एब्सर्ड हुए) राम की कथा को आधुनिक ड्राइंगरूम या वेशभूषा में उन्हीं दोहे-चौपाइयों में कहा जा सकता, क्यों यथार्थ का भ्रम और तार्किकता देने के लिए काशाय-कोपीन जरूरी लगते हैं? मूलतः आज की कवि-मानसिकता को ये सवाल इसलिए जरूरी नहीं लगते कि वहां रचना का तीसरा और जीवंत आयाम, यानी समाज या पाठक उसी आग्रहशीलता या एसर्टिव ढंग से उपस्थित नहीं होता। मुझे लगता है कि कुछ कवि-कुंठ विचारक कहानी को भी आज की कविता के उसी दुश्चक्र में डाल देना चाहते हैं, जहां बस रचना हो और उसका व्याख्याकार आलोचक—स्वतंत्र रूप से पढ़कर 'रस' लेने वाला कोई न हो...राजी सेठ जैसे कथाकार एक तरफ तो रंजकता, पठनीयता की पुरानी किस्सागोई की संदर्भवत्ता से मुक्त होना चाहते हैं तो दूसरी ओर 'सरिता' के पाठकों से घिरे होने की विडंबना और रचनाकार के अकेले पड़ जाने पर दुखी हैं। मुझे लगता है अध्यात्म एकायामी, आज की कविता द्विआयामी (कवि-आलोचक का आपसी संवाद) और कहानी त्रि-आयामी विधा हैं। कहानी को मनुष्य से शुरू होकर नाम रूपधारी ठोस मनुष्य तक (मनुष्य के आइडिया तक नहीं) व्यक्त अनुभव के माध्यम से आना ही होता है।

आश्चर्य है कि अशोक जैसा कवि-अंतर्दृष्टि वाला—समीक्षक कैसे आसानी से

आज की कविता की परंपरा को सिर्फ इसलिए हजार सालों की बता पाया कि कहानी की उम्र सौ साल घोषित करनी थी? वे जिस कविता की बात करते हैं, उसकी उम्र तो हिंदी में साठ-सत्तर साल भी नहीं है—हां मैथिलीशरण गुप्त, हरिऔध या पहले के केशव, बिहारी को वे इसी परंपरा में शामिल कर रहे हों तो बात दूसरी है। उनसे पहले तो सारी पद्य-कथाएं या काव्योपन्यास हैं, सारा रस-सिद्धांत नाटकों के संदर्भ में है जो अपने आप में अभिनेय-कथाओं का दूसरा नाम है! हजार साल की किस इकलौती काव्य परंपरा की बात करते हैं अशोक? व्याकरण, शब्द शक्तियों, रीतियों या दूसरे लक्षण-शास्त्रों की? मगर वे सब उनकी अभिप्रेत कविताओं में कहां हैं? या कहां उन्हें समझने ओर खोलने में सहायक हैं? वे स्वयं अपनी कविताओं को रस-सिद्धान्त और काव्यशास्त्र की उन कसौटियों पर परखे जाना पसंद करेंगे? मुझे लगता है (गलत भी हो सकता है) कि आज की कविता का मूल पुराने शास्त्र नहीं, आज के समय की संवेदना है और उसी के स्वरूप, स्रोत और परिणतियों को समझने की जरूरत है। वही कहानी और कविता को अपनी विशिष्ट प्रकृति में देखने या खोलने में सहायक होगी...रस-निष्पत्ति का इकहरा नीरंध्र और 'मोनोलिथिक' स्वरूप आज के बंटे, खंडित, जटिल और अनेक स्तरों पर जीने वाले सहृदय के लिए लगभग अप्रासंगिक है। कोई भी समाज कभी द्वंद्वहीन नहीं होता, मगर पुराना सारा काव्यशास्त्र या रस-सिद्धांत उन फुरसती, स्थिरमना, द्विविधाहीन और अपनी स्थिति या हैसियत को लेकर सुरक्षित और संरक्षित प्रभु-वर्ग का मनोविनोद था, जो एक समय में एक ही रस को भरपूर जी सकते थे; निर्विकल्प-समाधि या तुरीयावस्था में बने रह सकते थे। आज के बंटे, टूटे, कुंठित, खंडित व्यक्तित्व वाले शंकाग्रस्त और अनेक अंतर्विरोधों में एक ही समय सांस लेने वाले कवि या पाठक के लिए वह शास्त्र क्या कहीं भी कोई दिशा-निर्देश देता है? उन्हें उस पुराने रस-स्वर्ग या निर्विकल्प समाधि का 'दर्शन' करा सकता है? या हम अपने पुराने काव्य बोध से आज की कविता को समझ सकते हैं? वस्तुतः जिन स्रोतों से हमने आज अपना सारा साहित्य-बोध लिया है, उनके साथ अपने रिश्तों को समझने की शुरुआत ही अपनी आज की कहानी को समझने में सहायक होगी...

जिसे हम आज कहानी (या कविता भी) कहते हैं, वह या उसे रचने-समझने का शास्त्र हमारा अपना उत्पादन नहीं था—वह बाहर से लाकर हमारे सामने परोसा गया था। साम्राज्यवादी व्यवस्था में अपने लोगों के लिए मनोरंजन या जरूरत की ऐसी हजारों चीजें 'होम' से भेजी जाती थीं और उनमें कहानियां, कविताएं या विचार भी थे। हमें उनके 'स्वाद' का अभ्यस्त बनाया जा रहा था। उन्हें स्वीकार या अस्वीकार करने के पीछे कौन-सी कुंठाएं, प्रतिस्पर्धाएं या दबाव थे, उनमें जाने का समय नहीं है, सिर्फ इतना जानना काफी है कि उन्हीं की तर्ज पर तैयार किये गये अपने स्तरहीन भौंडे और नकली उत्पादनों के मुकाबले, मूलस्रोत से आये असली उत्पादन अधिक

प्रामाणिक और मानक थे। वे ही शासक-वर्ग में हमारे 'शामिल होने' के प्रमाण-पत्र थे। इसी क्रम में जो साहित्य (मेरा मतलब यहां कहानी से है) हमें मिल रहा था—वह 'फ्रोज़न-मीट' की तरह 'कोल्ड टैक्स्ट' के रूप में था, उनका परिवेश, रहन-सहन, आपसी संबंध, साहित्य के साथ उनके संवाद इत्यादि कुछ ऐसी बातें थीं जिनकी सारी जानकारी हमें मुख्यतः उन्हीं रचनाओं से मिलती थी। यानी उन रचनाओं को पढ़ने, समझने और उनमें रस लेने की प्रक्रिया में ही हम उनके पाठक या प्रशंसक बन रहे थे। अपनी संस्कृति और संस्कारों से लगभग अपरिचित दूर बैठे लोगों की वह ऐसी दुनिया थी जिसमें न हम प्रवेश पा सकते थे, न अपने-आपको वहां प्रक्षेपित। हमारे हिस्से थी जानकारी या चमत्कृत होने की मनस्थिति। यह संवादहीन, इकतरफा साहित्य हमारे भीतर न कोई स्मृति जगाता था, न बिंब; मानसिक रूप से वह हमें अपनी जड़ों या जड़ता से उखड़ने को तो उत्प्रेरित करता था, मगर अपना और अपनी दुनिया का हिस्सा नहीं बना सकता था। चूंकि सब मिलाकर वह अपनी आबहवा, खेत-मैदानों और लोगों के बीच उगा हुआ साहित्य नहीं था, इसलिए वह हमारे अंतस्तल के भीतरी तारों को झनझनाने की बजाय एक विचित्र या विकृति किस्म का उच्छिन्न 'साहित्य-बोध' पैदा कर रहा था। दिक्कत कविता में उतनी नहीं थी जितनी कहानी में। कविता में निराकार और अमूर्त बिंबों के खाली स्पेस को हम अपने बिबों, स्मृतिचित्रों या स्वप्नों से भरते रह सकते थे और उनका 'भरपूर आस्वादन' कर सकते थे, लेकिन कहानी में तो ठोस व्यक्ति थे, उनके भौतिक देश-काल थे, समाज और सामाजिक संबंध थे—वहां उस तरह का सीधा 'साधारणीकरण' लगभग असंभव था. ..कविता के मुकाबले उस कहानी को अपनी चेतना का हिस्सा बनाने में लंबे समय और ज्यादा घनिष्ठ सामाजिक अंतर्क्रियाओं की जरूरत थी। शायद इसीलिए कविता जिस आसानी से उस बाहरी मुहावरे से जुड़ गयी, कहानी और चित्रकला नहीं जुड़ पायी—वहां प्रभाव (या नकल) ज्यादा मुखर होते गये, क्योंकि कथ्य, टैकनीक, स्वरूप सभी कुछ उन जैसा होने लगता था। हमारे अपने लोगों को लेकर जो कुछ था वह या तो थे विदेशियों द्वारा राजा-नवाबों के चित्र, नेटिव लेंडस्केप, लाइफ, घटनाओं के स्कैच या किप्लिंग, साकी जैसों की कहानियां, शायद कविता- जगत को भी उन 'हमलों' से गुजरना पड़ा हो।

किताब के पन्नों के बीच रखा हुआ फूल या तोड़कर कहीं से लाया गया 'बौर'—ठीक वही नहीं होता जो उनके अपने परिवेश में रहते हुए पल्लवित-पुष्पित होता है। हम जिन कहानियों को पढ़कर परिष्कृत, सुसंस्कृत या बहुपठित हो रहे थे, वे उनके अपने किसी देश-काल की उपज थीं, अपनी आबहवा में, अपने लोगों से संवाद और अंतर्क्रियाओं में उनका विकास हुआ था। कुछ जीवित लोगों की छायाएं उनमें थीं और कुछ जीवित लोगों ने अपने को उनमें पाया था। हर कथा-रचना प्रकृतिशः अपने समय-समाज से एक जिरह और संवाद होती है, इसलिए हर नई

रचना वहां एक 'घटना' होती थी, हलचल और प्रतिक्रिया जगाती थी, चाहे 'सॉरो ऑफ यंग वर्टेर' (गेटे) हो या 'डेविड कॉपरफील्ड' और 'लेडी चैटर्लीज लवर', 'फादर एण्ड सन्स' (तुर्गनेव) हो या गोर्की की 'मदर'। वहां उन किताबों पर गोष्ठियां होती थीं। बहसें और प्रदर्शन होते थे, प्रतिबंध और पेशियां लगायी जाती थीं। हमारे यहां ऐसी प्रतिक्रिया शायद 'देवदास', 'शेष-प्रश्न', 'चंद्रकांता संतति', 'चित्रलेखा', 'सुनीता', 'दादा कामरेड' जैसी कुछ रचनाओं को लेकर ही हुई। रचनाओं को लेकर ऐसी क्रिया-प्रतिक्रियाओं का स्वरूप फ्रांस और रूस में सबसे ज्यादा जीवंत था। मगर वह सब हम तक आता था एक 'ठंडे पाठ' के रूप में...हम तो उनकी 'कला' और सौंदर्यशास्त्र को ही कातते-बुनते रहे। जीवंत लोगों की जीवंत संवेदनाएं हम ले नहीं सकते थे और अपने को वहां 'भर' नहीं सकते थे। बाद में भी जिन पास्तरनाक, येव्तुशेंको, वाजेन्सेन्स्की जैसों की कविताएं हमें झकझोर रही थीं, उनके बारे में हम यह भूल जाते थे कि वे उनके अपने समाज से निरंतर चलने वाली अंतर्क्रियाओं के रूप में उगी थीं। दसियों हजार लोग उन्हें सुनते और उद्वेलित होते थे, पचास-पचास हजार के संस्करण सात-सात दिनों में समाप्त हो जाते थे, मगर हमारे लिए वह सिर्फ कला थी—एक ऐसी बौद्धिक प्रमेय जिसे हमें खुद ही हल करना था और अपनी ऊंचाई पर खुद ही अपनी पीठ ठोंकनी थी....अपने यहां की 'भोंडी समझ' और संवादहीनता से कुंठित और क्षुब्ध होकर हमने पाठक को ही काटने का सिद्धान्त गढ़ डाला था—यानी नारा दिया कि लोकप्रिय होना अनिवार्यतः असाहित्यिक होना है...नतीजतन हम रचनाओं में बोंसाई वृक्षों के कौतुक प्रयोग ही करते रहे।

"क्रान्ति की तरह ही रचनात्मकता का निर्यात नहीं किया जा सकता" मुहावरे के पीछे आग्रह सिर्फ यही है कि कथाकार की संवेदनाएं, संस्कार, मिजाज, तेवर सिर्फ और सिर्फ अपने ही समाज के होते हैं—इनके बिना जो चीज हम तक आती है वह है कला, तकनीक या शास्त्र। और सिर्फ़ इन्हें ही पकड़ें तो हम जिंदगी-भर मणि कौल या कुमार शाहनी की तरह विश्वस्तरीयता के झूठ को जीते हुए दूसरे (डुप्लिकेट) ब्रेसों, गोदार्द बनने के शीर्षासन ही करते रह जायेंगे। जब उन्होंने कहा कि संकलन-त्रय कला की जान है तो अपनी रचनाओं में हम वही करते रहे, फिर वहां शोर मचा इन सबको तोड़ो और बिखराओ तो हमने वह शुरू कर दिया—चाहे वे 'कन्स्ट्रक्शन' करें, या 'डि-कंस्ट्रक्शन' हमारी बौद्धिक उपलब्धि सिर्फ इतनी है कि हम उनके दिये को अपने यहां लागू करते रहें...उसी बौद्धिक आतंकवादी की तरह आज अशोक कहानी से वह सब मांग रहे हैं जो उनके हिसाब से कविता में है। कल चित्रकला और संगीत की दुनिया से आकर साहित्य के कंधों पर सवार कोई बेताल प्रश्न करेगा कि "राजन, कविता, चित्रकला की तरह प्रयोगधर्मा क्यों नहीं हो पाती या संगीत की उन लोकोत्तर वैश्विक अनुभूतियों में क्यों नहीं ले जा पाती.....वह अभी तक इतनी 'प्रिमिटिव' क्यों है? क्यों शब्दों से ही बंधे रहने को आग्रहशील है।"

'ठंडे पाठ' की प्रकृति है कि वह व्यक्ति (लेखक) से उद्गमित होकर व्यक्ति (पाठक) तक पहुंचता है—परिणामतः हमें अभ्यस्त या कंडीशण्ड कर देता है कि हम रचना को संदर्भ-निरपेक्षता में ग्रहण करें। शायद यही कारण है कि प्रकट रूप में समूह या टीम द्वारा प्रस्तुत और समूह को संबोधित नाटक, फिल्म या टी.वी. प्रोग्राम आज के कथाकार के आसन को डगमगा देते हैं—यानी गंभीर कहानी का लेखक और पाठक इन विधाओं को—चाहे वे कितनी भी कलात्मक क्यों न हों, अपने से कुछ दर्जे नीचे मानता है।

वस्तुतः कहानी को जब तक 'कोल्ड-टैक्स्ट' की तरह लिया जाता रहेगा, वह कलात्मक या सौन्दर्यशास्त्रीय कसौटियों पर निर्दोष चाहे जितनी उतरती रहे, न वह भीतर कहीं कुछ बदलेगी, न बाहर... संवादहीन, अकेले और अभिशप्त द्वीप में होने का बौद्धिक संतोष भले ही देती रहे...कभी-कभी शंका यह भी होती है कि कहीं किसी गहरी असफलता और निरर्थकता बोध से ही तो दूसरों को असंस्कारी सिद्ध करने की सारी बौद्धिक बड़बोली तार्किकता जन्म नहीं लेती? मेरे लिए कहानी पर इस तरह सोचना एक तरह का आत्ममंथन ज्यादा है, सैद्धांतिक बहस कम। 'वहां तक पहुंचने की दौड़' की बौद्धिक घुटन से बाहर निकलकर खुले में सांस लेने की छटपटाहट ही अपने को निर्ममता से जांचने और अस्वीकार करने का दबाव पैदा करती है....बंगालियों और बंगला कथा-साहित्य के प्रति अपने सारे पूर्वाग्रहों के बावजूद कभी-कभी मैं गंभीरता से सोचता हूं कि क्या बुद्धिजीवी कथाकार सिर्फ हिन्दी की ही बपौती है, कहीं और किसी भाषा में बुद्धिजीवी हैं ही नहीं? रवीन्द्रनाथ लिखें या सत्यजित रे, बुद्धदेव बसु लिखें या जगदीश बसु, नीहार रंजन रे लिखें या पुराने पुरातत्ववेत्ता राखाल चंद्र और आज के वैज्ञानिक नार्लीकर, उनके कथा-साहित्य में पठनीयता भी है और किस्सागोई भी। वहां हम आश्वस्त होते हैं कि लेखक किसी भी क्षेत्र की कितनी ही बड़ी तोप क्यों न हो, अगर हम उसकी कहानी पढ़ने जा रहे हैं तो वह सबसे पहले एक रोचक बांधनेवाली, पठनीय कहानी जरूर होगी और अंत तक पढ़वाने की प्रक्रिया में ही अपना संदेश हम तक पहुंचायेगी...

यहां हमें एक और तथ्य को भी नहीं भूलना चाहिए—सारी दुनिया में कथा-समीक्षा क्यों उस तरह विकसित नहीं हुई जैसी काव्य-समीक्षा? क्यों कथा-समीक्षा अनिवार्यतः समाज-समीक्षा की सरहदों को छूती रही है? वहां क्यों स्वयं रचना ही अपना मानक या उत्स नहीं बन पाती, क्यों बार-बार जीवनानुभवों की पड़ताल में जाना पड़ता है? सिर्फ कला-पक्ष और भाषायी पड़ताल कभी भी कथा-समीक्षा की सीमाएं नहीं रहीं। यह रीतिकाल मुख्यतः कविता की समीक्षा पर ही हावी रहा। बिना गहरी सामाजिक और राजनैतिक विश्लेषण दृष्टिवाली कथा-समीक्षाएं किन लोगों ने लिखी हैं—यह याद करने में समय लगेगा। लगता है कहानी संबंधी अपनी अवधारणा को अब हमें नये सिरे से जांचने और समझने की जरूरत है, सिर्फ अपने संदर्भों

में। मगर मजाक न समझा जाये तो मैं कहूंगा कि हम सबको चुनौती की तरह एक बंधन अपने ऊपर लगाना चाहिए कि सौ-पचास कहानियां बच्चों और किशोरों के लिए जरूर लिखेंगे, उनकी कार्यशालाओं में शिरकत करेंगे। हो सकता है हमें और हमारी सनसनाती बौद्धिक ऊंचाइयों को यह सुझाव बेहद अपमानजनक लगे (अब हमें कहानी-लेखन में घुटनों चलना सिखाने की गुस्ताखी भी सुननी थी?)। मगर मशक्कत और प्रयोग की तरह एक बार इस तरह अपना 'इलाज' करने में बुराई क्या है? आखिर तॉल्सतोय, रवीन्द्रनाथ, प्रेमचंद, सत्यजित रे, सिंगर—किसने बच्चों की कहानियां, उपन्यास नहीं लिखे? बड़े-बड़े खूंखार डिक्टेटरों, शाहंशाहों की मूछें खींचकर बच्चे ही तो कभी-कभी उन्हें 'आदमी' होने के सुख की याद दिलाते हैं। हो सकता है गंभीरता और बौद्धिकता के इस लकवे से बच्चों का जीवंत स्पर्श ही हमें मुक्त करने की शुरुआत करे।

वर्ना हम आदमी और आत्मा की गहरी रासायनिक पड़तालें ही करते रहेंगे—कहानी फुटपाथों पर भीख मांगेगी....या आज की हिंदी कविता की तरह 'फ्री-मैसौनिक' जैसे किसी गुप्त-क्लब की सांस्कृतिक वार्ता होकर रह जायेगी... शायद ऐसे कई सम्प्रदाय हैं जो कहते हैं कि वे हजार सालों से चल रहे हैं। हां, जो उनके सदस्य नहीं हैं या उस ज्ञान में दीक्षित नहीं हैं—वे न तो वहां प्रवेश पा सकते हैं, न उनकी आध्यात्मिक उपलब्धियों के बारे में कुछ जानते-समझते हैं... कविता के 'सौंदर्यशास्त्र' की ये फ्री-मैसौनिक सोसाइटियां कुछ पहुंचे हुए कवियों को ही मुबारक हों, कहानीकारों के लिए तो चेतावनी ही हो सकती है कि 'यह उनका रास्ता नहीं है'....कामना करते हैं कि सारे महाभारत लड़ चुकने के बाद 'उजाड़ भूमियों' से गुजरते हुए, मोक्ष की हिमानी ऊंचाइयां अनासक्त और अशोक-कवियों की आत्मा को ओं शांति दें....

दूर बैठा कोई कवि जब अपनी उम्र हजार साल और कहानीकार की उम्र सौ साल तय करता है तो वह अपने को वैश्विक-स्तर पर और दूसरे को स्थानीयता से बांधने के दुराग्रह का शिकार होता है। सिर्फ कुतर्क की तरह तो यह सवाल भी उठाया जा सकता है कि इधर की कविता क्यों सिर्फ अपनों के बीच ही वाद-विवाद-संवाद का विषय बनी रही, क्यों उसने अपनी सीमाओं का अतिक्रमण करके मनुष्य के पूरे बोध को कभी आंदोलित-रूपांतरित नहीं किया? जिस तरह डैविड-कॉपरफील्ड जैसे उपन्यासों ने इंग्लैंड के बाल-श्रमिकों पर पुनर्विचार की प्रेरणा दी, जेन ऑस्टिन ने सामाजिक आचार-विचार को प्रभावित किया, मेरी ब्लीचर स्टोव के टॉम काका की कुटिया ने लिंकन को आंदोलित किया, तॉल्सतोय ने लेनिन को दृष्टि दी, दोस्तोयेव्स्की ने फ्रॉयड को अपने सिद्धांत निरूपण का आधार दिया या क्राइम एण्ड पनिशमेंट ने अपराध—मनोविज्ञान को समझने के सूत्र दिये, गोर्की की 'मां' ने मजदूर-आन्दोलनों का नेतृत्व किया, ऑर्वेल ने समाज-व्यवस्थाओं पर पुनर्विचार के

लिए दबाव डाले, 'लेडी चटर्ली' ने स्त्री-पुरुष नैतिकता को झकझोरा या अलैक्स हैले ने अमेरिकन-नीग्रो को नयी अस्मिता दी या नवीनतम 'सैटानिक वर्सेज' ने अभिव्यक्ति की स्वतंत्रता का हिंस्र सवाल उठाया—क्या कभी कविता भी उस तरह अपने मुद्रित पन्नों से बाहर आकर बाहरी (या वैश्विक) जीवन का हिस्सा बन पायी? क्यों उसे कुछ लोग सिर्फ वर्ग-पहेलियों की तरह हल करते और अपने ही ज्ञान पर मुग्ध, बौद्धिक (या आध्यात्मिक) संतोष की तरह ग्रहण करते रहे? कहीं ऐसा तो नहीं है कि आज कविता भाषा और शब्दों की ऐसी प्रयोगशाला है जिसकी सार्थकता गद्य को समृद्ध और संपन्न करने में ही रह गयी है?

अंतर्राष्ट्रीयता और उन्मुक्त व्यवस्था का सर्वग्रासी और वैश्विक हमला जब कमजोर देशों को साम्राज्यवादी उपनिवेश बनाने लगता है तो 'स्वदेशी' की जरूरत महसूस होती है—साहित्य में भी.....यानी कुछ लोगों में यह नैतिक दबाव पैदा होता है कि पिछड़े होने का आरोप सहते हुए भी इस वैश्विक षड्यंत्र का हिस्सा बनने से इनकार कर दें, दूसरे शब्दों में सिर्फ ट्रेडर बने रहने के अपमान के खिलाफ आवाज उठायें।

('हंस', जुलाई 1992)

दो अनुशासनों से बंधे 'शतरंज के खिलाड़ी'

जाने कितने कवि हैं जिन्होंने बाख़, बिथोविन या रविशंकर के संगीत सुनकर कविताएं लिखी हैं, चित्रकारों ने चित्र बनाये हैं या चित्रों को देखकर कलाकारों ने कविताएं और संगीत की रचना की है। उन कविताओं और चित्रों में हम बिथोविन की सिंफनी या रविशंकर के राग को नहीं देखते, यह मानकर चलते हैं कि इस संगीत या राग से जिस मनस्थिति और मानसिक माहौल को कवि ने अपने भीतर स्फुरित या उद्दीप्त पाया होगा—कविता उसी की परिणति और अभिव्यक्ति है...एलोरा या खजुराहो के मंदिर से अभिभूत क्षणों में कवि जो कुछ लिखेगा, उसमें वहां की मूर्तियां और मण्डप भी हों ही, ऐसा बिल्कुल नहीं है, लेकिन जब हम किसी स्थापत्य कथा को चित्रों में देखते हैं तो प्रत्याशाएं एकदम अलग होती हैं! या तो हमेशा तुलना सामने रहती है या एक में दूसरे को 'देखने' की प्रवृत्ति। शायद इसका कारण यह है कि दोनों ही अपने रूप और कथ्य में हमारे सामने मूर्त हैं, 'जीवित' ठोस और साकार हैं, एक अमूर्त और दूसरी मूर्त हो या दोनों ही अमूर्त हों तो प्रायः यह तुलना स्थगित रहती हैं। जाने कितने दिग्गज चित्रकारों ने बाईबिल या ग्रीक पुराण-कथाओं पर चित्र बनाये हैं, हमारे यहां पुराण-कथाओं पर मूर्तियां हैं, मगर तुलना वहां अकसर इसीलिए रस-भंग नहीं करती कि उनमें से एक निराकार और अमूर्त होते-होते संस्कार या सांस्कृतिक-मिथक का रूप ले चुकी है, इसलिए दूसरे से हमेशा तुलना न करके स्वतंत्र मूल्यांकन की अपेक्षा रहती है। हुसैन की दुर्गा या रामायण-प्रसंग, कलाकार की मानसिक अभिव्यक्ति के रूप में हमारे सामने है, ठीक वैसे ही जैसे कबीर-सूर-मीरा के भजन गाने के बावजूद किसी उस्ताद गायक का मूल्यांकन उन महान कवियों की रचना के आधार पर नहीं, उसकी अपनी कला के स्वतंत्र मानदंडों के अनुसार किया जाता है। वहां ये 'आधार' किसी भी कलाकार के लिए उसकी अपनी कला की गहराइयों में उतरने के प्रस्थान बिन्दु बनकर रह जाते हैं।

स्पष्ट ही जब दो मूर्त-विधाएं एक ही बिंदु पर मिलती हैं तो न ऐसी छूट ली जा सकती है, न ही तुलना को रोका जा सकता है। मगर यह तुलना उस समय खतरनाक नतीजों की तरफ धकेलने लगती है जब हम यह मानकर चलते हैं कि एक 'असली' है और दूसरी उसकी 'नकल'। दोनों को हम उसी तरह मिलाते हैं

जैसे आदमी का चेहरा और उसका फोटोग्राफ। मान लीजिए, किसी चेहरे को देखकर फोटोग्राफ़र को भेड़िये का खयाल आये और वह वहां भेड़िया बना दे, अब इसे या तो आप 'वह चेहरा' ही मानने से इनकार कर देंगे या फिर कार्टून से अधिक महत्त्व नहीं देंगे। दूसरे शब्दों में कहें कि जहां भी फोटोग्राफर ने 'अपना' कुछ मिलाया, या कारीगरी से हटकर कलाकार होना शुरू किया, वहीं यह दिक्कत सामने आयी और कृति कुछ और ही बनने लगी।

यह दिक्कत सिनेमा और कथा-साहित्य को लेकर बार-बार आयी है, शायद इसके पीछे सदियों से अपनी विधाओं से जुड़े कथाकारों का वह पूर्वग्रह है जहां वे कमउम्र की कला को अपने बराबर का दर्जा देने को तैयार नहीं हैं, यानी फिल्म निर्देशक को फोटोग्राफर से अधिक नहीं मानना चाहते और उसे कलाकार नहीं कारीगर की हैसियत में ही रखना चाहते हैं। असली चीज हूं मैं, और उसे सिर्फ मेरी अनुकृति, मूर्ति या चित्र में हू-ब-हू ऐसी ही तस्वीऱ बना देनी है कि हर कोई कह उठे हां, ये अमुकजी ही हैं और ऐसे सजीव हैं कि अभी ही बोल उठेंगे....जहां ऐसा नहीं है, वहां अनेक असंतोष और शिकायतें हैं।

फिल्म की मजबूरी यह है कि उसे एक बिंब से दूसरे बिंब के बीच संबंध या अन्विति देने के लिए जिन संदर्भों का सहारा लेना पड़ता है उसे कथा कहते हैं। यानी बार-बार कथाकार की शरण में आना ही उसकी नियति है—चाहे वह किसी जाने-अनजाने लेखक की कथा हो या खुद निर्देशक के अपने कथाकार की। मगर जब-जब निर्देशक ने किसी जानी-मानी कथा को अपना आधार बनाया है, वहीं असंतोष और शिकायतें सामने आयी हैं, क्योंकि हमने साग्रह अपने परिचित उपन्यास-कहानी को हू-ब-हू स्क्रीन पर देखना चाहा है। हाथ लगा है विक्षोभ, आक्रोश या अधूरा संतोष। अनेक बार मुझसे और मन्नू से पूछा गया है कि क्या हमें 'सारा आकाश' और 'यही सच है' (रजनीगंधा) के फिल्म-रूपों से संतोष है? स्पष्ट ही उन कहानियों में जो बात है वह फिल्मों में नहीं है। ठीक यही सवाल उठाया जा रहा है प्रेमचंद की कहानी 'शतरंज के खिलाड़ी' और इसी नाम से सत्यजित रे की फिल्म पर। वहां भी शिकायतें ठीक यही हैं कि कहानी के साथ न्याय नहीं किया गया या वह कहानी फिल्म में नहीं है।

जब हम इस तरह की तुलना करते हैं तो एक बात भूल जाते हैं : किसी ने उपन्यास को 'जेबी-सिनेमा' का नाम दिया था। पढ़ते हुए हमारे पास व्यक्तिगत कल्पनाएं और अनुभूति होती है : हम उपन्यास-कहानी के पात्रों, स्थितियों के बहाने एकांत में अपने ही किसी अनुभव खंड का आविष्कार या पुनरान्वेषण करते हैं—अपनी जानकारी और स्मृतियों के हिसाब से स्थितियों और पात्रों को रूप-रंग देते हैं, यही नहीं बीच-बीच में उन्हे बदलते और परिवर्द्धित, संशोधित भी करते जाते हैं, जबकि फिल्म सामूहिक अनुभव को संबोधित है, वहां हर चीज़ मूर्त बिंबों के रूप में गहरे

संकेतों को व्यंजित ही कर सकती है—उन्हें आप अपने मन और मूड के अनुरूप बदलते नहीं रह सकते। वह नाटक की तरह लगभग संपूर्ण ऐंद्रिय-बोध से हम तक पहुंचती है—प्रथमतः और मूलतः चाक्षुष (विजुअल) माध्यम है और इस प्रभविष्णुता के लिए वह विकसिततम टैक्नोलोजी और कलाओं का सहारा लेती है।

और यहां यह मान लेने में आपत्ति नहीं होनी चाहिए कि अपनी कला में सत्यजित रे उतने ही बड़े कलाकार हैं जितने साहित्य में शरत्चंद्र या प्रेमचंद। कुछ प्रयासों और प्रयोगों में सफल-असफल हो जाना किसी भी कलाकार को छोटा नहीं बनाता; क्योंकि असली चीज़ है सरोकार और अपनी कला के लिए प्रतिबद्धता। इस प्रतिबद्धता के बावजूद, यानी उसे सुरक्षित रखते हुए प्रेमचंद ने भी 'रंगभूमि' जैसे उपन्यासों को अधिक समय तक धारावाहिक रूप से चलाये रखने के लिए पानी मिलाया है, हो सकता है, उतना समझौता रे ने भी बाज़ार के साथ किया हो, मगर कलाकार का एकमात्र और मुख्य सरोकार उनकी अभिव्यक्ति ही है। इसलिए रे के लिए प्रेमचंद की कहानी एक मॉडल या प्रस्थान बिंदु से अधिक कुछ नहीं हो सकती। कारीगर मॉडल की नकल करता है, कलाकार उसकी रूपरेखा में अपने अर्थ, कोण और व्याख्या देता है : यानी सीमाओं के भीतर 'छूट' लेता है। उसकी आलोचना सिर्फ इसी आधार पर की जा सकती है कि यह छूट उसने किन दबावों या लिहाजों के तहत ली है—व्यावसायिकता, खुशामद, भय या तत्काल मान्यता के लिए 'छूट' लेना और कथ्य, अनुभव या कला के दबाव, अर्थ देने की बेचैनी, सार्थक कोण की तलाश या उस सबको अपनी दृष्टि से व्याख्या देने की चिंता के लिए छूट लेना—दो अलग बातें हैं। कलाकार की अपनी निष्ठा इंटेग्रिटी या स्वयं रचना ही इसका प्रमाण हो सकती है। अगर रे ने 'शतरंज के खिलाड़ी' में छूटें ली हैं तो किसी व्यावसायिकता या कला-इतर लिहाज के कारण उतनी नहीं, जितनी अपनी ही समझ और कला-मानसिकता के कारण (हालांकि आरोप ये भी हैं कि रे के सामने विदेशी-बाजार रहता है)। बहरहाल उनकी इन छूटों का विश्लेषण स्वतंत्र कला के रूप में किया जाना चाहिए। किसी निर्देशक को मूल कहानी में कितनी छूट लेनी या देनी चाहिए, यह सवाल उठाना सिर्फ़ उसी समय प्रासंगिक होता है जब इस छूट के पीछे प्रेरणा व्यावसायिक या स्वीकृति पाने की होती है...

कथाकार की श्रेष्ठता दिखाने के लिए अक्सर यह भी शिकायत की जाती है कि अमुक निर्देशक ने कथा को समझा ही नहीं है या जो बात कहानी में है वह फिल्म में नहीं आ पायी है, इसके पीछे वही मूल और अनुकृत की तुलना—मनोवृत्ति है। हां, यह तुलना उस समय किसी हद तक सही हो सकती है जब कथाकार और निर्देशक दो विरोधी संवेदना-ध्रुवों से बोलते हों। राकेश की कहानी 'उसकी रोटी' एक प्रबुद्ध सामाजिक दृष्टि की कहानी है जो औरत की स्थिति और हैसियत को सामाजिक संदर्भों में उजागर करती है : जबकि मणि कौल की 'उसकी रोटी' एक

निहायत ही व्यक्तिगत, दिशाहीन, घुटन की फिल्म है, जिसके पीछे यह बचकानी समझ भी है कि ज़िन्दगी की गतिहीनता और एकरसता—रचना की गतिहीनता और एकरसता का पर्याय है। ठीक यही ट्रेजिडी निर्मल की 'मायादर्पण' की है, मगर वहां दोनों का चुनाव सही है...

प्रेमचंद की कहानी के सामानांतर सत्यजित रे की इस फ़िल्म को एक स्वतंत्र कृति के रूप में समझने के दौरान ही फ़िल्म और कथाकार के रिश्ते के कुछ मुद्दे सामने आ सकेंगे। निस्संदेह रे के साथ भारतीय सिनेमा का व्यक्तित्व एक स्वतंत्र कला के रूप में उभरता है और किसी निर्देशक की अपनी कृति के रूप में हम उसकी पहचान करते हैं, उनसे पहले फिल्मों को कुछ कम्पनियों या मंडलियों के नाम के साथ पहचाना जाता था या फिर उनका स्तर तय होता था। कुछ अभिनेताओं की अभिनय-क्षमता के साथ डायरैक्टर की स्थिति वहां संयोजक या व्यवस्थापक से अधिक नहीं थी। आज भी हिंदी में दर्जनों फिल्में बनती हैं, जहां निर्देशक कुछ अभिनेताओं, संगीतकारों या रंग-बिरंगे कथा-स्थलों को नाटकीय भड़कीले ढंग से संयोजित मात्र कर देता है। सत्यजित रे पहले व्यक्ति हैं जिन्होंने अपनी बात कहने के लिए इन सारे उपकरणों को ठीक उसी तरह इस्तेमाल किया जैसे हम कागज-कलम, पात्र-स्थितियों का करते हैं—यानी संपूर्ण फिल्म को व्यक्तिगत कला-अभिव्यक्ति बनाया। इसलिए उनका अपना या उनकी कृतियों का मूल्यांकन ठीक उसी तरह किया जाना चाहिए जैसे एक स्वतंत्र कलाकार या कला-कृति का किया जाता है।

'जलसाघर' से ही रे के मन में सामंती जीवन के प्रति मोह रहा है। वहां उन्होंने सारे वैभव को फ़ानूस के माध्यम से व्यक्त किया था तो यहां सिंहासन के प्रतीक से। यह उनकी सुरुचि और कला-संस्कार हैं कि उन्होंने अपनी बात कहने के लिए अधिकांशतः प्रसिद्ध कथाकारों और कृतियों को चुना—ठीक उसी तरह जैसे कलानिष्ठ गायक अपनी कला के अनेक आयामी, अन्वेषकीय विस्तार के लिए प्रसिद्ध कवियों की कविता चुनते हैं, शायद वहां अनेक स्तरीय अन्वेषण की गुंजायश रहती है। इस बार चुनी उन्होंने प्रेमचंद की कहानी 'शतरंज के खिलाड़ी'...शायद बचपन से मन में बैठे अपने लखनऊ को फिर खोजने की प्रेरणा से...वाजिदअली शाह के समय में विघटित सामंतवाद इस कदर विलास-ऐयाशी में डूबा था कि फ़कीरों को पैसे मिलते तो वे रोटियां न लेकर अफीम खाते या मदक पीते.....मीर और मिरज़ा के लिए पारिवारिक और सामाजिक या राजनैतिक जीवन से अधिक महत्वपूर्ण था यह निष्क्रिय उत्तेजना का शतरंजी-क्षण। वे उसी उत्तेजना के लिए जीते या मरते थे...लड़े-मरे भी वे राजा या राज्य के लिए नहीं, शतरंज के बेजान मोहरों के लिए....भयावह वर्तमान से कटे होने के अपराध-बोध ने उन्हें झूठी और नकली लड़ाइयों में धकेल दिया था ...कहना न होगा कि 'कफ़न' और 'पूस की रात' के कथ्य भी करीब यही हैं... फर्क यही है कि वहां घीसू, माधव, हल्कू जैसे थककर हारे और टूटे हुए लोग हैं,

जबकि यहां मिरज़ा और मीर ने कभी संघर्ष देखा ही नहीं।

कहानी के इसी ढांचे या मोटी रूपरेखा को रे इस्तेमाल करते हैं अपनी बात कहने के लिए। सबसे पहली और प्रमुख बात तो यह कि वे शतरंज को प्रतीक में/ही नहीं बदलते, इस बिसात को उठाकर तत्कालीन संपूर्ण जीवन पर फैला देते हैं। मीर और मिरज़ा के बीच चलने वाली शतरंज तो बहुत छोटी चीज है असली शतरंज है ईस्टइंडिया कंपनी और राजा-नवाबों के बीच चलने वाली चालों में...प्यादा दो घर की छलांगें लगाता है और शुरू की चालें तेज होती हैं—क्योंकि असली मुद्दे और मोर्चे तक पहुंचने के लिए समय बरबाद करने को उसके पास समय या तकल्लुफ़ नहीं है। दूसरी तरफ़ वज़ीर की जगह बैठी है क्वीन...मलिका...जनरल औट्राम नाम का प्यादा लखनऊ तक चला आया है और राजा के 'घर' आते ही खुद राजा बन बैठा है। एक पक्ष के ज़नानखाने में जाते ही मीर और मिरज़ा तो बेइमानी से मोहरे बदलते ही हैं, ईस्टइंडिया कंपनी भी यही करती है। अपने इक़रार और अनुबंध तोड़ती है, कहीं बिशप (ऊंट) की जगह कासिल (हाथी) रखती है; कही पॉन (प्यादे) की जगह नाइट (घोड़ा), फिर बदअमनी, अव्यवस्था और अयोग्यता के आरोप मढ़कर राजा-नवाबों को गद्दी से उतारती-चढ़ाती है। और यह खेल, बंगाल-अवध से लेकर दिल्ली, झांसी सभी जगह चल रहा है। आज तक चल रहा है, सिर्फ मोहरे और बिसातें बदली हैं—रोज़ राष्ट्रपति शासन लागू होता है, रोज़ मुख्यमंत्री बदले जाते हैं, प्यादे वज़ीर बन जाते हैं और बड़े-बड़े हाथी अर्दब में डाल दिये जाते हैं—बड़ा पुराना खेल है, राजा रामचंद्र के जमाने का, इसीलिए नारा रामराज्य का है। मीर-मिरज़ा के जिन हाथों ने कभी हथियार नहीं उठाये, वे उलटे-सीधे ढंग से एक-दूसरे पर तमंचे तानकर फिर से बाज़ी बिछा लेते हैं—एक-दूसरे को घटिया, कमज़र्फ और बेईमान समझने वाले; उसी तल्लीनता से शतरंज खेल रहे हैं, बाक़ी लोग या तो भाग गये हैं या इन्हीं शतरंजी दांव-पेंचों में उलझे हैं—और नयी पीढ़ी अकेली छूट गयी है, कभी उस निहायत ख़फ़ीफ और संक्षिप्त-सी 'फौज' को देखती है जो लखनऊ पर कब्ज़ा करने जा रही है, (घटिया और बाजारू डायरेक्टर यहां 26 जनवरी की पूरी परेड दिखा सकता था) और कभी दीन-दुनिया को भूलकर 'शह और किस्त' मे डूबे इन खिलाड़ियों को ... उसका काम है सिर्फ इनकी सेवा करना, खाना लाकर देना और इनकी चिलम भरना...दिग्भ्रांत और दिग्भ्रमित यह नयी पीढ़ी सचमुच विमूढ़ और कन्फ्यूज्ड है और अपने आपसे पूछती है, कोई लड़ता क्यों नहीं है? कोई कुछ करता क्यों नहीं है? उसे तो केवल दर्शक के रूप में बदल दिया गया है—जिसे कभी अंग्रेज़ों की वर्दी अच्छी लगती है, कभी इनका खेल...बात को अगर और भी खींचा जाये तो जैसे खाना लाने, चिलम भरने या बख़्शीश फेंकने के अर्थ हैं वैसे ही वर्दी को लेकर तमाशाई मुग्ध-भाव, मेनरिज़्म, डिसिप्लिन या कपड़ों की चुस्ती तक रह जाने वाली बचकानी उत्सुकता भी आज की पीढ़ी पर टिप्पणी है जो फौजों के गंतव्य, मंतव्य और परिणाम

को नहीं समझती, ऊपर ही उलझी रहती है और अवध के ऊपर डूबते सूरज को देखती रहती है...

मैं समझता हूं कि 'शतरंज के खिलाड़ी' का यह अनेक स्तरीय अर्थ, प्रेमचंद की कहानी के मुकाबले कहीं अधिक सार्थक, प्रामाणिक और प्रासंगिक है...दोनों रईसों के लड़कर मर जाने की बजाय उनका फिर खेलने बैठ जाना, (गांव के लड़के की गवाही में) सारी कहानी को सीधे आज से जोड़ देता है,...अंग्रेजों के लिए शतरंज का अर्थ है गतिशीलता, राजनैतिक दांव-पेंच, सक्रियता....लखनऊ के लिए शतरंज पलायन है—अपने आपसे, परिवार-समाज से या राष्ट्रीय-अंतर्राष्ट्रीय भयानक समस्याओं से बच निकलने का चोर-रास्ता, अकर्मण्यता और पलायन उस काल की रीढ़ हैं...संकट और आज़मायश के निहायत निर्णायक क्षणों में वाजिदअली शाह को नृत्य के बोल और गीत याद आते हैं: औट्रम राज्य छीने ले रहा है, वाजिदअली अज़हद बेकसी में ताज सौंप रहा है कि अचानक अवचेतन में कत्थक के परन और ठुमरी उभरने लगती हैं...ठीक इसी के बाद वाले शॉट में अपने जिस अधिकार के लिए मेढ़े जैसे जानवर सिर फोड़ रहे हैं, पीछे हटने को तैयार नहीं हैं, उसी अधिकार को बादशाह यह कहकर सौंपें दे रहा है कि 'इंगलैंड' के किस राजा ने गीत लिखे हैं? ...मिरज़ा और बेगम के बीच संभोग का नाजुक क्षण है और उनकी परेशानी है कि शतरंज की बाज़ी राह देख रही है...यहां की नपुंसकता का बदला वहां लेना है... मीर जानते हैं कि उनकी अपनी ख़्वाबगाह में भांजा बेगम की गोद में लेटा है, लेकिन वे हैं कि फौज में भरती होने या सिपाही भेजने की जिम्मेदारी से बच निकलना चाहते हैं। लखनवी तहज़ीब, शिष्टाचार, कला-संस्कृति सब ऐसे कवच हैं जिन्हें विघटित सामंतवाद ने हर संकट से बचाव के लिए अपने चारों ओर लपेट लिया है...वकील साहब मर रहे हैं, मौत ने उनके चेहरे को विकृत और घृणित बना दिया है, लेकिन खुशी ज़ाहिर करते हुए मेहमानों का इस्तकबाल करते हैं, सभी कुछ कायरता, नपुंसकता और पलायन का पर्याय है....बुजुर्ग वकील साहब मरें या नवाब क़ैद होकर ले जाये जायें—मीर-मिरज़ा की सबसे बड़ी चिंता है उनकी शतरंज...और इस सब में कुंठित-विकास औरतों के पास रह गया है सिर्फ घुटना, घुलना, हज़ारों बार सुनी-सुनायी शेर-भालू की बचकानी कहानियों को फिर-फिर सुनना या प्रेमी की उंगलियां चटखाना, नौकर हरामख़ोर और आराम-तलब हैं...और इस सबको देखकर अंग्रेज स्तब्ध, चकित और अवसन्न हैं...पतन का यह रूप उनके लिए कल्पनातीत है।

इन्हीं खूबसूरत, सूक्ष्म, नाजुक और कलात्मक तानों-बानों से रे ने अपनी शतरंजी बुनी है और सबसे अधिक मेहनत की है वाजिदअली शाह के चरित्र पर...अतीत हो या वर्तमान वह सभी का तटस्थ दर्शक रह गया है : संगीत—नृत्य और शायरी में डूबा यह कलाकार हर स्थिति, नियति, और व्यक्ति को किसी 'बाहरी' चीज़ की तरह देखता है—उनसे उपराम और अलिप्त हो गया है—राज-काज की ज़िम्मेदारी

के भारी बोझ के नीचे कराह रहा है, बाहर होता हुआ सब कुछ उसकी समझ से अपरिचित और अजनबी है। न वह प्रशंसा जगा पाता है न नफरत...जनरल ओट्रम के माध्यम से वह सिर्फ दया, जुगुप्सा और झुंझलाहट जगाता है; तनाव और संकट के इन निर्णायक क्षणों में न तो दर्शक की समझ में नृत्य और संगीत की बारीकियां आती हैं, न इत्र-फुलेल की गंध...और इस सारी व्यक्तिगत दया या झल्लाहट के बावजूद ओट्रम को अपना कर्तव्य करना है, आदेश पालना है...ओट्रम वक्त का वह क्रूर हाथ है जो, इन खूबसूरत मोहरों को समेट कर इतिहास के डिब्बे में रख देता है...

कथ्य, अवधारणा, संवेदना ओर अंतर्दृष्टि के लिए रे की यह कृति निश्चय ही दुनिया की श्रेष्ठ फिल्मों में गिनी जायेगी, मगर भारतीय दर्शक को इसमें कहीं कोई बहुत बड़ी कमी लगती है। सुनते हैं, शोध और प्रामाणिकता के लिए रे ने ज़मीन-आसमान एक कर दिया था—कपड़ों, जेवरों, ताज, हीरे-जवाहरात, सॅट्स पर भयानक अनुसंधान और रिसर्च की गयी थी और तत्कालीन हथियारों या सिंहासन की एक-एक बारीक़ी को ही इंगलैंड से नहीं लाया गया, बल्कि ओट्रम के अभिनय के लिए रिचर्ड एटनबेरा जैसा अभिनेता भी आयात किया गया...उस समय के संगीत और जबान को ज्यों का त्यों उतारा गया, मगर सब मिलाकर उस समय की जिन्दगी नहीं लायी जा सकी। शिकायत यही बनी रही कि 'वह लखनऊ' इसमें कहीं भी नहीं है—मेढ़ों, मुर्गों और पतंगबाजी के दो-एक दृश्य और इसके बाद बस। फिल्म का सारा घटनास्थल मीर-मिरज़ा के घर और नवाब वाजिदअली शाह के महल या वकील की कोठी...हो सकता है सामान्य जीवन की अनुपस्थिति भी जानबूझकर ही रखी गयी हो—यह बताने के लिए कि वहां आम-आदमी कहीं नहीं था। मगर नवाब वाजिदअली शाह का लखनऊ हो और हिज़ड़े, तवायफें, बांके, महफिल-मुशायरे या मेले-ठेले न हों, खरबूजे, गिलौरियां, गजरे, रेवड़ियां और मीरासी-नानबाई न हों—यह गले नहीं उतरता। उमराव जान अदा, रतननाथ सरशार, अमृतलाल नागर के लेखन से जो लखनऊ उभरता है उसकी इस हद तक गैर-हाजिरी चकित तो करती ही है। प्रेमचंद की कहानी इस वातावरण के प्रति ज्यादा ईमानदार है।

हो सकता है जन-सामान्य को यों नेपथ्य में भूल जाना रे का मंतव्य रहा हो, मगर इस दृष्टि ने सारी फिल्म को ऐसी डाकुमेंटरी बना दिया है जिसे अमिताभ की खूबसूरत आवाज में दी गयी कमेंटरी भी सुसंबद्ध नहीं कर पाती, जगह-जगह लगता है कि चाहे यह कमेंटरी हो या ओट्रम और दुभाषिये के वार्तालाप, रे ने इतिहास-कथन किया है उसका पुनर्सृजन नहीं। इसीलिए फिल्म खूबसूरत अलबम का ही प्रभाव छोड़ती है, ऐतिहासिक अन्विति या कला-अनुभव का नहीं।...प्रेमचंद और रे के बीच की इस शतरंज में रे की हालत कुछ-कुछ मीर साहब वाली लगती है जिनका ख्याल है कि गोमती के किनारे एक उजाड़ मस्जिद है, लेकिन वहां पहुंचकर बेहद ही मासूमियत से याद आता है कि वह तो कानपुर में थी...शायद रे की अपनी मस्जिद कलकत्ता और बंगाल में छूट गयी हो...

पहचान

मुड़-मुड़ के देखता हूं...

कुछ लेखकों को अपनी पुरानी और प्रारम्भिक रचनाएं दुबारा पढ़ने में सुख मिलता है। वे बार-बार वहां से 'आश्वासन' निचोड़ते हैं। उन्हीं को सजाने-संवारने या फिर से लिखने की प्रेरणा होती है। मुझे पुरानी कहानियां फिर से देखना मुसीबत लगती है। भरसक बचता हूं। बरसों से टाल रहा था। आखिर हिम्मत करके देखना शुरू किया। जैसे कोई पच्चीस-तीस वर्ष की लड़की अपनी उस तस्वीर को न फेंक सकती है, न खुलेपन से दिखा पाती है जब वह दो-तीन वर्ष की थी और तस्वीर में एकदम नंगी खड़ी थी।

पता नहीं, कैसी होंगी वे कहानियां, उनकी भाषा, उनकी थीम। आज उन्हें अपना कहते शर्म महसूस होगी या नहीं? हिम्मत हो पायेगी यह कहने की कि यह मैं हूं और आज जहां आ गया हूं, उस यात्रा का प्रारंभ इन कच्चे, अनगढ़ कदमों से हुआ था? उनके पास जाना एक घने जंगल में जाना है, जहां आप प्रकृति के सहजरूप के बीच तो होते हैं, साथ ही जंगल का घनापन, अंधेरा डरा रहा होता है, आशंका होती है कि जब जंगल से बाहर निकलेंगे तो क्या वही रह जायेंगे, जो पहले थे?

लेकिन मेरा यह जंगल, बहुत परिचित जंगल है। अच्छा, यह नाला क्या इतना सा ही है? यह पेड़ उस समय कैसा बड़ा और भयानक लगता था? यहां से देखने पर यह रास्ता उस दिन कितना स्वप्निल और रोमानी लगा था! अरे, यह तो इतनी जल्दी खत्म भी हो गया, तब तो ऐसा लगा था, जैसे कभी इसका अन्त ही नहीं होगा, पता नहीं, कहां भूलकर भटक जायें। छोड़ो, यह तो कुछ भी नहीं, आम जंगलों जैसा साधारण जंगल है। वे लोग जो उस समय साथ थे, जिनके साथ भय, आतंक, रोमांच और आनंद में हिस्सेदारी की थी अब कहां होंगे? कैसे हो गये होंगे...? कहीं एक चेहरा, कहीं एक वाक्य, कहीं एक याद, कहीं एक स्थिति–झलक दिखा कर ग़ायब...जंगल दुहरे-तिहरे स्तरों पर अनुभव में उतरने लगता है। उस भ्रम में अपने आपको देखते जाना और आज उस भ्रम के स्तर-स्तर टूटते जाने को महसूस करना ...शायद यह उस जादू के टूट जाने के डर से कतराने की वृत्ति ही रही होगी कि जंगल के पास जाते, उधर देखते भी डर होता है। आज जैसा कुछ है, उसके वैसा होने पर विस्मय होता है।

पुरानी कहानियों को दुबारा पढ़ते हुए मैं इन सब बारीक जटिलताओं से गुज़रा हूं, कच्चेपन पर शर्म भी आयी है, 'कैसे किसी को दिखा पाऊगां?' का संकोच भी हुआ है और 'तब भी क्या मैं इतनी बातें समझता था, ऐसा कुछ लिख लेता था?' का गर्व भी हुआ है। किसी दूसरे की ऐसी रचनाएं पढ़ता तो क्या इतनी ही 'छूटें' दे सकता था जो अपने को दिये चला जा रहा हूं? यह कहानी किन स्थितियों में, कहां लिखी थी? कौन था तब मन में, आसपास? कौन-कौन से लेखक थे, जो भाषा शब्दों और ट्रीटमेंट में से झांक रहे थे? छपी थी, तो किसने क्या प्रतिक्रिया की थी? यह चरित्र क्या सचमुच इतने गहरे मन में बैठ गया था? तब की वास्तविक मनःस्थिति और कहानियों में दिये गये विवरणों में कितनी दूरी है? इस कहानी को आज लिखूं तो इसका स्वरूप क्या हो पायेगा? आज बरसों से कोई अनुभव इतना बेचैन नहीं करता है कि कलम लेकर बैठ जाऊं। तब क्या था जो प्रायः हर रोज कभी कहानियां, कभी यात्रा विवरण तो कभी उपन्यास लिखाता था? कितनी सर्जनात्मकता थी उन दिनों...लेखन के वे आदर्श आज कहां छूट गये हैं पीछे? कहां चली गयी वह प्रकाशित होने की पुलक?

मैं ही तो अकेला नहीं हूं। सभी तो ऐसे ही डगमगाते कदमों से चलना सीखे हैं, सभी तो बचपन में नंगे, दुबले, हास्यास्पद और हीनता के मारे रहे हैं। फिर मुझमें ही ऐसा क्या कुछ विशेष रहा है, जिसे लेकर शर्म, संकोच या छिपाव महसूस किया जाये? आज भी पाठकों को जानकर कुछ आश्वासन ही मिलेगा कि सभी जन्मजात, सिद्ध संगीतज्ञ नहीं होते, न जाने कितने सीधे-उलटे कच्चे-पक्के रागों की भूल-भुलैया में भटककर रास्ते तलाशे गये हैं, रियाज़ों और अभ्यासों के बाद विश्वास आया है। यह निहायत, सामान्य और सब जैसा होने का भरोसा ही अपने कच्चेपन को सामने लाने की हिम्मत देता है।

कितनी अच्छी हैं वे कलाएं, जिनके रियाज़ साथ-साथ ही समाप्त होते जाते हैं। संगीत में बरसों आप 'स-रे-ग-म' करते रहिए, सभी कुछ साफ होता जाता है। जब कला सध जाती है तभी उसे रिकार्ड करने की बात सोची जाती है या श्रोताओं के सामने प्रस्तुत किया जाता है। लिखने का पहला रियाज़ ही आपके सामने है; उसे बचाये रखने का मोह बना रहता है, साथ ही रहती है छुपाने-सुनाने की बैचेनी। 'वह तो मेरा अभ्यास था' कह कर आप पिछले को नष्ट नहीं कर पाते। अपने विवेक के सिवा कोई कसौटी नहीं है जो यह बताये कि यहां तक का लिखा अभ्यास था, इसके बाद का वास्तविक! जिन आधारों पर आज मैं बड़ों की रचनाएं पसंद करता हूं या बड़ों-बड़ों की रचनाएं सामान्य कहकर नकार देता हूं, कड़ाई और तटस्थता से वही निकष इस्तेमाल करूं तो आज तक के लिखे को मुझे जला देना चाहिये। मगर मेरे पास तर्क हैं। कला भीतर से स्फुरित होती है, श्रम और स्फुरण का संगम है। भीतर की यह प्रेरणा पता नहीं कब किस क्षण आपको 'महान रचना' का माध्यम

बना ले। इस क्षेत्र में अभ्यास कुछ नहीं है या फिर जिंदगी भर सिर्फ अभ्यास ही है। न यहां कोई रास्ता है, न मंजिल—सिर्फ चलते चले जाने की क्षमता या थककर गिर जाने की नियति है.....जिन रचनाओं को अपने पक जाने पर मैं संतोषजनक मानता हूं, वे कल उतनी ही अधकचरी लगेंगी। पहली रचनाएं जब लिखी गयी थीं, जब प्रकाशित हुई थीं जिनके कारण प्रशंसाएं और बधाइयां मिली थीं; 'विशिष्ट' और सम्मानित होने का गौरव मिला था, तब क्या कम संतोष मिला था? जिंदगी क्या कम सार्थक महसूस हुई थी?

लेकिन झांसी आने तक की रचनाएं मैंने नष्ट कर दीं हैं—यानी सन 45-46 तक की। दोहे, सवैये थे, अपने ढंग से कवित्तों में लिखी सत्यनारायण की कथा थी, बेवकूफाना शायरियां थीं और तिलिस्मी उपन्यासों के हजार-डेढ़ हजार पन्ने थे, 'देवगिरि' के किले की जटिल दुर्जेयता की गौरव गाथा। मेरे नाना का परिवार महाराष्ट्रियन था और अमरावती-यवतमाल से, मां के विवाह के बाद ही अशोक नगर (मध्य प्रदेश) आया था। नानाजी घनघोर साहित्यिक पत्र लिखते थे, मराठी से अनुवाद करते थे और कर्मठ समाज सुधारक, आर्यसमाजी कार्यकर्ता थे, पुस्तकालय चलाते थे। मां जब आयीं तो हिन्दी नहीं बोल पाती थीं। 'चन्द्रकांता' जैसे-तैसे पढ़नी शुरू की और पढ़ती ही चली गयीं। पिताजी इतने मुखर राष्ट्रवादी नहीं थे—मान्यताओं में प्रायः आर्य-समाज के निकट। दोनों के संबंध न बराबरी के थे, न मधुर। मां, पति के गुस्से से डरने वाली साधारण गृहणी थीं। पर्दा भी था। बहरहाल; दोनों पढ़ने के शौकीन, कभी 'बंदी जीवन' कभी 'भारत में अंग्रेजी राज' कभी चांद का फांसी अंक, मारवाड़ी अंक। क्रान्तिकारियों के लिए मां के मन में एक भावुक श्रद्धा! और ज़ब्त किताबों के लिए जबर्दस्त खिंचाव।

'देवगिरि' उपन्यास लिखने में मुझे सभी कुछ एक साथ मिल गया था—नाना-नानी की धरती की पुकार, यादवों के कीर्तिस्तम्भ 'देवगिरि' की शौर्य और गौरव से भरी कहानियां और विदेशियों या तुग़लकों से लोहा लेने की रोमांचक गाथा। लेकिन बहुत शीघ्र ही मुझे लग गया कि दूसरी 'चन्द्रकांता' लिखना मेरे बस का नहीं है। संभव-असंभव की काल्पनिक कहानियां बेहद बचकानी हैं। बेटे-बेटियों के बड़े हो जाने पर भी पालने और झुनझुने संभालकर रखने वाले बाप की तरह मैंने उसे संदूक में रखा और अपने समय की आवाज को समझने की कोशिश की...

सन 42 होकर चुका था, नाविक विद्रोह, आजाद हिन्द फौज ताज़ा थे और सारा देश सागर-मंथन के आलोड़न से गुज़र रहा था। मन में प्यार की भूख लगने लगी थी। रोमांस और राष्ट्रीयता तो पहले से ही थे। सब कुछ स्वप्निल ही था। साल-डेढ़ साल बाद जब झांसी से आगरा आया तो—तीन-तीन सौ पन्नों के दो उपन्यास और कुछ क्रान्तिकारियों के जीवन की कहानियां साथ थीं। कविताएं भी रही होंगी। दो-चार चीजें 'जागरण' के दीपावली विशेषांकों में छपी थीं। सब मिलाकर एकान्त का अभ्यास

या गुसलखाने के गुनगुनाने...जैसा ही था।

मैट्रिक का इम्तहान देकर ही शायद आगरा आ गया था, सन् 46 की गर्मियों में। 'नागरी-प्रचारिणी-सभा' के माध्यम से माहौल लेखकों और कवियों का मिलने लगा था। पुरानी रौ में एकाध कोई कहानी क्रान्तिकारियों पर लिखी हो तो लिखी हो, वर्ना वह सिलसिला बंद हो गया। 'चांद' के संस्थापक रामरख सिंह सहगल के 'कर्मयोगी' में रचनाएं छपने लगी थी। पहली कहानी थी, 'प्रतिहिंसा'।

बहुत बार सोचा, 50-51 से पहले की लिखी सारी रचनाएं डायरियां, तस्वीरें भी बिल्कुल उसी तरह नष्ट कर दी जायें, जैसे कवित्त, सवैये, तिलिस्मी उपन्यास किये हैं। इन बचकानी, रूमानी कहानियों से क्यों इतना मोह रखा जाये? 49 में छपा कहानी-संग्रह 'रेखाएं, लहरें और परछाइयां' क्या किसी को दिखाने लायक है? मगर नहीं कर पाया...हर बार लगता, कुछ तो है जो इतना बेकार नहीं है। कम-से-कम आज जो शक्ल बन गयी है, उसकी कुछ धुंधली-सी रेखाएं तो वहां झलकती ही लगती हैं। कितने लोगों ने इस उम्र में ऐसी भी रचनाएं लिखी हैं? अज्ञेय और यशपाल ने तो काफी समझदार होने पर लिखना शुरू किया—इसलिए उन जैसी संवार मैं कहां से ला सकूंगा? उनके अनुभवों और समझ ने उन्हें जो सधाव और दृष्टि पहली रचनाओं में ही दे दी है, वह मेरे पास उम्र और अभ्यास से ही आयेगी। यही काफी है कि मैं अपने आस-पास और अपनी भावुक अनुभूतियों को ही केन्द्र में बनाये रखूं... (हो सकता है, वे मुझसे भी अधिक निर्मम रहे हों और उन्होंने पहली सब रचनाएं ठिकाने लगा दी हों)।

शायद तभी कहानियां दो तरह की हो गयीं—मुझसे जुड़े मेरे तत्काल आस-पास की और मेरे भीतर यानी मेरे अपने किशोर सपनों, कल्पनाओं और मानसिकता की। 51-52 यानी, 'सारा आकाश' तक की रचनाओं को देखने पर लगता है कि मैं भीतर और बाहर सामान्तवादी संस्कारों, मूल्यों, मान्यताओं और आचार-संहिता से ही लड़ रहा था और इस प्रयास में बिना अपनी ज़मीन छोड़े ज्यादा यथार्थवादी और प्रामाणिक होने की कोशिश कर रहा था। सामन्तवादी प्रवृत्तियों से मुक्त होने की परीक्षाओं और प्रक्रियाओं से गुजरे बिना ही हमारा समाज अचानक साम्राज्यवाद और उपनिवेशवाद से मुक्त हो गया था और हमारे पास भारतीयता के नाम पर रह गया था सड़ा-गला सामंतवाद। नये युग की टकराहट स्तर-स्तर पर उसी से थी।

मेरे लिए यह वह समय था जब परिवार का अर्थ, भावात्मक स्तर पर सभी से जुड़े होना था, मेले त्योहारों के लिए सचमुच उत्साह था। दशहरे की रामलीलाएं टेसू के गीत, राम की बारात या कृष्ण जन्माष्टमी की झांकियां बड़ी सूझ-बूझ और कल्पना के साथ बनायी जाती थीं, दीवाली की प्रतीक्षा की जाती थी, होली की तैयारियां होती थीं, और राखी के लिए दूसरे शहरों में भी बहनें जाती थीं, या भाई आते थे। (राखी आगे चलकर पाप-बोध का सबसे बड़ा कारण होती थी) सगी-चचेरी और

अड़ोस-पड़ौस की लड़कियां, महिलाएं, बहनें, चाचियां थीं। किशोर-किशोरियों के मिलने, लड़ने-झगड़ने और प्रेम करने के भी ये ही क्षेत्र थे। जिसे बहन कहते थे, वह क्रमशः भावना और भावुकता का केन्द्र बनने लगती थी। उसे न दोस्त कह सकने की सुविधा थी, न प्रेमिका कहने का साहस। लेकिन संबंधों का स्वरूप यही कुछ बन जाता था। वह मन और प्राणों से प्यारी हो जाती थी। अजीब प्लैटोनिक और उलझा रिश्ता था, जहां बहन के छोटे कपड़े प्रेमिका के विकसित शरीर पर ओछे पड़ने लगते थे। सम्पूर्णता से उसे बहन न मान पाने का पाप-बोध भी आत्मा को कचोटता था और प्रेमिका के इतने निकट बने होने का गोपन रोमांच भी तन-मन को पुलकित किये रखता था—जिसे न युवक अपने आपसे स्वीकार करता था, न युवती...यह उलझी और जटिल स्थिति अक्सर ही युवक-युवतियों के बीच बेहद आत्मघाती नैतिक-संकट को जन्म देती थी। हममें जो बुद्धिवादी थे, वे प्यार और वासना की बहस में रातें गुजार देते थे। प्यार पवित्र है और वासना निन्दनीय, प्यार भगवान है और वासना शैतान। इसी द्वन्द्व में 'चित्रलेखा' जैसे उपन्यासों के माध्यम से पाप-पुण्य की समस्याएं तय होती थीं, इसी पाप-बोध से लड़के घर छोड़कर भागते थे और लड़कियां आत्महत्याएं करती थीं। शरीर का पहला परिचय भी यहीं मिलता था।

चूंकि वह 'प्यार' बहुत स्पष्ट, बेवाक़ और साहसी नहीं था, इसलिए दोनों ही पक्ष जानते थे कि 'जीवन-भर प्यार करने' के चाहे जितने आश्वासन दिये जायें, साथ निभाया नहीं जा सकेगा। बाकायदा दान-दहेज के साथ एक दिन लड़की की शादी होगी या वह किसी ऐसे व्यक्ति से जुड़ेगी जिसे खुलकर, वर्जनाहीन ढंग से अपना प्रेमी या पति मान सके.....(एक कमजोर लड़की कहानी का प्रारंभ) यानी इन 'भाई-साहब' को तो हर हालत में 'विश्वासघात' और 'प्रेम में निराशा' ही मिलनी थी। ''एक लड़की की जिन्दगी खत्म हो गयी और वे सिर्फ देखते रहे'' का अपराध बोध इन्हें अनेक आत्मिक और मानसिक स्तरों पर तोड़ देता था। बहुत ही कम स्थितियों में वे 'भाई-बहन' या दीदी-दादा, प्रेमी-प्रेमिका या पति-पत्नी बन पाये हैं—वह भी अपने परिवार और परिवेश से अलग होकर ही। किसी की वह कहानी मुझे अभी तक याद है, जहां चचेरे भाई-बहन ऐसे ही परिवेश में प्रेमी-प्रेमिका हुए, फिर भागकर दूसरी जगह पति-पत्नी बन गये। मगर शीघ्र ही लड़की अहिल्या ('फ्रिजिड') हो गयी और युवक नपुंसक......गलत और अनैतिक करने का अपराध बोध आपसी संबंधों को ही खा गया।

सीधे-सीधे वे संबंध अनैतिक और अस्वीकार्य लगते थे, इसलिए अक्सर बीच में कोई आदर्श लाया जाता था। ज्यादा प्रबुद्ध परिवारों में वह आदर्श, देश की स्वतंत्रता थी, दूसरी जगहों पर सिर्फ लड़की की शिक्षा-दीक्षा और व्यक्तित्व के स्वतंत्र विकास का। लड़की का क्षेत्र चूंकि अभी भी परिवार के अंदर ही था इसलिए उसे 'जगाने'

का उत्तरदायित्व इन्हीं 'भाई साहब' का होता था, क्योंकि वे बाहरी दुनिया के सीधे संपर्क में थे। 'हमें कौन सा लड़की को पढ़ा-लिखा कर नौकरी करानी है?' के मां-बापी मोर्चे का जवाब भी इन्हीं साहब को देना होता था। शायद कहीं अनजाने स्त्री-जागरण के माध्यम से प्रबुद्ध युवक, अपनी साथिन को योग्य और बराबर बना रहा था। आदर्श, प्यार, भ्रातृत्व और गुरुत्व का यह अजीब धूप-छांही घपला था। मगर यह लड़की आधे रास्ते ही हथियार डाल देती थी और सामन्ती नैतिक व्यवस्था में वापस निगल ली जाती थी—यानी अपनी परम्परागत सुरक्षाओं में ही लौट जाती थी। हताश और प्रवंचित युवक सिर्फ़ खड़ा देखता रह जाता था, या बृहत्तर दुनिया के संघर्षों में आत्महत्या के भाव से जा कूदता था।

52-53 तक की मेरी कहानियां प्रायः इसी कथ्य के आस-पास बुनी गयी हैं—'कमजोर लड़की की कहानी' तक। इनमें व्यक्तिगत अनुभवों के अलावा पहले के सारे लेखकों के प्रभाव हैं। मूलतः वे रोमानी विद्रोह की कहानियां हैं। इन्हें छायावादी प्रभावों से निकलने के प्रयास की कहानियां भी कहा जा सकता है। इसलिए भाषा भी काफी बनावटी, और शब्दाश्रयी है। यानी यहां शब्दों और स्थितियों की कुछ विशेष रीतियों या रूढ़ियों से मोह और लगाव है। चूंकि अपने आपसे या वास्तविक स्थिति से सीधे सामना करने का साहस नहीं होता है, इसलिए छायावादी शब्दों और रीतियों में छिप सकना आसान है। वहां आंख को आंख नहीं, नयन कहा जाता है, गहरी सांस नहीं, उच्छ्वास होता है। अंधकार घना नहीं, निबिड़ होता है, लहरें वीचियां कहलाती हैं, किनारा कूल और दुपट्टा दुकूल बनकर दुहरे अर्थ देता है, चांद-चांदनी, पेड़-पौधे, नदी-लहरें, उषा, सन्ध्या, प्राची, प्रतीची की भरमार है। आसमान को गगन कहना कितना काव्यात्मक लगता है। वार्तालापों और विवरण की भाषा में फ़र्क करना मुश्किल है। लेखक और पात्र एक साथ ही उछ्वसित होते हैं।

बहरहाल, ये सब और यथास्थिति को बदलने की बेचैनी भी एक जिन्दगी की सच्चाइयां रही हैं और उनसे गुज़रकर आना कम दिलचस्प यात्रा नहीं है। कम-से-कम इन्हें दुबारा देखते हुए यह निगाह तो आयी ही है कि भाषा के ज़रिए क्या छिपाया और क्या उजागर किया जाता है या जब कोई कथाकार भाषा से पाठकों को बहकाने या बेवकूफ बनाने की कोशिश करता है तो पीछे क्या मनोवृत्ति काम कर रही होती है। शायद आज मैं कह सकता हूं कि जब कोई कथाकार शब्दों और भाषा के विशेष पैटर्न के लिए आग्रही होता है तब या तो रूमानी-विद्रोही होता है या सामन्ती ज़हनियत का मारा—या फिर रुद्ध विकास जो अभी तक शब्दों और भाषा के जाल में ही उलझा हुआ है। यह बात निर्मल, निर्गुण, शिवानी या उर्दू के अधिकांश कथाकारों को देखकर महसूस होती है। भाषा को साधना भाषा के पार जाना भी है। गिरिराज और शैलेश मटियानी जब कीर्तनी अन्दाज में भाषा महात्म्य की सप्तशती पढ़ते हैं तो मुझे आश्चर्य होता है कि इतने वयस्क हो जाने पर भी इनका मुख्य सरोकार कथ्य क्यों नहीं है?

ये कवि-सुलभ भाषा मोह से ऊपर कब उठेंगे?

तो 'दीदियों और दादाओं' की इन कहानियों में स्थितियां चाहे परिचित परिवारों और परिवेश की हों, कुछ चरित्र बार-बार नाम बदलकर आये हैं। निस्संदेह मैं उनसे भावानात्मक स्तर पर जुड़ा रहा हूं। स्वीकार करता हूं कि इन्हें नष्ट न करने के पीछे कहानियों की 'कलात्मकता' से अधिक उस भावानात्मक 'सोवेनियर' (स्मृति-चिन्हों) को बचाये रखने की कमजोरी रही है। या तो उस समय तक अपनी भाषा नहीं मिली थी, या जैसे औरों के नाम और स्थितियों की आड़ लेकर असली व्यक्तियों या अपनी अनुभूतियों को बचाने की प्रवृत्ति थी, उसी तरह दूसरों की भाषा भी मजबूरी थी। एक पुरानी कहानी में जब 'कर-मर्दन' शब्द देखा तो बेसाख्ता हंसी आ गयी। प्रताप नारायण श्रीवास्तव के उपन्यासों में यह शब्द 'शेकहैण्ड' के लिए आता है। वृन्दावनलाल वर्मा और प्रेमचंद सरल भाषा के लिए भी खींचते होंगे, लेकिन प्रसाद, पंत या अज्ञेय का दबाव ही मुखर था। ऐसे लेखकीय संघर्ष या कला की कुछ समस्याएं भी फैण्टेसीनुमा कहानियों के कथ्य हैं।

शायद मनुष्य और कलाकारों के आपसी संबंधों को समझना मेरी पुरानी चिन्ता रही है और इसी से प्रेरित होकर मैंने 'यथार्थवादी कहानी लेखक' लिखी, 'कला अहं और विसर्जन' लिखी, 'अभिशप्त' और 'जब कला मर गयी थी' लिखीं यही यात्रा 'सत्यं, शिवं सुन्दरम्' कहानी से 'शह और मात' उपन्यास तक आती है। द्रष्टा और भोक्ता का यह द्वन्द्व शायद कभी शमित नहीं हुआ—हर बार लगा कि यह रास्ता शब्द से आगे कर्म तक जाता है और यहीं आकर मैं रुक जाता था। संवेदनात्मक और बौद्धिक रूप से स्थितियों को तय करने से बात नहीं बनेगी, कर्म के साथ उनका रिश्ता जोड़ना होगा—ठीक उसी तरह जैसे नाटक का आलेख अभिनय से जुड़कर ही सार्थक और संपूर्ण होता है। हो सकता है आज कहानियों से छूटकर लेखों में आने के पीछे, स्थितियों का सीधे और बेबाक सामना करने का यही दबाव रहा हो।

दूसरी तरह की कहानियां अपने आसपास के परिवेश के ढोंग, आडम्बर, दुमुंहेपन, कट्टरता और अन्याय को लेकर लिखी गयीं। आश्चर्य ही हुआ कि अपने छोटे-सीमित धरातल पर मैंने दूसरे स्वतंत्रता दिवस पर इसी नाम से जो कहानी लिखी थी, वह भयानक राक्षस को बचपन में ही पकड़ पाने की कैसी सच्ची कोशिश है। सामाजिक या कला-सरोकारों की, ये कहानियां 'समय' को अपने भीतर पकड़ने की कहानियां हैं। कुछ सीधे और कुछ रूपकों या फैंटेसियों में।

जैसा कि मैंने बताया, लिखा तो और भी है मगर उस सबको सामने लाने की हिम्मत नहीं पड़ रही, जरूरत भी नहीं है। 'अभिमन्यु की आत्महत्या' के बाद की कहानियां, मुझे लेखक की तरह गर्वीला संतोष भले ही देती हों, वैसा प्रिय-नास्टेल्जिया नहीं देतीं, जो वे देती हैं। शायद इस कहानी के बाद ही मेरी कहानियों का लोकेल आगरा या उत्तर प्रदेश से बदलकर कलकत्ता और फिर दिल्ली होने लगा था। 'महानगर'

उन गांठों को अपने आप खोलने लगा था जो मुझे अपने भीतर की घुटन और एक निराकार दुनिया में बंद रखना चाहती थीं। हालांकि 'अभिमन्यु की आत्महत्या' कहानी कलकत्ता जाने के लगभग तीन साल बाद लिखी गयी। पता नहीं, मैं इसे 'आत्महत्या' कहना चाहूंगा या नहीं, मगर इसके बाद मैं शायद कुछ 'दूसरा' जरूर हो गया था।

(नवनीत, नवंबर 1984)

मेरी प्रेरणा

अक्सर लेखकों कलाकारों की प्रेरणा या तो लड़की होती है या फिर कड़की। 'आह से उपजा होगा गान' वाले तो दर्जनों में मिल जायेंगे। हां, यह लड़की वाली प्रेरणा प्रारंभिक किशोर कविताओं तक तो साथ देती है लेकिन आगे जब लेखकीय जिम्मेदारी अपना दाम मांगने लगती है, गहरे उतरने और विस्तार में फैलने की मजबूरी पैदा कर देती है तो यह प्रेरणा या तो अपना रूप बदलने लगती है या कहीं पीछे छूट जाती है। संतों की शब्दावली में इसे इश्क मिजाज़ी का इश्क हकीकी में बदलना कह सकते हैं। एक का प्यार फैलकर सारी नारी-जाति और मानव-मात्र के लिए होने की बात भी सुनी गयी है। और न जाने कितने लेखक रहे हैं जिन्हें कड़की ने ऐड़ें लगा-लगाकर लिखाया है। चैखव, बालज़ाक, निराला, मजाज़ और मारियो पूज़ो तक ने कड़की की खाइयों पर लेखन के सेतु बनाये हैं। हां, खतरे दोनों प्रकार की प्रेरणाओं में बराबर हैं कि लड़की की प्रेरणा वाला कवि सिर्फ संन्यासी, समीक्षक और अफसर बन जाये और कड़की वाला लेखक व्यावसायिकता की अंधेरी गलियों में भटककर पत्रकारिता या फुटपाथी साहित्य रचने लगे, फिल्मी दुनिया में ही शरण पाये...

लड़की और कड़की के वजन पर ही दो और वर्ग हैं जो लेखक के लिए प्रेरणा स्रोत का काम करते रहते हैं, यानी झिड़की और खिड़की... किसी ने कहा था अपमान से बढ़कर ऐसा कुछ नहीं है जो मनुष्य की आत्मा की सच्ची शक्ति को खींचकर बाहर ला सके। और यह भी सच है कि व्यक्तिगत या सामाजिक अपमान या कहें मान्यता प्राप्त करने की आकांक्षा ने न जाने कितनों को लेखक बना दिया है। इसी तरह खिड़की भी बहुतों की प्रेरणा रही है यानी अपने भीतर से बाहर झांकने का दबाव—या अभिव्यक्ति की आकांक्षा...

बहुत दूर मुझे अपनी प्रेरणा का चेहरा इसी खिड़की से झांकता दिखायी देता है। आज लगता है अपने भीतर से बाहर उझंकने, छलांग लगाने की इच्छा ही शायद शुरू में मुझसे लिखाती रही है। मैं इसे अभिव्यक्ति की आकांक्षा से भी अधिक अपने को अतिक्रमित करने का प्रयास कहना ज्यादा पसंद करूंगा...लड़की, कड़की और झिड़की तो ऐसी सहायक नदियां थीं जो बाद में आकर इस मुख्य धारा से मिलती

और इसे बल देती रहीं...

हुआ यूं कि बारह-तेरह साल की उम्र में ही दाहिने पांव में मोच आ गई, हॉकी खेलने की चोट थी, लेकिन मैंने घर आकर बताया कि नया जूता फिसल गया था। वस्तुतः हड्डी टूट गई थी और चाचा के यहां इलाज मोच का हो रहा था। नतीजे में टूटी हड्डी अन्दर ही गलती रही और एक दिन बड़े ऑपरेशन के बाद घुटने से निकाल दी गयी। द्वितीय महायुद्ध के प्रारम्भ में मथुरा के मुख्य अस्पताल में सर्जरी इतनी विकसित नहीं थी कि दूसरी हड्डी लगायी जाती... नतीजे में और भी कुछ जटिलताएं आईं और मुझे लकड़ी की टिखटी में पांव बांधे साल-भर लेटे रहना पड़ा। शरीर जितना ही बंधा होता है, कल्पना उतनी ही निर्बन्ध और उद्दाम हो जाती है। विराट कल्पनाओं और 'विजन' वाली रचनाएं अक्सर ही लेखकों ने जेलों में बंद कोठरियों में सोची या रची हैं... मैंने उन्हीं दिनों ताश, पतंग, कैरम, लूडो, शतरंज, चौपड़ खेले, बढ़ई गीरी, चित्रकारी और अभिनय के साथ आंख मिचौली चली, कुत्ते, बन्दर, बिल्ली, तोते, खरगोश, कछुए, मुर्गे, मोर, गोह, कांटेदार चूहे, हिरन, कबूतर पाले और पिताजी से दास्ताने अमीर हम्जा, अलिफ लैला सुनी; भिक्खी चाटवाले की बेहद चित्रकारी लोक कथाओं को जिया, चन्द्रकान्ता, सीरीज़, सैक्स्टन और रोबर्ट ब्लैक की कहानियां पढ़ीं और फिर बैठकर उसी तरह की चीजें लिखने लगा... या फिर लिखे ब्रजभाषा में कवित्त और सवैया... कुछ निहायत कच्चे शेर या कविताएं भी लिखी होंगी, जिन्हें लिखते समय कहीं मन में कम्पाउण्डरों की लड़कियां थीं ...मुझे याद है चन्द्रकान्ता इत्यादि की होड़ में अतीत गौरव से मुग्ध एक तिलस्मी उपन्यास के आठ-दस खण्ड लिखे। हर खण्ड के अन्त में मैं खण्ड की 'समाप्ति' लिखकर खड़ी पाई लगा दिया करता था और छोटा भाई उसे 'समाप्ता' पढ़ता था। उस समाप्ताओं की कापियां आज कहीं नहीं हैं। फिर हम लोग झांसी आगये और यहां मेरा परिचय हुआ शरत, वृन्दावनलाल वर्मा, भगवती चरण वर्मा, प्रताप नारायण मित्र, देवीप्रसाद धवन से...और मैंने वैसे ही तीन रोमानी उपन्यास लिख डाले... बेहद बचकाने और कच्चे... इसके काफी समय बाद तक की यात्रा वैसी ही कच्ची कविताओं और कहानियों के साथ पूरी हुई...

कहना चाहिए कि किशोर मन का रोमानी बुखार काफी हद तक पहले की रचनाओं में उतारा जा चुका था इसलिए पहला गंभीर प्रयास 'प्रेत बोलते हैं' (बाद में 'सारा आकाश') को उठाया तो आस-पास का परम यथार्थवादी पारिवारिक परिवेश ही केन्द्र में था। एक तरह से समर के बहाने यह अपने ही परिवेश और संस्कारों से संघर्ष की कहानी है जो आगे जाकर 'उखड़े हुए लोग' में और व्यापक हुई... प्रेम करने के लिए लड़की तब आ ज़रूर चुकी थी मगर चेतना और सोच का इतना बड़ा हिस्सा नहीं बन सकी कि सारी रचना को ही समेट ले। इसीलिए 'उखड़े हुए लोग' का प्रारम्भ जीवन-साथी के चुनाव की बौद्धिक प्रक्रिया से भले ही हुआ हो

मगर शीघ्र ही कहानी 'नेता भैया' के शक्तिशाली व्यक्तित्व के आस-पास मंडराने लगी।

'उखड़े हुए लोग' की मान्यता, स्वीकृति और उनसे प्राप्त आत्मविश्वास ही मुझे और नयी रचनाओं की प्रेरणा देते रहे... साथी और समकालीन भी थे ही और उन्हें बताना था कि अच्छी रचनाएं सिर्फ वे ही नहीं लिख सकते... आत्मविश्वास ने होड़ और स्पर्द्धा के दायरों में उछाल दिया था। स्वतंत्र रहकर लेखकीय जीवन अपनाया था इसलिए कड़की तो आनी ही थी बीच-बीच में। मगर तय कर लिया था कि लिखना उससे अनुकूलित या प्रभावित न हो—पैसे के लिए नहीं लिखूंगा, जरूरत पर अनुवाद करूंगा और अपना लिखने के साथ-साथ चेखव, कामू, स्टीनबैक, लर्मन्तौव के अनुवाद किये...पता नहीं, शारीरिक रूप से बाधित होने को कहां पूरा करना चाहता था। औरों को दिखाना चाहता था कि हिन्दी का ठस एम. ए. होकर भी में बड़े अंग्रेजीदाओं से ज़्यादा पढ़ा-लिखा हूं और ज्यादा साहित्यिक जानकारियां रखता हूं—बहरहाल कह नहीं सकता। मगर पिछले तीस साल से लिखने से भी अधिक नियमित मेरा पढ़ना रहा है... जब तक समानान्तर लिखना चलता रहा, पढ़ना घुड़सवार की तरह एड़ें लगाकर हांकता रहा। मगर दिल्ली आने के कुछ वर्षों बाद जैसे ही लिखना कम हुआ, पढ़ना हर समय काम मांगने वाले भूत की तरह छाती पर सवार हो गया। नतीजे में रचनात्मक लेखन की जगह ले ली आलोचनात्मक और वैचारिक-विश्लेषणात्मक लेखन ने... और इधर जब दस-बारह साल बाद पाता हूं कि यह लेखन भी इतना हो गया है कि अच्छी-खासी पांच-छः किताबें बन जायें, तो अब इससे भी विरक्ति हो गयी है. ..अपने को ऐसी अन्धी-गली में पाता हूं जहां से कहानी-उपन्यासों की ओर लौटने के सिवा कोई रास्ता नहीं है...

पिछले दो-एक बरसों से तो मेरे लिखने की प्रेरणा लड़की, कड़की, झिड़की, खिड़की कुछ नहीं दोस्तों का एक शब्द ही रह गया है, "अमुक तारीख तक यह लिखकर दो वर्ना... ।"

यह 'वर्ना' ही मेरे लिखने की प्रेरणा है...शायद शुरू से ही यह शब्द मेरे लिखने के मूल में बना रहा है, फर्क यही है कि पहले यह मेरे भीतर की गहराइयों से अस्तित्व की शर्त बनकर उठा करता था और आज बाहर से आता है...व्यक्तित्व के लिए चुनौती बनकर...

एक सपने की कथा-यात्रा : प्रेमचन्द

प्रेमचन्द से मेरे रिश्ते दो तरह हैं। मैंने भी उनकी तरह उर्दू से हिन्दी में लिखना शुरू किया। मेरे कथा-संस्कार भी वही 'दास्ताने अमीर हमजा', 'अलिफ लैला', जहरे इश्क' इत्यादि के रहे हैं...और आज भी मुझे अपनी भाषा में वही अनुगूंज सुनाई देती है।

दूसरे रिश्ते को समझने के लिए मुझे अपनी एक कहानी की थीम बतानी पड़ेगी।

मेरे पिता की मृत्यु सन् 53 में हुई थी। आज अगर मैं कोशिश करूं तो उनका चेहरा भी याद नहीं कर पाता। दुर्भाग्य से मेरे इस घर में उनकी कोई तस्वीर भी नहीं है कि शक्ल आंखों के सामने साकार हो सके। लेकिन आज भी जब मैं सुबह पांच बजे उठ कर पाइप पीते हुए अगले या पिछले दिन की बात सोचता हूं, किसी मुद्दे पर विचार करता हूं, तो सुरीर के बरामदे की वह तस्वीर मेरे सामने आ खड़ी होती है, जब पिता सुबह पांच बजे उठकर चारपाई पर ही बैठ जाते थे, चुपचाप बीड़ी पीते रहते थे। मुझे नहीं मालूम वे क्या सोचा करते थे। लेकिन लगता है, वह शायद मेरे भीतर मेरे पिता ही हैं। उन्हें उड़द की दाल में खूब घी डालकर सूखे आलुओं की सब्जी से दोपहर का भोजन पसंद था और वह मेरी भी पसंद है। उन्हें दोस्तों को शौक से और खुले दिल से खिलाना अच्छा लगता था, उनकी हर तरह की मदद और सहायता करने में एक आत्मिक सुख होता था और वही मेरी भी कमजोरी है। उन्हें गुस्सा बहुत जोर से आता था, वे हर तरह से बहुत व्यवस्थित थे, औचित्य का ध्यान रखते थे और अनेक बातों में सामन्ती मूल्यों का पोषण करते थे—वे बातें मुझमें कम हैं, और जो हैं उनसे मैं लड़ता हूं, जांचता और तोलता हूं। चेहरे-मोहरे की समता या अलगाव ऐसी बातें हैं जो दूसरे मुझे बताते हैं। कभी-कभी बोलचाल और व्यवहार को लेकर तुलना-भर्त्सना होती है।

इस तरह, हर क्षण में उन्हें अन्वेषित करता हूं, स्वीकार और अस्वीकार करता हूं, और इसी द्वन्द्वात्मकता में अनजाने ही शायद मेरा अपना अन्तर्व्यक्तित्व बनता है। हां, मैं कतई अपना 'बाप' नहीं बनता चाहता, लेकिन स्वीकार-अस्वीकार और अपने समन्वय की प्रक्रिया में उन्हें मैं उपस्थित नहीं पाता, यह कहना गलत है।

हर बड़ा लेखक, आने वाले के लिए इसी अर्थ में 'उपस्थित' होता है। वह अनेक स्थितियों, चरित्रों से गुजरने के दौरान उनसे जूझता रहता है। खुद मेरी जाने कितनी

रचनाएं हैं जिनमें मैं चेखव, हेमिंग्वे, सार्त्र, दोस्तायेव्स्की, स्टीफेन ज़्विग या काफ्का से जूझा हूं। कहीं उनसे बचने के प्रयास में, कहीं उन्हें अतिक्रमित करने की आकांक्षा में; अनेक जगहों उनके सामने हारा भी हूं और जानते हुए भी उन्हीं के मुहावरे को मैंने 'उड़ाया' है। और यही प्रक्रिया रचनाओं में भी प्रतिबिम्बित है। हिन्दी-बंगला की जाने कितनी रचनाएं हैं, जाने कितने चरित्र हैं, जिन्हें पढ़कर हमें 'शेष-प्रश्न' की कमल, 'देवदास' की पारो या चन्द्रमुखी, 'श्रीकान्त' की सावित्री या पुरुषों में देवदास या सव्यसाची की याद आती है, गोरा और माधवी की तुलनाएं उभरती हैं। अनुकरण नहीं, संस्कार के धरातल पर हर महत्वपूर्ण लेखक, आने वाले लेखकों और पाठकों के लिए पृष्ठभूमि बनता है। वह खुद मिथ होता है और आने वाले लेखकों के लिए कुछ साहित्यिक मिथ छोड़ जाता है। अगर हम उन्हें ही ज्यों-का त्यों स्वीकार, ग्रहण या अनुकरण करते हैं, तो उनकी सीमाओं और कमजोरियों को ही अधिक रेखांकित करते हैं। सारे बड़े लेखक, अनुकरण करने वालों को मार देते हैं, और अतिक्रमित करने वालों की शक्ति बन जाते हैं। इसलिए मैं कतई अपना 'बाप' या प्रेमचन्द नहीं बनना चाहता। मेरा अपना क्षेत्र शहरी मध्यवर्ग या निम्न मध्यवर्ग है और मुझे कहने में कोई संकोच नहीं है कि वहां मुझे प्रेमचन्द को प्रायः रिजैक्ट करना पड़ता है। सही है कि अपने वर्ग की जितनी समस्याएं वे जानते हैं, हममें से कोई नहीं जानता। मगर फिर वे समस्याएं और उनके समाधान को लिखते हैं, कहानी नहीं। इस मध्यवर्गीय आदमी के संकुल व्यक्ति से उनका परिचय नहीं है। वे इसके ढुलमुल और अनेक स्तरीय चरित्र को अपनी पड़ताल का केन्द्र नहीं बनाते। उन्हें कहानी को भी बाकायदा शुरू, मध्य और अन्त तक के पड़ावों से ले जाना होता है।

मेरे पिता ने हम लोगों के लिए जो मकान बनवाया था, निश्चय ही पुराने ढंग का, बेढंगा, अनियोजित और किसी हद तक गलत दिशाओं के खिड़की, दरवाजों वाला है। उनके पास जमीन का एक टुकड़ा था और अपनी समझ, सलाह और जरूरत के हिसाब से उन्होंने उसका अच्छे से अच्छा उपयोग किया। हो सकता है, भविष्य में 'हम लोगों' की दृष्टि से कुछ खयाल और गुंजाइशें रखी हों। मगर हमारी अपनी जरूरतें, व्यक्तित्व, पसंद और मकान बनाने की सम्पूर्ण दृष्टि या वास्तुकला में बहुत कुछ बदल गया है, विकसित और वैज्ञानिक हो गया है। हो सकता है, सब मिलाकर बहुत उपयोग का मकान वह न हो। मगर इस तरह सोचने या देखने में मैं कहीं भी उनकी उस चिन्ता, लगाव, प्रयास और परिश्रम को कम करके नहीं आंक रहा, जिसके तहत उन्होंने हमें सुविधाएं, सुरक्षा और संरक्षण या सामाजिक स्तर देना चाहा था। मकान के पीछे की चिन्ता को यहां हमें मकान से अलगाना होगा...

किसी भी पूर्ववर्ती लेखक की उपलब्धियां नहीं, सरोकार और 'कन्सर्स' ही हम ग्रहण कर सकते हैं। अनुकरण या आत्मसात उपलब्धियों का नहीं, सरोकारों का

होता है और वही हमें परम्परा से जोड़ता है। यह बिल्कुल ही अलग बात है कि इन सरोकारों का जायज़ा, पता या प्रमाण हम उसकी उपलब्धियों के माध्यम से ही अन्वेषित करते हैं। उपलब्धियों या रचनाओं के सिवा तो उसने हमें कुछ सौंपा नहीं, इसलिए प्रेमचन्द के सरोकार भी उन्हीं में से मिलेंगे। गलती या भ्रान्ति वहीं होगी, जब उनकी उपलब्धियों को ही उनका सरोकार भी मान लेंगे। टॉलस्तोय या प्रेमचन्द की रचनाओं की स्थितियों या पात्रों पर ही लिखना उनके प्रति सच्चा होना हो या न हो, अपने प्रति झूठा होना निश्चय ही है। उनका अपना अनुभव-जगत या रचना-संसार हमारा अपना रचना-संसार या अनुभव-जगत हो ही नहीं सकते। उनसे हम जो ग्रहण करते या संस्कार में पाते हैं, वह है उनके सरोकार, संवेदना दृष्टि या मानवीय लगाव। उनका चिन्तन नहीं, उनकी चिन्ताएं और उन चिन्ताओं को रचना में बदलने की प्रक्रिया...

मैंने प्रेमचन्द को नहीं देखा। मगर जब मैं शैलेश मटियानी का जुझारूपन और दलित-वर्ग की गहरी समझ देखता हूं, अमरकान्त का निम्न-मध्यवर्गीय परिवार और उन स्थितियों की संश्लिष्टता की पकड़ को समझता हूं, या भीष्म साहनी की मानवीय करुणा और ऊष्मा मुझे छूती है तो लगता है यही तो प्रेमचन्द के तीन 'आयाम' हैं। प्रेमचन्द इन तीनों से अलग कहां थे। मार्कण्डेय, रेणु, शिवप्रसादसिंह, जगदीशचन्द्र, मधुकरसिंह और मिथिलेश्वर में प्रेमचन्द के रचना-संस्कार की अनुगूंज तो सुनाई देती है, लेकिन आत्मा इन तीनों में ही झलकती है।

वह आत्मा क्या है जो प्रेमचन्द या किसी भी लेखक को महान, कालजयी और विशिष्ट बनाती है...? मेरी समझ में वे तत्व हैं—यातना और संघर्ष...'सफरिंग' और उससे निकलने की छटपटाहट, प्रयास, अपनी नियति के आगे असहाय होकर घुटना, टूटना और मरना या उससे लड़ना, उसे समझने की कोशिश, बेचैनी और समझी या अनसमझी नियति के घेरे को लांघ सकने की कोशिश। यातना और संघर्ष ही वे तत्व हैं, जो एक ओर समय की सीमाएं तोड़कर किसी रचना को हम तक लाते हैं, तो दूसरी ओर भूगोल के अक्षांश और देशान्तर भेदकर रचना को हमारा बनाते हैं। शकुन्तला और सीता की व्यथा, राधा और मीरा की वेदना, विरही यक्ष और देवदास की तड़प हमें आज भी उद्वेलित, आन्दोलित और विह्वल करती है, दूसरी ओर ग्रीक ट्रेजेडियां, हैमलेट, 'टॉम काका की कुटिया', दोस्तोयेव्स्की की रचनाएं या नवीनतम अलैक्स हैली का 'रूट्स'...सभी तो नियति के जगन्नाथी रथ-चक्र के नीचे कराहते, मरते लोगों की चीत्कार भरी कहानियां हैं या हैं इस नियति-चक्र से लड़ते, गालियां देते, दया की भीख मांगते, समझते या पूछते हुए लोग कि जो कुछ जैसा हो रहा है, वह क्यों है? क्या वह समझा, रोका और बदला नहीं जा सकता? क्या इन्हीं व्यथाओं, प्रश्नों और प्रयासों से ही दुनिया के दर्शन, विज्ञान और साहित्य नहीं निकले हैं? और क्या इन्हीं से मृत्यु, हत्या, आत्म-हत्या, शहादत और विजय की

संघर्षभरी कहानियां, गीत नहीं जनमे हैं? प्रामाणिक और विश्वसनीय, मानवीय यातना और संघर्ष के दस्तावेजों ने ही सारे विश्व-साहित्य को गहराई और विस्तार दिये हैं ... इसी में आदमी कहीं लैला-मजनूं की तरह अपनी भावना में टूटा और मरा है, तो कहीं जूलियस फयूचिक की तरह चुनौतियों में अविजेय रहा है। साहित्य में यही आदमी का पर्याय हो गया है—एक छोटा-सा सपना, एक निरीह आकांक्षा, एक मधुर असहाय-भावना या फिर स्पार्टाकस की तरह इस निरीह आकांक्षा, सपने और भावना को बचाये रखने का संकल्प, उसके लिए जीने-मरने की तदीयता।

'होरी' यातना और संघर्ष दोनों की गहरी मानवीय त्रासदी है। उसका टूटना, बनना, हार जाना और फिर घिसटकर आगे चल पड़ना या एक छोटे से सपने को न पा सकना, साथ ही कारणों को अपने जाने-अनजाने उजागर करते चले जाना ही उसे देश और काल की सीमाओं के पार करता है, अमर रचना की गरिमा देता है। अजीब बात है कि सफलता, विजय और उपलब्धियां हमें इतना नहीं छूतीं, जितना पराजय, हार और समाप्तियां... "हमारे मधुरतम गीत वे हैं, जो हमारी वेदना और यातना की बात करते हैं।" लोक-साहित्य की अमर रचनाएं वे ही हैं, जो आज भी हमें उद्विग्न और आन्दोलित कर डालती हैं। क्या ईसा, बुद्ध और मार्क्स की करुणा उन्हीं पराजित, हारे और शोषित लोगों के आंसुओं से महान नहीं बनीं? छोटे, असहाय और लाचार आदमियों के छोटे-छोटे सपनों को जोड़ कर ही क्या उन्होंने अपने बड़े सपने नहीं बनाये?...

प्रेमचन्द भी इन्हीं छोटे-छोटे खण्डित सपनों की राह गुजरकर अपने बड़े सपने को साकार करना चाहते थे। जिसे हम 'आदर्शवाद' कहते हैं, वह इसी बड़े सपने का दूसरा नाम है। मगर जब यह बड़ा सपना, छोटे-छोटे सपनों की अनिवार्य परिणति, तार्किक विकास की अपरिहार्य-विस्तृति न होकर ऊपर से 'सप्लाई' कर दिया जाता है, तो साहित्य में वही दुर्घटना होती है जो प्रेमचन्द के 'रंगभूमि' और 'गोदान' से पूर्व उपन्यासों में हुई। यातना और सपनों से गुजरते हुए अचानक ही हम पाते हैं कि समाधान की तरह, एक बड़ा लेकिन बाहरी सपना वहां थोप दिया या फिट कर दिया गया है। और तब यह सारी यातना-यात्रा भी इकहरी या अविश्वसनीय हो उठती है... ऐसा नहीं है कि 'गोदान' में उनके पास यह सपना नहीं था या 'कफन' और 'पूस की रात' के घीसू, माधव और हल्कू व्यक्तिगत रूप से किसी सपने की पूर्ति नहीं चाहते थे, मगर वहां लेखक का 'फोकस' उस समाज का चरित्र उजागर करना है, जो ऐसे मासूम सपनों को भी पूरा नहीं होने देना चाहता या इस लायक भी नहीं रखता कि वह कोई सपना देख सके। यहां आदमी इतना 'मर' गया है, कि अपने सपने की मौत की तकलीफ या अहसास भी उसे नहीं छूते...उसे जगाये रखने वाला कोई सम्बन्ध या सम्पर्क उसकी संवेदना को नहीं स्पन्दित करता...।

आदमी, स्थितियां और सपना—अद्भुत और अथाह खजाना है प्रेमचन्द के पास

इन तीनों का। इतना कि शायद ही किसी भारतीय लेखक के पास हो। मगर प्रारंभिक काल में, उनके पास स्थितियां हैं—कुछ हैं और कुछ को वे बनाते हैं—आदमी सिर्फ उनका हिस्सा है। सूरत-शक्ल या मोटे-मोटे मनोविज्ञान में वह दूसरे से अलग जरूर दिखाई देता है, मगर उसका व्यक्तित्व नहीं, सिर्फ चरित्र है। सपना कहीं व्यक्तित्व, संस्कारगत, महत्वाकांक्षा और स्वार्थ का दूसरा नाम है, तो कहीं लालच और क्षुद्रता का। उनकी कहानियों के पात्र लालच, स्वार्थ और क्षुद्रता में दूसरों का हक मारते हैं, और फिर अपराध-बोध या ग्लानि और पश्चाताप से, आत्मा की सच्ची आवाज सुनकर अपने को बदलते हैं। हृदय-परिवर्तनवादी कहानियां अन्त के बदलाव की ओर नकली और कमजोर हो जाती हैं। मगर वहां भी लेखक के एक अद्‌भुत कौशल की ओर निगाह जाए बिना नहीं रहती : अन्धविश्वास, धार्मिक आस्था, रूढ़ियां, पाप-पुण्य के अंकुश, भविष्य और भगवान का भय ऐसी प्रतिरोधक शक्तियां हैं कि हर जगह आदमी के विकास, प्रयास और मुक्ति को कुंठित कर देती हैं। आदमी की ऊर्जा और भविष्य को कैद कर डालने वाली ये शक्तियां हैं तो दुर्दान्त ही जो संस्कारों के रूप में जाने कब से परत-दर-परत जमती और मजबूत होती रही हैं। इन्हें झटके से निकाल या तोड़ सकना असंभव है। तब क्या इन्हें क्रूरता से कुचल और तोड़ दिया जाए? मगर कहीं-कहीं तो ये इतनी गहरी, निराकार और तरल हो गयी हैं कि आदमी की जिन्दगी का पर्याय बन गयी हैं। धर्म और भाग्य अफीम या अन्धविश्वास हो सकते हैं, मगर इन्हीं पर हमले या सिर्फ ख़तरे की आशंका ही जाने कितनों की जान ले और दे सकती है। इनके नाम पर लोग खुशी से मरना पसन्द करेंगे। तो? क्या इस शक्ति को रचनात्मक दिशा में नहीं लगाया जा सकता? क्या इसके ही माध्यम से आदमी को आत्म-परिष्कार, पछतावे की तरफ मोड़कर साथी मनुष्य के प्रति सदय करुण और ज़्यादा अण्डरस्टैण्डिग वाला नहीं बनाया जा सकता? क्या ऐसा नहीं हो सकता कि इन्हीं के द्वारा आदमी, अपने सपने के साथ दूसरे के सपने को भी मान्यता और पहचान दे? हो सकता है, गांधी का सोचना भी ऐसा ही रहा हो!

प्रेमचन्द की अधिकांश कहानियों का प्रारंभिक नक्श यही है—दलित या निम्न मध्यवर्ग का एक व्यक्ति, लालच, स्वार्थ या किसी अन्धविश्वास के तहत, दूसरे को उसके हक से वंचित करता है, मगर पाप-पुण्य, परलोक, भगवान-भविष्य के डर से सत्य का साक्षात्कार करता है—या कहिए, दूसरे का सत्य उसकी आत्मा में, इन भयों के बहाने कचोट पैदा करके उसे बदल देता है। बूढ़ी काकी, पंचपरमेश्वर, बैंक का दीवाला, बड़े घर की बेटी—न जाने कितनी कहानियां हैं, जो इसी 'पैटर्न' पर शुरू और समाप्त होती हैं। होरी के चरित्र की सारी शक्ति रूढ़ियों, अन्धविश्वासों और सामन्ती मूल्यों से चिपके होने से ही खींची गई है। 'गोदान' खुद एक अन्धविश्वास है। 'गरीब की हाय' और 'बलिदान' जैसी कहानियों में तो प्रेमचन्द ने हक मारे हुए

लोगों के भूतों का अद्‌भुत उपयोग किया है। गरीब ब्राह्मणी और किसान—दोनों ही अपनी सम्पत्ति छिन जाने पर भूत बन जाते हैं। किसी का कोई नुकसान नहीं करते, सिर्फ 'दिखाई' देते हैं; और अन्यायी की आत्मा में इतनी बेचैनी पैदा करते हैं कि वे प्रायश्चित करने को मजबूर हो जाएं। 'भूत' हो जाना और 'दिखाई देना' अन्धविश्वास हो सकता है मगर प्रेमचन्द इसी का रचनात्मक उपयोग करते हैं। मुझे वे दोनों कहानियां गोगोल के 'ओवरकोट' या चैखव की 'क्लर्क की मौत' की याद दिलाती हैं। अन्तर सिर्फ इतना ही है कि वे 'भूत' या मौतें प्रेमचन्द के अन्यायी पात्रों को दिखाई देते हैं—गोगोल और चैखव को कहानियों में पाठकों को। इसीलिए निश्चय ही वे कहानियां ज्यादा प्रभावशाली और अविस्मरणीय हैं। प्रेमचन्द की कहानियां अपने पात्रों से शुरू होकर पात्रों पर ही समाप्त हो जाती हैं। एक बिन्दु से शुरू होकर अपना वृत्त पूरा कर लेती हैं—जबकि ऊपर की दोनों या 'कफन' और 'पूस की रात' जैसी कहानियां अपने पात्रों के बिन्दु से प्रारम्भ होकर सारे परिवेश, व्यवस्था को समेटते हुए, पाठक को भी अपनी परिधि में शामिल करती हैं। दूसरे शब्दों में—यातना संक्रमित करती हैं और पाठक सिर्फ एक संतोष की सांस वाली हमदर्दी तक ही नहीं रहता, लेखक और पात्र के अनुभव में हिस्सेदार होता है, संघर्ष और बदलाव की जरूरत अपने भीतर महसूस करता है, या कम-से-कम स्थितियों के प्रति एक दृष्टि पाता है।

पहले की लिखी कहानियों में 'शतरंज के खिलाड़ी' और 'ईदगाह' जैसी कहानियां अपवाद हैं। यहां लेखक ने अपनी ओर से कोई सपना नहीं थोपा है। 'शतरंज' सामन्ती विघटन को उजागर करती है, और यहां नवाबों की झूठी-नकली लड़ाई का प्रतीक है टूटी-फूटी खण्डहर मस्जिद; तो दूसरी ओर 'ईदगाह' धर्म की ऊपरी और बनावटी समानता से निकाल कर आदमी को उनकी वास्तविक दुनिया में लाती है, जहां अपनी असमानता और आर्थिक विषमता की लड़ाई को खुद ही को झेलना और बर्दाश्त करना है। इस सत्य का साक्षात्कार, बालक हमीद को खुद एक पवित्र ईदगाह में बदल देता है। दादी का दर्द उसका बचपन छीनकर उसे अचानक 'बड़ा' बना देता है और वह मेले से खिलौना नहीं, चिमटा ले आता है—क्योंकि बूढ़ी दादी के हाथ रोटियां बनाने में जलते हैं।

प्रेमचन्द की रचनाएं बहुत अधिक कालांकित (डेटेड) और तात्कालिक स्थितियों पर आधारित हैं। उनकी रचनाओं का ताना-बाना उन स्थितियों से बना है, जो दस-बीस साल बाद बदल जाएंगी, उन रचनाओं का प्रभाव या शक्ति क्या तब भी वैसी ही बनी रहेंगी? तत्काल-परिवेश से जुड़े रहना क्या उन्हें निरन्तर अप्रासंगिक नहीं बनाता जायेगा? निश्चय ही परिवार और परिवेश आज वे नहीं रह गये हैं, जो प्रेमचन्द के समय थे और चरम सत्य लगते थे। क्या दस-बीस साल बाद इन्हें आधार बनाकर लिखी गई रचनाएं एकदम हवाई या कृत्रिम नहीं लगेंगी? खुद मेरी बेटी आज, इकहरे

परिवार में रहने के कारण प्रेमचन्द-शरतचन्द्र की कहानियों में बहुत रस नहीं ले पाती। उसकी समझ में संयुक्त परिवार के वे तनाव-खिंचाव, ईर्ष्या-स्पर्द्धाएं, घुटन और सुख बिल्कुल नहीं आते। जेठ-जेठानियां, चाची-ताइयों या भाइयों-भतीजों के झगड़े और गलतफहमियां उसे किसी बहुत ही अपरिचित दुनिया की चीजें लगती हैं। प्रेमचन्द का संसार जब और दूर हो जाएगा तो आज के या आने वाले आदमी के लिए 'यथार्थवाद' कहां रह जायेगा? ये सवाल खुद मेरे उपन्यास 'सारा आकाश' को लेकर भी उठे हैं और मैं उन्हें प्रेमचन्द के संदर्भ में ही सोचता रहा हूं। जब ये संयुक्त परिवार नहीं रहेंगे, दहेज और छुआछूत, धार्मिक रूढ़ियां और अन्धविश्वास-कुरीतियां नहीं होंगी, तो प्रेमचन्द कहां रह जाएंगे? जमींदारी प्रथा, भूमिहीन मजदूर और आर्थिक शोषण की समाप्ति क्या ऐसी रचनाओं को व्यर्थ नहीं कर देगी? तब हम उस प्रामाणिकता का क्या करेंगे, जो अस्थायी स्थितियों की मोहताज है। हम उन्हें क्यों पढ़ेंगे? बदले समाज में रहने वाले आज भी पूछते हैं कि हम प्रेमचन्द क्यों पढ़ें? इस तर्क के जवाब में एक वर्ग-वेद-पुराणों में 'प्रक्षेपास्त्र' और 'पुष्पक' या ऐसी ही आधुनिक उपलब्धियां तलाश कर लेने वालों के अन्दाज से—प्रेमचन्द में 'साम्य' 'शोषण' किसान मजदूरों की क्रांति, वर्गविहीन समाज को अभिव्यक्ति देने वाले शब्द तलाश करके अन्तिम निर्णय दे देता है, कि जो लेखक सन् 18-19 में ये सब देख सकता था, वह निश्चय ही भविष्य-द्रष्टा है और बहुत जल्दी अप्रासंगिक नहीं होगा। अगर मैं उस तरह न सोचूं, और मान भी लूं कि प्रेमचन्द की स्थितियां और समस्याएं आज बड़े शहरों की सच्चाई नहीं है और न ही आज के मध्यवर्गीय मनुष्य के सोच या मनोजगत का हिस्सा हैं या कि दस-बीस साल में गांवों में भी हालात बदल जायेंगे—मगर इससे कोई रचना अप्रासंगिक कैसे हो जाती है? वह कौन-सा समाज या मनुष्य है, जो शाश्वत और समय-निरपेक्ष है? वह कौन-सी दुनिया है जो जड़ और स्थिर हो गयी है? क्या शेक्सपियर और तॉल्सतोय का समाज, आज का समाज है? क्या वे रचनाएं अपने ही समय की सचाइयों को ऐतिहासिक नहीं बनातीं? रघुवंश, रामायण, महाभारत सभी तो इस अर्थ में प्रासंगिक नहीं हैं। क्या वे अपने समय और समाज से नहीं बंधे? यही नहीं, ऐतिहासिक कसौटियों या मनुष्य समाज की स्मृति की पकड़ से दूर जो रचनाएं आज पुराण या माइथॉलॉजी हैं, वे क्या मानव-वृत्तियों की प्रतीक बनकर हमारे लिए प्रासंगिक और पुनर्व्याख्येय नहीं हो उठतीं? स्थितियां और इतिहास बदल जाते हैं, मगर जो चीज बची रहती है, वह है मनुष्य-मनुष्य के बीच के सम्बन्धों के संदर्भ, तनाव और जुड़ाव...मनुष्य को मारने और मरवाने के द्वन्द्व और हर समय या समाज के बीच से हम मनुष्य में उन्हीं की तो तलाश या खोज करते हैं क्योंकि हर चीज के समय और देश का केन्द्रीय बिन्दु तो यह मनुष्य ही है।

लेकिन प्रेमचन्द के पास वह मनुष्य कहां है, जो लड़ता-मरता, टूटता और अकेला

होता जाता है? अनसमझा, घुटता, एकाकी ऐसा आदमी सचमुच प्रेमचन्द के पास नहीं है जो न कहीं जुड़ पाता है न अपने को किसी से जोड़ पाता है, वह जो अपनी नियति के साक्षात्कार में अपना अन्वेषण करता है, मूल्य और सम्बन्धों को तोलता, परखता या तोड़ता है—'बौड़म' जैसी कहानी शायद एकमात्र अपवाद है और तो और, नारी-पुरुष के अन्तरंग सम्बन्धों की एक भी कहानी तो प्रेमचन्द के पास नहीं है। है कोई उनके पास हैमलेट, प्रिंस मिश्किन? वहां व्यक्तित्व नहीं, सिर्फ चरित्रों की भीड़ है। बात एकदम सही है, उनके पास व्यक्ति की यातना नहीं, सामाजिक इकाइयों के द्वन्द्व और समस्याएं हैं। दूसरे शब्दों में, पाठक उनके किसी पात्र के साथ व्यक्तिगत संवाद या साधारणीकरण स्थापित नहीं करता, उनके परिवेश से ही अपना तादात्म्य देखता है। फिर वही सवाल—जब परिवेश बदल जाएगा, तो इस तादात्म्य का क्या होगा? सामाजिक स्थितियां और समस्याएं हमें कहां छुएंगी? यहां कुछ बातों को अगर हम दूसरी तरह समझ लें, तो शायद बात आसान हो जाएगी।

पहली बात तो यही कि परम औद्योगीकृत, विकसित समाज में जैसे व्यक्ति अकेला, अनसमझा, 'मिसफिट' या 'आउटसाइडर' हो उठता है, वैसा सामंती संस्कृति में पला-बढ़ा, विकासशील या अविकासशील या अविकसित देश में प्रायः नहीं होता। वहां अपरिचय और अलगाव की प्रक्रिया, बाहर या शहर और अलग शिक्षा-संस्कार से वापस आये हुए व्यक्ति के रूप में, कभी-कभी ही दिखाई दे पाती है। पूरी तरह ग्रामीण समाज में रहने वाले प्रायः अपनी ही समस्याओं से जूझते रहते हैं और यह स्थिति महानगरों से दस-बीस मील बाहर निकलते ही देखी जा सकती है। मगर निश्चय ही, विकसित और विकासशील देशों की 'आधुनिकता,' वैयक्तिक या सामाजिक समस्याएं गुणात्मक रूप से अलग ही होंगी और भारत को तो अभी दसियों वर्ष प्रेमचन्द की ही स्थितियों में रहना है। दूसरी और महत्वपूर्ण बात यह कि रूस जैसे देश अविकसित भले ही रहे हों, मगर वे किसी बाहरी साम्राज्य के उपनिवेश नहीं थे। भारत सिर्फ अविकसित ही नहीं था, गुलाम भी था। यानी साम्राज्यवाद अपने हितों के लिए सामन्तवाद से गठबंधन करके, उसी व्यवस्था को बनाये रखना श्रेयस्कर मानता था। शिक्षा, आधुनिकता और औद्योगीकरण की उतनी ही मात्रा में एक-एक खुराक दी जाती थी, जितनी शासन की दृढ़ता या अंकुश के लिए जरूरी थी और प्रशासनिक सुविधाएं प्रदान कर सकती थी। शंका और तोल-परख उधर भी थी और उस सबको ग्रहण—अस्वीकार करने वाले भारतीय समाज में भी। दोनों अपने-अपने अन्तर्विरोधी और दुहरी मानसिकता के साथ दे या ले रहे थे।

लेकिन जो तत्व किसी भी हालत में कोई उपनिवेशी साम्राज्य नहीं बर्दाश्त करता वह है उपनिवेश में एकता-संगठन और सांस्कृतिक-मानसिक एकजुटता। अगर ऐसा हो तो शासन कौन चलायेगा? उसके लिए बहुत जरूरी होता है कि उपनिवेश को उसके अपने इतिहास से ही न काटा जाए, बल्कि साथ के समाज में भी धर्म और

फिरके के रूप में 'दरारें और दूरियां बनाये रखी जाएं, एक को दूसरे के खिलाफ इस्तेमाल किया जाए। यह 'बंदरबांट' उसकी अपनी स्थिति सुदृढ़ और स्थायी बनाती है। इस अलगाव-नीति का बड़ा ही बारीक दर्शन है व्यक्तिवाद। औपनिवेशिक साम्राज्यवाद इस दर्शन को अनेक तरीकों से शासित देश के लोगों में ठूंसता रहता है कि हर व्यक्ति अपने-आपमें द्वीप है, व्यक्तिगत होना ही चरम सत्य को पाना है और इन द्वीपों की विश्रंखलित, बिखरी भीड़ का नाम ही समाज है। भाई, बहन, दोस्त, साथी, समाज—कहीं कुछ भी अपना हिस्सा नहीं है। अकेला, अनसमझा और मिस-फिट, आउट-साइडर—उसे अपने सलीब को खुद अकेले ही ढोना है। बहुत साफ है कि अगर आध्यात्मिक या बौद्धिक स्तर पर इस 'व्यक्तिवाद' को गौरवान्वित नहीं किया जाएगा, तो हर कोई दूसरे की नियति और स्थिति के बारे में सोचेगा, जुड़ेगा और शायद आगे जाकर लड़ेगा। (यह विश्लेषण मेरा नहीं, फ्रांज फैनन ने अपनी अद्वितीय पुस्तक 'रेचेड ऑफ द अर्थ' में दिया है जहां वह फ्रेंच कॉलोनियों के मनोविज्ञान का विश्लेषण करता है।)

यही कारण है कि प्रेमचन्द या उस समय के प्रायः किसी भी जागरूक कथाकार में हमें वह 'व्यक्ति' नहीं मिलेगा, जिसकी हमें आज की दृष्टि से तलाश है। यही नहीं औपनिवेशिक साम्राज्यवाद में सांस लेने वाला या और भी आगे जाकर अविकसित देश का लेखक उन स्थितियों और समस्याओं से बच ही नहीं सकता जिन्हें प्रेमचन्द ने अपना सरोकार बनाया है। विकास की ये सारी तकलीफें, खींच-तान, भावनात्मक उद्वेलन हर प्रबुद्ध-लेखक की मानसिकता का हिस्सा होने के लिए अभिशप्त हैं। उसे अस्थायी महत्व का साहित्य लिखने का खतरा उठाकर भी इनसे गुजरना ही होगा। यानी हो सकता है, बहुत जल्दी ही उसका लेखन इतिहास और समाज-शास्त्र की सामग्री होकर रह जाये, मगर इस नियति से निस्तार है नहीं। उसके मूल सरोकार वही बने रहेंगे, जो प्रेमचन्द के हैं। हम रचनात्मक प्रामाणिकता और स्वानुभूत विश्वसनीयता के साथ 'आउटसाइडर' कभी नहीं लिख पाएंगे, हां 'संस्कार' जरूर लिखेंगे।

प्रेमचन्द के यही सरोकार और विश्वास मुझे बार-बार अपनी ओर खींचते हैं। जिस लगन और निष्ठा से उन्होंने अपने सपने को पहली रचना से लेकर अन्तिम लेखन तक संवारा, सुधारा, मांजा, जांचा और उकेरा है, वह मुझे अलैक्स हेली के उपन्यास 'रूट्स' पर लिखा किसी आलोचक का वाक्य उद्धृत करने को मजबूत करता है : 'यह उपन्यास नहीं, एक अनुष्ठान है।' ''रूट्स इज नॉट ए नॉवेल, इट इज ऐन ऐक्ट ऑफ फेथ''। प्रेमचन्द की कथा-यात्रा भी एक ऐसा ही अनुष्ठान है।

इन सरोकारों से अलग करके जब प्रेमचन्द की उपलब्धियों की प्रशस्तियां गायी जाती हैं, उन्हें महान उत्कृष्ट, कलात्मक, सर्वश्रेष्ठ और आज के संदर्भ मे अनुपेक्षणीय या प्रासंगिक-प्रामाणिक बनाया जाता है, तो अपने पिता से जुड़ी हुई ही एक और

बात याद आती है :

पिता की मृत्यु के बाद हफ्तों, लगातार, जो भी कोई आता था, वह बनी-बनायी भाषा में उनकी महानता, उदारता, दोस्त-नवाजी, ईमानदारी और न जाने किन-किन दैवी गुणों की विस्तार से चर्चा करता था। हम दोनों ही जानते थे कि बात चाहे झूठ न हो, मगर इतनी 'सामान्य' है कि आसानी से वहां पिता के नाम की जगह किसी भी दूसरे का नाम रखा जा सकता था। मैं भी पिता के न रहने के आघात और अन्धेरे को बढ़ा-चढ़ाकर ही पूरी नाटकीय-भावुकता के साथ बताता था। दोनों तरफ की यह थोक शब्दावली और झूठ के आदान-प्रदान की बार-बार आवृत्ति भीतर विरक्ति और उदासीनता को ही जन्म दे रही थी; मैं मानसिक रूप से 'ठण्डा' हो रहा था। तभी अचानक कौंधा : यह अतिशयोक्तिपूर्ण प्रशस्तिगान, दुखों का अतिरिक्त, लगभग एक-सा और बार-बार का प्रदर्शन, कहीं भीतरी बारीक चालाकी और महीन सामाजिक साज़िश तो नहीं है कि इस प्रक्रिया से हम मरे हुए को अपने सिस्टम से निकाल रहे हैं, अपनी आत्मा के रग-रेशे से उसे भी पोंछकर बाहर कर रहे हैं ताकि कल स्वस्थ और सुस्थ होकर, पिता से अलग अपनी जिन्दगी को अपने ढंग से समझ और जी सकें। अभी तक तो पिता ही समझ और जी रहे थे, हम तो उनकी छाया में थे।

अपने भीतर से प्रेमचन्द को बाहर निकालने वाले इन समारोहों के माध्यम से, क्या हम उनसे जान छुड़ा रहे हैं? या ईमानदार अर्थों में, मुक्त हो रहे हैं ताकि उनकी उपलब्धियों से हटकर, सरोकारों को अपने में जी सकें...

प्रेमचन्द मेरे लिए वसीयत कुछ नहीं कर गये, वर्ना मुझे वही लेना होता, जो वे दे गये होते। मुझे खुद ही उनके छोड़े में से चुन, छांट-फटक कर, उनकी विरासत का रूप अपने लिए तय करना है।

(मधुमती, फरवरी, 1982)

परकोटे से बाहर के लोग : रांगेय राघव

किसी ने कहा था : 'लेखक पर विश्वास मत करो, उसकी रचना देखो।' अपनी कहानियों पर दिये गये रांगेय राघव के वक्तव्य मुझे नये सिरे से इस कथन की याद दिलाते हैं। वे तात्कालिक प्रतिक्रियाओं में से आये हुए बचाव या प्रहार हैं। आवाज में उत्तेजना है, इसलिए उनकी कहानियों को समझने की कोई दृष्टि नहीं देते। बताते सिर्फ इतना हैं कि प्रायः अपनी सभी कहानियों को लेकर लेखक भयंकर आत्म-विश्वास का शिकार है और आलोचकों ने उनके साथ न्याय नहीं किया है। न जाने क्यों, हर आलोचना के जवाब में 'पाठक के साथ' होने का तर्क मुझे उस कमजोर आदमी की याद दिलाता है जो बात-बात में 'मेरे साथ भगवान है' की दुहाई को हथियार बनाता है।

मगर रांगेय राघव कमजोर लेखक नहीं हैं : वह शक्ति और ऊर्जा के लेखक हैं। कहानीकार के रूप में वे सुदूर अतीत और तत्काल वर्तमान के लेखक हैं। अपनी इस मानसिक बनावट में वह अक्सर प्रसाद की याद दिलाते हैं। प्रसाद में एक खास तरह का आभिजात्य है; सम्राटों, युवराजों, राजकुमारियों, दस्युओं और दासियों की सांस्कृतिक ऐश्वर्यमयी दुनिया से लौटकर जब वे वर्तमान में आते हैं तो चारों तरफ उन्हें गंदगी, गलाजत, मूल्यों और आदर्शों की अनुपस्थिति ही दिखायी देती है। अतीत की दुनिया में सब चीजें, पेशे, व्यवहार, मान्यताएं और मनोविज्ञान, सभी कुछ बहुत कटा-छंटा, साफ-सुथरा, इकहरा और निथरा हुआ है : उनके द्वन्द्व और अन्तर्द्वन्द्व भी सुनिश्चित ज्यामितीय रेखाओं में चलते थे। प्रत्याशित और अप्रत्याशित अपनी पूरी नाटकीयता के साथ उजागर होता था। वर्तमान में तो सभी कुछ उलझा, गुंथा और धुंधला है। इसलिए वर्तमान के प्रति प्रसाद में एक खास तरह की कटुता या 'बिटरनैस' है, यथार्थ से उपजी जुगुप्सा है। यह कुछ-कुछ वैसा ही 'अन्धकार लोक'[1] है जो पुरानी मधुर स्मृतियों में खोये आदमी को यथार्थ के पहले परिचय से धक्के के रूप में उजागर होता है।

सतही दृष्टि से देखने में रांगेय राघव की अपने वर्तमान पर लिखी कहानियों में जो एक तीखापन, आस्थाहीनता और 'सिनिसिज़्म' है, वह प्रसाद के 'कंकाल'

1. नायपॉल की प्रसिद्ध पुस्तक : 'एरिया ऑफ डार्कनैस'

और 'तितली' की मानसिकता की अनुगूंज लग सकता है, मगर दोनों में मौलिक अन्तर यह है कि प्रसाद, विशाल सभागारों, चैत्यों और भव्य प्रासादों से निकलकर वर्तमान में आते हैं, रांगेय राघव वर्तमान की दृष्टि और दृष्टिकोण से इतिहास को ढालने वाली शक्तियों के घात-प्रतिघात को अतीत में खोजते हैं। प्रसाद सुदूर अतीत और वर्तमान के बीच के लम्बे अन्तराल को फलांगते हैं, रांगेय राघव ने आचार्यों, सन्तों और भक्त कवियों के साथ-साथ मध्यकाल की भी यात्रा की है। एक के लिए इतिहास स्मृति है, धरोहर है, दूसरे के लिए प्रक्रिया है। हालांकि सुदूर अतीत को अपना कथा-केन्द्र बनाने वाले प्रसाद ही नहीं, राहुल, यशपाल, भगवत शरण उपाध्याय सभी में मध्यकाल, विशेष रूप से मुसलमानी-युग की अनुपस्थिति मुझे मात्र संयोग ही नहीं लगती। रांगेय राघव ने भी उस युग को उस तरह सीधे-सीधे तो नहीं ही लिया है, जैसा वृन्दावन लाल वर्मा ने; यानी सुदूर अतीत में सत्ता-केन्द्र सीधे ही उनके कथा-स्रोत हैं, जबकि मध्यकाल में सत्ता के परकोटों से बाहर के विद्रोही कवि, सन्त।

'परकोटों से बाहर के लोग' सच पूछा जाये तो रांगेय राघव की कहानियों का अधिकांश संसार इन्हीं लोगों से बसा है। अनजाने कबीलों, पिछड़ी जातियों और गुमनाम व्यक्तित्व वाले लोग, ये ही गोर्की की 'निचली गहराइयों' के लोग भी हैं। अजब नहीं है कि रांगेय राघव की तुलना कृश्न चन्दरीय रोमानियत के बावजूद, अपनी भाषा, कथ्य, तेवर और तीखेपन मे अक्सर गोर्की से की जाती रही है। स्थितियां कितनी बिगड़ी और खराब हो चुकी हैं, मगर जल्दी से जल्दी बदल क्यों नहीं रहीं? यह अधीर आक्रोश और क्षोभ, रोमानी क्रान्तिकारी लेखक को भावोद्वेलन और आवेगमयी भाषा-विस्फोट में स्थगित कर देता है, यानी वास्तविकता को जहां का तहां छोड़कर वह अनुपस्थित या अमूर्त क्रान्तिकारियों, प्रगतिशील शक्तियों, उज्ज्वल भविष्योन्मुखी आशावाद को वाचाल सम्बोधन करने लगता है। शब्दों और मुहावरों और फिकरों के दुहराव से प्रभाव-शक्ति का आश्वासन निचोड़ता है। अपनी प्रारंभिक कहानियों में रांगेय राघव भी इस शब्द-स्फीति के शिकार हैं। यों उनके पास प्रसाद की गरिमामयी, कालिदास की उपमा उत्प्रेक्षाओं से लदी और बाण की गुम्फित संस्कृत बहुल क्लासिक भाषा का, 'मृगतृष्णा', 'देवदासी' जैसी कहानियों में अभाव नहीं है, मगर तत्काल वर्तमान की कहानियों में जैसे वे भाषा, वाक्य, व्याकरण के सारे अनुशासन तोड़ देना चाहते हैं : उनका आवेश और आक्रोश, कूल-किनारे तोड़ती वन्या का प्रभाव लिये है। वैसे भी ताण्डव और प्रलय उनके चित्रों के प्रिय विषय रहे हैं। वस्तुतः रांगेय राघव के सारे किशोर-संस्कार छायावाद से बने हैं, लेकिन शीघ्र ही वे अपने आपको प्रगतिवाद के दबावों में तकाज़ों के बीच पाते हैं। प्रारंभिक छायावादी अतिरिक्त भाषाग्रह, आगे बहुत दूर तक रूप बदल कर उनके प्रगतिशील लेखन का भी मुख्य सरोकार रहा है। अन्तर सिर्फ यह है कि छायावाद की भाषा संगीतमयी, मधुर, धुंधली, रहस्यवादी और उछ्वास लिये होती थी और प्रगतिवाद

की भाषा आक्रमक, आवेशरुद्ध और जिहादी।

मगर भाषा अपने आप में संवेदना-विशेष की ही अभिव्यक्ति है। रांगेय राघव की संवेदना में यह उथल-पुथल, विखण्डन और आवेग कहां से आया है जो भाषा की उदण्ड उन्मत्त, निर्बन्ध शक्ति का तेवर ग्रहण करता है? या जो अक्सर तार्किक अन्विति (कोहरेन्स) का धरातल छोड़कर विस्फोट और विस्फार में सार्थकता तलाश करने लगता है? मैं फिर यहां 'परकोटे से बाहर के लोग' वाली बात पर ही लौटने की मजबूरी पाता हूं। क्योंकि यही वह स्रोत है जब रांगेय राघव इन लोगों की तस्वीरें खींचने वाला कैमरा फेंक कर परकोटे के भीतर के लोगों पर धुआंधार पत्थर और गालियां फेंकने लगते हैं, उनकी तरफ से खुद लड़ने लगते हैं। यानी बंधी-बंधाई विधाओं और कलात्मक शिष्टाचार के सम्भ्रान्त अनुशासन तोड़कर खुरदरे रिपोर्टाज लिखने लगते हैं। और भी गहराई में अपने आभिजात्य के सारे खोल, लबादे फाड़कर 'परकोटे के बाहर के लोगों' के साथ आ-खड़े होते हैं—तूफानों के बीच...

मुझे लगता है, द्वितीय महायुद्ध के दौर या भारत-विभाजन से भी अधिक बंगाल का अकाल ही वह भयावह अनुभव रहा है, जिसने रांगेय राघव की सारी मानसिकता को उलट-पलट कर दिया है। धीरे-धीरे सीझती चेतना में अचानक उठ खड़ा होने वाला वह ताण्डव है जो पहले के सारे अनुशासन और करीनों को तहस-नहस कर डालता है। जब वे बंगाल गये थे तो बाइस-तेइस साल की कच्ची और तीव्र प्रतिक्रियाओं की उम्र थी। और वहां उन्होंने आदमी को मरते और मारते पाया था; अभाव और मजबूरी में आदमी का आदिम और बर्बर रूपान्तरण या प्रत्यावर्तन देखा था। भौतिक, शारीरिक, नैतिक और आध्यात्मिक मृत्युओं और कब्रिस्तानों का यह प्रत्यक्ष साक्षात्कार उनके लिए निश्चय ही 'नाइटमेयरिश' अनुभव रहा होगा। युद्ध-क्षेत्र के ठीक बीचोंबीच या बाद में मास्को के लंका-दहन से गुजरा हुआ 'वार एण्ड पीस' का पियरे भी वह पहले वाला पियरे कहां रह गया था? किसानों और कैदियों के बीच क्या पियरे को नहीं लगा था कि वह फ्री-मैसोनिक लोगों के आध्यात्मिक उन्नयन और ईश्वरीय दर्शनों की दुनिया, काउण्टों, प्रिंसों और जनरलों की कुलीन मानसिक यातनाएं न जाने कहां छूट गयी हैं? रांगेय राघव भी मौत, मजबूरियों, जिजीविषाओं और पस्ती के वैसे ही तूफानों के बीच से निकल कर आये थे और अचानक हम पाते हैं कि उनकी भाषा, कथ्य, संवेदना, प्रतिबद्धताएं, सभी कुछ बदल गया है... हर महान और महिमामय से उनकी आस्था टूट गयी है...

शायद यही कारण रहा होगा कि उनकी अगली कथा-रचनाओं में अक्सर लोग बहुत आसानी से मरते हैं, समझौते करते और स्थितियों के सामने बिना आत्मदंश के झुक जाते हैं। संस्कार चेतना ही नैतिक-अनैतिक का विवेक देती है। उनके पात्र इस बोध से मुक्त या वंचित हैं।

और यहां हमें उनके वक्तव्यों, भाषणों और वैचारिक लेखों को निर्ममतापूर्वक

अलग रखना होगा। क्योंकि वक्तव्यों के उद्धरणों से कभी भी आदमी का चरित्र नहीं आंका जा सकता। उसे सिर्फ व्यवहार से समझा जा सकता है। रचना अपनी आन्तरिक शक्ति से ही जांची जाती है : उद्धरणों या वक्तव्यों से नहीं। जो कुछ रांगेय राघव की रचनाओं के समर्थन में उद्धृत किया जाता है वह प्रायः प्रतिक्रियाओं और झल्लाहटों से आया हुआ लेखन है। हां, उनकी संवेदना की अपनी और स्वतंत्र अभिव्यक्ति तो 'भय', 'धर्मसंकट', 'घिसटता कम्बल', 'पंच परमेश्वर', 'तबेले का धुंधलका' या 'गदल' जैसी कहानियां हैं... 'कब तक पुकारूं', 'हुजूर', 'काका' और 'घरौंदे' जैसे उपन्यास हैं, जहां किसी भी स्वीकृत नैतिक मूल्य के प्रति विशेष आस्था नहीं है। ये सब उसी अनुभव की दूरगामी परिणतियां हैं 'जब तूफानों के बीच' के रिपोर्ताज लिखे गये थे और वहां उन्होंने हर विश्वास या उदात्त को मरते देखा था : शील, कौमार्य, मातृत्व ही नहीं, हर रिश्ते की धुरी टूटी हुई पायी थी, हर मानवीय आस्था को निरर्थक महसूस किया था और शाश्वत पाया था हर सामाजिक संस्कार से ऊपर मार देने या जीवित बने रहने का पाशवी तर्क...

बिना इस मानसिकता और पृष्ठभूमि को समझे या तो रांगेय राघव की कहानियों को गलत समझा जा सकता है या नजरंदाज किया जा सकता है। फिर भी जल्दबाज़ी में अगर हम कुछ नतीजे नहीं निकालना चाहते तो हमें सहानुभूति से समझने की जरूरत है कि क्यों 'तबेले के धुंधलके' में भाई, अपनी बहन की अस्मत का सौदा करता है, क्यों 'दीवालिए' में कौल, उस्ताद को गच्चा देता है, क्यों 'पंच-परमेश्वर' में बड़ा भाई, छोटे भाई की बहू को अपने घर बैठाकर पंचों को खरीद लेता है, क्यों प्रेमचंद के न्यायप्रिय परमेश्वर एक कुल्हड़ दारू में गलत को सही बनाते हैं और सारे प्यार या विश्वास को ठेंगा दिखाती फूलो, चंदा के रुपये, जले पर नमक की तरह फेंक देती है, क्यों 'भय' कहानी में पंचन्याय का इससे भी घिनौना चेहरा दिखायी देता है जहां कुंदन, अपने ही जीजा तुरसी की पुत्रवधू के साथ बलात्कार करता है और झगड़ा तुरसी कुंदन की फौजदारी का बनता है, पुलिस-डाक्टर, मास्टर सब खरीदे बेचे जाते हैं, पंचायत पक्षपात करती है और कुन्दन मूंछों पर ताव देकर घूमता है, या 'ऊंट की करवट' में संभ्रान्त पण्डों की कुलवधू सरयू खुलेआम थानेदार के साथ नौका विहार करती और शराब पीती है और इज्जत के नाम पर वेश्या हुस्ना दर-दर की भिखारिन बना दी जाती है; क्यों 'धर्मसंकट' में बाप-बेटे एक दूसरे का गला काटने पर उतारू हैं, क्यों 'बॉबी और मंतर' में चौधरी, वात्सल्य की आड़ में पुत्तन का एक अपराध ढंकने के नाम पर उसे तस्करी के खतरनाक धन्धे में झोंक देता है, क्यों 'प्रवासी' कहानी में कोमलम्मा, गोपालन का भावनात्मक शोषण करती है, उसे बाप और भाभी की छाया से हटाकर देस-निकाला दे देती है...?

लम्बी सूची है ऐसी कहानियों की, जहां गरिमामय, शाश्वत और सांस्कृतिक दिव्य को वास्तविकता के द्वन्द्व में पराजित और ध्वस्त होते दिखाया गया है शायद

अनजाने और अनचाहे ही, वस्तुगत यथार्थ के बेबाक चित्रण के नाम पर। इस बात से कहीं भी इनकार नहीं किया जा सकता कि 'परकोटे के बाहर' के इन कथा-नायकों से रांगेय राघव की अद्‌भुत घनिष्ठता है और वे जिस सहजता और प्रामाणिकता से स्थितियों, चरित्रों को उद्‌घाटित करते जाते हैं वहां कहीं अहसास नहीं होता कि कहीं कुछ पूर्व निर्धारित या पूर्व--नियोजित हो रहा है। जिन लोगों और जिन स्थितियों की ये कहानियां हैं वहां किसी भी तथाकथित आदर्श या निष्कर्षों का होना ही उन्हें बनावटी बनाता, जैसा किसी हद तक 'फूल का जीवन' या 'लक्ष्मी का वाहन' जैसी कहानियों में हो गया है।

कहानी के अन्त में निष्कर्ष 'गदल' में भी निकाला गया है, मगर मुझे लगता है कि 'गदल' सारी कहानियों से अलग है। हालांकि रांगेय राघव कहते हैं कि उन्होंने 'गदल' ही नहीं और भी अच्छी कहानियां लिखी हैं। 'गदल' की तरफ ध्यान चला गया है, बाकी की तरफ नहीं। मगर मुझे कहने दिया जाये कि रांगेय राघव की अधिकांश कहानियां पढ़ने के साथ ही समाप्त हो जाती हैं, ध्वनित या व्यंजित कुछ नहीं करतीं। प्रकृतिवाद की यह नियति है। हां, यह श्रेय उन्हें जरूर दिया जाना चाहिए कि उन्होंने हिन्दी-कहानी को अज्ञेय, जैनेन्द्र, इलाचन्द्र जोशी, पहाड़ी इत्यादि के सफेदपोश ड्राइंग रूमों या मध्य-निम्न मध्यवर्गीय घुटन से ही नहीं, यशपाल तक के सैद्धांतिक परकोटों से बाहर जिन्दा घुटते-मरते लोगों के बीच निकाला था, कहानी की दुनिया को ताजगी और खुलेपन का अहसास कराया था, मगर अपने मूल में उनकी कहानियां पिछले रिपोर्ताजों की प्रतिध्वनियों से मुक्त नहीं हैं क्योंकि वे व्यक्तियों की नहीं, प्रवृत्तियां की कहानियां हैं।

'सिचुएशन' एक गतिहीन स्थिति है, जैसे ही आदमी सक्रिय होता है, सोचता या निर्णय लेता है, स्थिति, घटना या 'ईवेण्ट' में बदलने लगती है। आदमी स्थिति के खिलाफ या पक्ष में खड़ा होता है तो कहानी बनती है। रांगेय राघव की प्रारंभिक कहानियां 'सिचुएशन्स' के ईवेण्ट में बदलते-बदलते पुनः सिचुएशन्स में लौट जाने की कहानियां हैं। अपनी इस प्रक्रिया में भी कहानी जो कुछ ध्वनित या व्यंजित कर जाती है, उसका रांगेय राघव में प्रायः अभाव है। अमरकान्त की 'जिन्दगी और जोंक' इसी टैकनीक की कहानी है जो स्थिति को विचार के धरातल तक ले जाती है, जबकि रांगेय राघव की 'गूंगे' टैगोर की 'सुभाषिणी' की तरह सिर्फ भावुक उद्वेलन तक ही बनी रहती है।

मैं यह भी मान लेता हूं उनका यथार्थ अनुभूत और प्रामाणिक है, कि उनकी कहानी में ट्रीटमेंट का मूलभूत गुण; विश्वसनीयता और अनिवार्यता (क्रैडिबिलिटी तथा इनैविटेबिलिटी) अक्सर खण्डित नहीं होती : मगर कलात्मक कहानी अपने पार जो कुछ कहती है, वह सब अनुपस्थित है। वे जीवन की इकहरी कतरनें हैं। उनके पात्र जीवन की आपाधापी में बढ़ते--सरकते लोग हैं, वे स्थितियों के सामने घुटने

टेकते, उन्हें स्वीकार करते लोग हैं; पंडित सालिगराम पेड़ काटने का विरोध भी करते हैं तो कुत्ते की तरह कुचल दिये जाते हैं, उन्हें बलिदान की वह गरिमा भी नहीं मिलती जो 'गदल' को मिली... वस्तुतः 'पेड़' या 'गदल' जिन उद्देश्यों को आत्मसम्मान का प्रश्न बनाकर बलिदान की स्थिति पैदा करते हैं, वे रूढ़ियां या अन्धविश्वास ही अधिक हैं 'कॉज़' कम; वे व्यक्तिगत सामन्ती आन के प्रश्न हैं। प्रेमचन्द का होरी जब गो-दान की रूढ़ि और अन्धविश्वास के लिए मरता है तो करुणा या गुस्सा पैदा होता है, पूरी व्यवस्था के बदले जाने की जरूरत महसूस होती है। रांगेय राघव ने 'गदल' में पाठक से श्रद्धा और सम्मान की प्रत्याशा की है वर्ना शायद वे खुद भी नहीं चाहते होंगे कि भावना का प्रश्न होने के बावजूद मृत्युभोज अनुकरणीय परम्परा है। वह सचाई है, इससे इनकार कौन करेगा? मगर गलत मूल्यों की वकालत के बावजूद 'गदल' इन सीमाओं के अतिक्रमण का प्रयास है...

यहां इस मुद्दे पर बात करना भी अप्रासंगिक नहीं होना चाहिए कि क्यों 'गदल' हमें कहीं 'उसने कहा था' कहानी की याद दिलाती है? यह सही है कि 'गदल' गांव में रहने वाले ऐसे दुर्दनीय गूजरों की जाति-उपजाति की कहानी है जिनके अपने नैतिक मूल्य हैं, अपने विश्वास और मानदण्ड हैं और जिनके बारे में 'परकोटे के अन्दर के लोग' प्रायः कुछ नहीं जानते। अनजाना और अपरिचित संसार कहानी को सूचनात्मकता तो दे सकता है, 'गदल' नहीं बना सकता। वस्तुतः 'उसने कहा था' के उजड्ड सिख और 'गदल' के गूजर लगभग एक जैसे व्यवहार और वर्जनाहीन मानसिकता के लोग हैं। वे किस बात को आन का प्रश्न बनाकर जान दे या ले लेंगे, कह सकना मुश्किल है। इसलिए दोनों कहानियों में भावनाओं का 'हाईड्रामा' बन्दूकों की गोलियों की छांह में चरम परिणति पाता है और सबसे महत्वपूर्ण बात कि नाटकीयता और हिंसा की इस जोखिम-भरी स्थिति के समानान्तर, प्रेरक प्राणधर्मी प्यार मद्धम स्वर (अंडरटोन) में ही ध्वनित होता रहता है; एक जगह 'देखता नहीं, रेशम का शालू' और 'बेटे का ध्यान रखना' का अटूट विश्वास देने वाली सरदारनी का प्यार और दूसरी जगह, 'जो एक दिन अकेला न रह सका...' उस डोड़ी की मूक वेदना... मौत और बारूद के घने काले धुएं के बावजूद विश्वास और प्यार की यह भूरी चंदन-गंध ही शायद दोनों कहानियों को कलात्मक गहराई में जोड़ती है...

रांगेय राघव के लेखन में 'गदल' इसलिए और भी विशिष्ट कहानी है कि अपनी पहली कहानियों में वे 'प्यार और विश्वास की इस भूरी चंदनगंध' पर से विश्वास खो बैठे हैं, और इसका दर्शन इस कहानी में प्रायः अप्रत्याशित और अचानक ही होता है। सच पूछा जाये तो 'गदल' के आत्म-बलिदान की स्थिति (क्राइसिस) मुझे बहुत 'कन्विसिंग' नहीं लगती। गैर-कानूनी दावत के लिए घिरे-हुए, डाकुओं जैसी यह बन्दूकबाजी—मुझे अतिशयोक्ति ही लगती है। यह स्थिति तो सिर्फ चालान और जुर्माने या कैद की है : बन्दूकें दागने की नहीं। हिंसा के इस वातावरण के लिए

किसी और स्थिति की उद्भावना ज्यादा विश्वसनीय और प्रामाणिक हो सकती थी, तब शायद 'गदल' का कद्दावर व्यक्तित्व अपनी भावनात्मक निष्ठा को अधिक सार्थकता के साथ व्यक्त करता। मुझे रांगेय राघव के नारी व्यक्तित्व अधिक दृढ़ और आत्मविश्वासी लगते हैं। यह एक अलग विषय है कि कृष्णा सोबती को अपनी 'मित्रो मरजानी' के निर्माण में कहीं 'गदल' से प्रेरणा मिली थी या नहीं?

'गदल' इसलिए भी महत्वपूर्ण कहानी है कि पिछली कहानियों और बिखरे, फैले हुए जीवन-खण्ड यहां एक कलात्मक गठन पाते हैं, पात्रों के व्यक्तित्व अपने चेहरे और पहचान बनाते हैं, अपने निर्णय लेते हैं और स्थितियों के खिलाफ खड़े होते हैं। 'सिचुएशन' को झकझोर डालते हैं। सब मिलाकर कहानी का सम्पूर्ण प्रभाव बिखरता नहीं, प्रभाव की एक इकाई में संशिलष्टता पाता है और कहानी पढ़ने के बाद भी पाठक के साथ रहती है...

यहीं से उस कला और प्रभाव के अन्वेषण की प्रक्रिया प्रारंभ होती है जिसे सार्थकता और प्रामाणिकता देने की दिशा में नई कहानियां लिखी गयी थीं।

स्त्री गाथा

इधर महिला लेखिकाओं की ओर से यह आग्रह बार-बार किया जा रहा है कि उनके लेखन को ज़नाना या मर्दाना कहकर न अलगाया जाये। 'लेखक' सिर्फ लेखक होता है, उसके साथ महिला विशेषण लगाते ही हम उसे ऐसे वर्ग में आरक्षित कर देते हैं जहां उसका लेखन 'कुछ ऐसा ही' सा हो जाता है और लिहाज या प्रोत्साहन से देखे जाने वाली वस्तु की गंध देने लगता है। पुरुष लेखक का अर्थ होता है वयस्क, गंभीर, विकासशील और मुक्त... महिला लेखन में ध्वनि है कि वहां वह सब नहीं है, साथ ही है पुरुषों की ओर से एक सरपरस्ती की अदा, खुद ऊंचा होने का विनम्र दंभ... यानी यह विभाजन एक षड्यंत्र है।

जिस षड्यंत्र की ओर इशारा किया जा रहा है, वह मुझे लेखन में उतना नहीं दिखाई देता, जितना जिंदगी के दूसरे क्षेत्रों में। महिला अफसर से भी अधिक महिला कार-ड्राईवर के प्रति यह पुरुष रवैया अधिक मुखर है। अभी तक यह क्षेत्र सिर्फ 'मर्दाना' रहा है, वही स्वाभाविक और स्वीकृत है। महिला को कार चलाते देखकर साथी चालक उसे एक खास अविश्वास, आशंका, कौतूहल, प्रतिरोध और ईर्ष्या से ऊंचाई पर खड़े होकर देखता है। उसकी हर गलती को उसके 'ज़नानेपन' से जोड़ता है—बड़बड़ाता है, "घर में बैठकर रोटी बनती नहीं है, यहां चली आई है गाड़ी लेकर हमारा खून पीने!" कभी उसे देखकर मुस्कुराता है, अगर महिला सुन्दर हुई तो उसे 'ग्रेसफुल' मानने की रियायत देता है...

लेखन भारत में महिलाओं के लिए अपेक्षाकृत विरल और नया है, इसलिए रियायत, सरपरस्ती और पक्षपात अधिक है—स्त्री इसी का विरोध करती है। यहां भी कविता के क्षेत्र में उन्हें प्रायः सहज स्वीकृति है, कथा और विचार लेखन में अभी पुरुष रवैया सन्तुलित नहीं है। कविता में अपने को छिपाकर बात कही जा सकती है, अमूर्तन में संतोष खोजा जा सकता है, कहानी उपन्यास में संदर्भों, स्थितियों और व्यक्तियों को खोलना पड़ता है। नारी चाहे तन खोले या मन, मर्दानी निगाहें रस और दिलचस्पी से उसे देखती हैं। अगर दो अपरिचित पुरुष और महिला की रचनाएं साथ-साथ छपी हों तो पहली निगाह महिला पर जायेगी। यही क्यों, उस कहानी को कुछ बौद्धिक प्रयास से ही पढ़ना होगा, जिसमें नारी पात्र नहीं है।

शिक्षा और संस्कार, उदारता और अनुशासन, नैतिकता और सदाशयता जैसी प्रेरणाओं से अभी तक हम यानी पुरुष ही तय किया करते थे कि नारी के तन और मन को कितना खोलना है और कितने बंधन उसकी 'स्वतंत्रता' में बाधक हैं या कितनी मुक्ति उसके हित में है अर्थात कितने खुलेपन को हम खुद बर्दाश्त कर लेंगे। अब नारी खुद तय करना चाहती है कि उसे कहां और कितने बंधन चाहिए... वह पिटे हुए बच्चे की तरह कभी डर और कभी उदण्डता से हमारी निगाहें देखती है कि कहां तक हम 'सह' लेंगे, या कितना खुलाव उसे चाहिए। आरोप उस पर यह भी है कि अपने आपको खोलने में उसकी निगाह हमारे रीझने और खीझने पर ही ज्यादा है, अपनी भीतरी-बाहरी वास्तविक जरूरतों पर कम। लेखन भी अभी उसकी अपनी सहज अभिव्यक्ति के रूप में नहीं, हमारी प्रतिक्रिया में से आया या प्रतिक्रिया उकसाता लेखन है। पुरुष पहले उसका उपास्य था, अब 'मॉडेल' है—यानी जैसा उसे बनना है। प्रारंभिक होने के कारण यह स्थिति बहुत अस्वाभाविक नहीं है।

आज जिसे हम 'जनाना लेखन' कहते हैं वह दो बातों से पहचाना जा सकता है : एक है महिलाओं का लेखन, दूसरा अपने लेखन के प्रति खुद उनका रवैया।

दूसरी बात से ही शुरू किया जाये : सदियों की गुलामी, सामाजिक स्थिति और असुरक्षा में बने रहने ने, नारी के सारे आत्मविश्वास को छीन लिया है। उसे अपने 'होने' और बनने की हर स्थिति में पुरुष की स्वीकृति, समर्थन चाहिए। कुछ क्षेत्रों में वह नारी को उन्मुक्त अनुमोदन देता है तो कुछ में झिड़क देता है, 'तुम्हारे बस का नहीं है' या 'तुम्हारे मतलब का नहीं है।' इधर हिन्दी की अधिकांश लेखिकाएं अच्छे मध्यवर्गीय या उच्च-मध्यवर्गीय परिवारों से आई हैं। दिल्ली में तो एकाध कामकाजी महिला को छोड़कर प्रायः सभी खाते-पीते सम्पन्न घरों की हैं जिनके पति या तो व्यवसायी हैं या अफसर... वही वर्ग है जिसकी पत्नियां सुन्दर, सुरुचिपूर्ण घरों को संभलवाती हैं, दिन में शॉपिंग, हेयरसिंग या किटी पार्टियों में जाती हैं, शाम को समारोहों, होटलों, क्लबों, की शोभा बढ़ाती हैं, बाबाओं और ज्योतिषियों के चक्कर काटती हैं। इन्हीं में से कुछ हैं जो अपनी कलात्मक रुचियों को विकसित करना चाहती हैं—साधन और सुविधाएं हैं और 'आप तो जो करती हैं उसमें कमाल ही कर देती हैं' की उनमुक्त प्रशंसाओं ने दंभ के किनारे छूता आत्मविश्वास दे दिया है। सुबह से शाम तक वे यही तो सुनती रहती हैं कि : "आपके पर्दे, आपका फर्नीचर, आपकी साड़ी, आपका फिगर, आपका खाना, आप खुद, अद्भुत और लाजवाब हैं ... ।" आखिर चौबीसों घण्टे आरती उतारने का कुछ न कुछ असर तो मनोविज्ञान को बनाता ही है। अब इनमें यह कुण्ठा होना बहुत स्वाभाविक है कि जो ये प्रशंसाएं नहीं करता, वह जलता है, कुण्ठा का मारा है या मानसिक विकलांगता का शिकार है। उससे किसी दूसरे की अच्छी चीज देखी नहीं जाती, खुद का टेस्ट निहायत भौंडा है, इसलिए ऐसी चीजें एप्रिशयेट नहीं कर पाता...इत्यादि...

आश्चर्य की बात है, अपनी सारी बौद्धिक प्रखरता और क्लास से ऊपर उठ जाने की घोषणाओं के बावजूद अधिकांश लेखिकाएं तकल्लुफी काम्प्लिमेंट्स (प्रशंसाएं) लेने की इस कुंठा से मुक्त नहीं हो पातीं! वे जान बूझकर इस विश्लेषण में नहीं जातीं कि इनमें कितनी प्रशंसाएं उनके नारी होने की हैं, कितनी पति की सम्पन्नता और पद की हैं और कितनी अपने सामाजिक प्रभाव की। इनमें यह आकांक्षा बल्कि विश्वास होना बहुत स्वाभाविक है कि सारा साहित्य जगत उन्हें वही, उन्मुक्त प्रशंसाएं दे जो वे अपने मेहमानों या अतिरिक्त उपकरणों से खरीदी गयी गोष्ठियों और विमोचन समारोहों में पाती रही हैं। जहां ऐसा नहीं है, वहां उनके तमतमाये चेहरे देखने लायक होते हैं। अगर शिष्टाचार की सीमाएं न होतीं तो वे गली-मोहल्ले की औरतों की जुबान में 'आलोचकों' की खबर लेतीं... अब तो सिर्फ इतना ही कहकर रह जाती हैं कि 'मूर्ख' है, समझता नहीं है, कोई दृष्टि ही नहीं है—हमने पांच साल की उम्र में जेन आयर और वार एण्ड पीस घोट डाले थे... या मुझे जब पिछली बार रोटरी क्लब वालों ने अध्यक्षता के लिए बुलाया था तो... या हमें समझने वाले तो अब विदेशों में ही रह गये हैं...

इनमें से अधिकांश का तर्क है : देखिए, हमें लेखन के जरिए कुछ नहीं लेना। भगवान का दिया (यहां वे जान-बूझकर 'पति का दिया' नहीं कहतीं) सब कुछ है। हम तो जो ईमानदारी से महसूस करते हैं, लिखते हैं...। अब यहां उन्हें कौन समझाए कि जिसे आप 'ईमानदारी से महसूस' करना कहती हैं, उसकी भी अपनी एक रूढ़ि है, कि 'महसूस' करने का भी विश्लेषण किया जाता है या महसूस करने की दुनिया का भी विस्तार किया जाता है। उसे दूसरों के 'अहसास' से जोड़ा भी जाता है। आप सिर्फ वही 'महसूस' कर पाती हैं, जितने की आपको छूट है। आप यह भूल जाती हैं कि लिखना कुछ जोखिम का काम भी है और सिर्फ ईमानदारी अपने आप में अधूरा मूल्य है, इसके साथ 'साहस' शब्द भी जुड़ा है। जो महसूस किया जाये उसे साहस, लेकिन बिना कलात्मक संयम खोये कहा भी जाये। वहां कुछ को नाराज न करने का अंकुश, अपनी 'सती सावित्री' की छवि, सामाजिक स्थिति का लिहाज, बच्चों, बड़ों का ख़याल—ये सारे हिसाब-किताब 'अहसास' को कितना कुछ 'ईमानदार' रहने देते हैं? नैतिक, आर्थिक और सामाजिक सुरक्षाओं के बीच ईमानदार बने रहने की यह जोड़-तोड़ साहसिक की जगह महिला लेखन को एक खास चालाकी और चतुरता भरा, नकली, आत्मपीड़क, आत्मछल या 'आत्मधिक्कार' का लेखन बना देती है। एक तो सदियों की कैद के कारण वैसे ही महिलाओं की बातचीत या लिखने का दायरा बहुत सीमित है, वही पति, बच्चे, सास, ननद और पड़ौसी, नौकर, मेहमान, गहने-कपड़े, आत्मप्रशंसा, अकेले और अनसमझे होने की यातना और आत्मदया—और वहां भी 'टुकड़ों टुकड़ों में बंटी ईमानदारी'—सुरक्षित भूमियों में डरते-डरते बढ़ना और फिर सहमकर वापस अपने घोंसले में लौट आना... पति या परिवार के उधारी गौरव

में जीना। हां, व्यक्तिगत रूप से महिला लेखिकाओं की ईमानदारी चाहे जितनी साहसहीन हो, समग्र महिला लेखन एक बात जरूर ईमानदारी से व्यक्त कर रहा है; वह है आर्थिक और सामाजिक निर्भरता के माहौल में नारी होने की व्यर्थता, अर्थहीनता और खोखलेपन का अभिशाप—सम्बन्धों के झूठे पड़ते जाने का दंश... फिर परिचित दुनिया में लौट आने या अपरिचित शून्य में छलांग लगाने वाली 'आत्महत्याएं'।

इस प्रशंसाजीवी, सीमित, फुरसती और निहायत ही प्रेडिक्टेबिल लेखन के मुकाबले आर्थिक, सामाजिक दुनिया में अपने अस्तित्व के लिए संघर्ष करते नारी लेखन का व्यक्तित्व निश्चय ही एक दूसरे रूप में उभर रहा है। उसका 'विज़न' और 'पर्सपेक्टिव' बड़ा है, इन्हीं परिचित विषयों पर लिखते हुए भी उसका लेखन वही नहीं है जिसे दया या व्यंग्य से हम 'जनाना' कहते हैं। मुझे लगता है, जब तक अधिकांश महिलाएं स्वयं अपने लेखन के प्रति अपना दृष्टिकोण नहीं जांचती और बदलतीं तब तक न तो वे अपने आपसे ऊपर उठ पायेंगी न अपने वर्ग से...। बहुत क्रूर होकर इस रवैये की शल्यक्रिया की जरूरत है...

अधिकांश लेखिकाएं इसी मिथकीय विश्वास की शिकार हैं कि 'हमारी रचना ... हमारी सन्तानें हैं।' पुरुष भी अपनी रचनाओं या पुस्तकों को अपने बच्चे बताता है और अक्सर उसे वही बच्चा ज्यादा प्रिय या श्रेष्ठ लगता है जो उसे ज्यादा यश या धन कमाकर दे। नारी का दृष्टिकोण अपने बच्चों के लिए यही नहीं है : संसार का सबसे मेधावी, विलक्षण अद्भुत और प्रायः सुन्दर अगर कोई बच्चा है तो वह उसका पुत्र ही है। 'टीचर नाराज होने पर या दूसरे बच्चों के लिए पक्षपात करने के कारण उसे कम नम्बर दे दे या फेल कर दे, यह दूसरी बात है, वर्ना कोई मुकाबला है उसकी इण्टेलिजैन्स का? वह तो इतना सीधा है कि दूसरे लड़के बदमाशी करते हैं, नाम इसका लगा देते हैं। मैं इसलिए नहीं कह रही हूं कि वह मेरा बेटा है, अगर वह मेरा बेटा न भी होता, तब भी मैं यही कहती।' नहीं बहन जी, अगर वह आपका बेटा न होता तो आप बिल्कुल ये विशेषण नहीं लगातीं। मां अपने बेटे को लेकर कितनी चौकन्नी और खूंखार होती है, हम सब जानते हैं, 'देखे तो कोई टेढ़ी आंख मे उसे, आंखें निकाल लूंगी...।'

मान लीजिए बहुत ही ईमानदारी से महसूस करके बहनजी ने अपनी 'रचना' नाम की संतान पैदा की और आलोचक है कि उसे निहारकर गदगद ही नहीं हो रहा, कभी नाक टेढ़ी बताता है कभी आंख छोटी या माथा संकरा... अब अगर लेखिका इसका मुंह न नोंचे तो क्या करे...? 'समझकर आलोचना की होती तो मैं मान लेती—लेकिन यह तो शुद्ध बदनीयती है...' इसके सिवा क्या कहें?

इस लेखिका को यह समझाना बहुत मुश्किल है कि रचना उस अर्थ में बिल्कुल उसकी संतान नहीं है जिस अर्थ में बेटा या बेटी है। रचना का कोई एक 'बाप' नहीं है। बाप का नाम बताना, लगाना यहां जरूरी भी नहीं है। वह मां के नाम से

ही जानी जायेगी। न जाने कहां से रचनाकार को उसके बीज मिले हैं। इस अर्थ में रचना उस मां की संतान है जो न जाने कितने पुरुषों के संपर्क में आई है। वह अनेक सामाजिक प्रभावों और संघातों की देन है जिसे रचनाकार ने अपने हिसाब से रूप दिया है, इसलिए वह सामाजिक संपत्ति है, सभी को उस पर अपनी राय देने का अधिकार है। इस सामाजिक बच्चे की मां, व्यक्तिगत रूप से उसको चाहे जितना लाड़-प्यार करे, सामाजिक रूप से भी वही करेगी तो फूहड़ प्रदर्शन ही माना जायेगा, हास्य और जुगुप्सा पैदा करेगा। वैसे भी स्थितियों, व्यक्तियों के प्रति अनुपात या जरूरत से अधिक उद्वेलित, उत्तेजित और उछ्वसित हो जाना महिला लेखन की अपनी विशेषता है।

पुरुष की अपेक्षा स्त्री अपनी देह में ज्यादा कैद है। वह अपने शरीर से ऊपर उठना या उसे भूलना भी चाहे, तो न प्रकृति उसे ऐसा करने देगी, न समाज। उसका सारा सामाजिक मूल्यांकन, सबसे पहले उसके शरीर का मूल्यांकन है। गुण तो बाद में आते हैं। वह एक ऐसी 'दृश्यवस्तु' है जिसे अपनी सार्थकता पुरुष की निगाह से सुन्दर और उपयोगी लगने में ही पानी है। नार्सिसस या आत्म-मुग्ध हम सब हैं, मगर नारी जब अपने पर मुग्ध होती है तो उसकी निगाह में मूर्त या निराकार पुरुष बैठा होता है। पुरुष वह शीशा है जिसके सामने वह हर समय अपने को निहारती है—चाहे वह एकान्त की ड्रैसिंगटेबिल हो या बिस्तर, बाजार हो या घर का लॉन। वह उसी आइने में चलती, सोती है, यानी पुरुष की अमूर्त आंख। इसी आत्ममुग्ध स्थिति में वह पांच साल की उम्र से लेकर पचास-पचपन तक मुक्त नहीं हो पाती—बहुत हुआ तो इस मानसिकता का विस्तार अपने बच्चों में कर लेती है। मूलतः अपने अस्तित्व और व्यक्तित्व के लिए उसे पुरुष-निगाही फैसले की जरूरत हर समय है। उसी के लिए वह रोती या मुस्कुराती है। यह आत्मग्रस्त औरत अपने लेखन में भी इसी व्यक्तित्व को अभिव्यक्ति देती है। औरत जब तक आत्ममुग्ध है तब तक कभी 'ग्रो' नहीं कर पाती, उसका विकास अवरुद्ध हो जाता है। यहां एक विरोधाभास को रेखांकित करना जरूरी है। लेखन अपने को तटस्थ होकर देखने की निगाह देता है। औरत अपने आपको अपनी नहीं, पुरुष की निगाह से देखती है और उसी की दृष्टि में अपनी तृप्ति या होने का संतोष खोजती है। यह अपनी धुरी को छोड़ कर 'दूसरे' की दृष्टि में खोजना है 'दूसरा' हो जाना है। लेखकीय तटस्थता का अर्थ अपनी धुरी या केन्द्र पर बने रहकर दूसरे की दृष्टि से अपने को समझना है... नारी लेखन में 'दूसरे' यानी पुरुष की निगाह में अपना विसर्जन, एक विशेष पुरुष रवैये या रूढ़िवादी दृष्टिकोण का अनुमोदन है। यह अनुमोदनवादी या कन्फर्मिस्ट साहित्य लेखन रूढियों के 'आसपास' ही घूमता है, दयनीय विद्रोह का भ्रम देता हुआ। स्त्री जब तक 'अन्या' है या आत्मस्थ नहीं है, न वह अपने को अपनी निगाह से देख सकती है, न जी सकती है। हां, लिखना इस निदान की प्रक्रिया या प्रयास हो सकता है।

परिणामतः हिन्दी की लोकप्रिय लेखिकाएं वही सब लिखती हैं जो हमें चाहिए—प्रेम और सपनों में डूबी हुई नायिकाएं—यातनाओं के बीच आत्म बलिदान और त्याग की मूर्तियां, ममतामयी मांएं, गलतफहमियों के बीच मरती-जीती, अनसमझी 'मासूम' आत्माएं... समाज के अत्याचारों की शिकार, गलत जगह जीने वाली देवियां... आत्माधिकार के कांटों की शैया पर शहीद।

इस जनाने और बचकाने लेखन का सबसे अच्छा उदाहरण है अमृता प्रीतम का लेखन :

सिर्फ अपने आप में डूबी और अपने विद्रोह पर खुद ही अपनी पीठ थपथपाती यह लेखिका जिन्दगीभर आत्ममुग्धता के रसीदी टिकटों पर ही हस्ताक्षर करती रही है। स्टेज हो या लेखन, एक खास किस्म की 'वर्जनाहीनता' औरत के लिए पुरुष की तालियां अर्जित करती है। इसके साथ ही अगर औरत शहीद होने का करुण-अभिनय भी साध ले, तो बात ही क्या है।

'अमृता की डायरी' को अमृता के सपनों का अलबम भी नाम दिया जा सकता था। रोज एक सपने का विवरण है। इनमें अक्सर वह शिव और पार्वती के रूप में अपने और इमरोज को देखती है। ये सारे सपने मृत पिता और जीवित इमरोज के अभिनंदन है। अगर एक पुरुष हर रचना में कमसिन प्रेमिका की आरती उतारे तो हमें फूहड़ लगने लगता है, सवाल उभरता है कि शायद आपसी संबंधों को लेकर वह या तो घनघोर अविश्वास का मारा है या फिर अपने को माफ नहीं कर पा रहा है। यानी कहीं कुछ है जिसे वह स्वाभाविक नहीं मान पा रहा।

अपनी इन डायरियों के माध्यम से अमृता महान है, वह बड़े-बड़े लेखकों के उद्धरणों में जीती और अपने होने का समर्थन पाती है। इन्दिरा गांधी उससे सलाह लेती हैं, अपना राज़दार बनाती हैं, अन्तर्राष्ट्रीय आत्माओं के बीच विचरती यह औरत हमेशा ही स्पॉट-लाइटों के बीच है, इसलिए पंजाबी के लेखक विशेष रूप से इससे हसद पाले हुए हैं।

हर अभिनंदन और पुरस्कार को भरपूर भोगती और उछ्वसित किस्म की झूठी, नकली, लफ़्फ़ाज़, तकरीरें देती यह औरत अक्सर ही अपने को आइनरैण्ड के साथ जोड़ती है। पृष्ठ 51 पर पाब्लो नरूदा के मुंह से कहलाती है, 'धरती के प्लैनेट पर कोई ऐसा लेखक नहीं है जो नोबेल प्राइज की कामना नहीं करता।' और खुद ही जवाब देती है—मैं उससे पूछना चाहती हूं—'दोस्त, इस धरती के प्लेनेट पर दो लेखक ऐसे हैं, जिन्हें यह कामना अपनी तौहीन लगती है। तुम शायद उन दोनों को नहीं जानते—एक आइनरैण्ड हैं, एक अमृता प्रीतम...' इस वाक्य पर बेसाख्ता मुंह से 'वाह' निकलने के साथ ही एक मुहावरा और मुंह से निकलता है : 'गुड़ खाएं, गुलगुलों से परहेज करें...' क्या यह वही टिपीकल जनाना नखरा नहीं है, जहां पूरी देह प्रक्रिया में हिस्सेदारी के बावजूद अचानक परिणति पर नैतिक-बोध जागृत हो जाता है? जिसे

भावुक उछ्वास और सम्मान की हर बूंद निचोड़ लेनी है, जो बचकानी रूमानियत और बौद्धिक प्रतिबद्धता के बीच का फर्क नहीं जानता, उसके मुंह से ये बड़बोले चुस्त फिकरे आइनरैण्ड के ही एक उद्धरण की याद दिलाते हैं : 'फाउण्टेन-हैड' में टूही, पीटर को समझाता है : ''आदमी की 'मूल्य चेतना' को कुचल डालो... महानता को पहचानने या उसे प्राप्त करने की उसकी आकांक्षा और क्षमता को खत्म कर दो... हां, महानता की अवधारणा को खत्म मत करो, उसे सिर्फ आदमी के अन्दर से समाप्त कर दो... ऊंचे-ऊंचे मन्दिरों को ध्वस्त करने की जरूरत नहीं है, इससे तो लोग उलटे डर जायेंगे... सिर्फ वहां 'मूढ़ता' (मीडियाक्रिटी) की प्रतिष्ठा कर दो... मन्दिर अपने आप धराशायी हो जायेंगे...''

इरावती कर्बे, दुर्गा भागवत, महादेवी वर्मा, कृष्ण सोबती, इस्मत चुगताई, महाश्वेता देवी जैसी लेखिकाओं के बीच अगर अमृता प्रीतम और कमला दास ही महान लेखिकाएं हैं तो मेरा ख्याल है हमें इस 'महान' शब्द को कुछ दिनों के लिए विश्राम ही दे देना चाहिए...।

गिरजाघर में मौत : महादेवी वर्मा

मैं नीर भरी दुःख की बदली
विस्तृत नभ का कोना-कोना
मेरा न कभी अपना होना
परिचय इतना इतिहास यही
उमड़ी कल थी, मिट आज चली...

ये महादेवी वर्मा की प्रसिद्ध कविता की मधुर पंक्तियां ही नहीं, वरन् सन् 20-25 के आसपास की उस भारतीय नारी की व्यथा है, जो शिक्षा, जागृति, स्वतंत्रता-आन्दोलन और बदलती स्थितियों में अपने आपको पहचानने की कोशिश कर रही थी, अपने 'होने' और सामाजिक-नियति के प्रति जागरूक हो रही थी। यानी वह एक बेजान और बेज़बान 'चीज' से बदलकर 'व्यक्तित्व' बन रही थी। संस्कारों, रूढ़ियों और सामन्ती विधि-निषेधों में बंधी नारी, तब यथास्थिति के खिलाफ विद्रोह नहीं कर सकती थी। न 'बाहर' की दुनिया के सीधे सम्पर्क में आ सकती थी, न वहां से शक्ति और प्रेरणा ले सकती थी। किसी भी रूप में पर-पुरुष की तो वह बात ही नहीं सोच सकती थी। घर की लक्ष्मण-रेखाएं लांघ जाने पर उसके लिए सिर्फ हत्या, आत्महत्या और वेश्यालय ही थे। ''बंधनों में बंध, बनी में, बन्धनों की, स्वामिनी-सी'' ही उसका समाधि-लेख बन गया था। लेकिन उन दिनों एक और आवाज भी बार-बार उसकी चेतना के दरवाजों पर दस्तक दे रही थी, उसे बाहर बुला रही थी और वह थी राष्ट्रीय-आन्दोलन के उभार की आवाज। रवीन्द्रनाथ, प्रेमचंद, शरत्चन्द जैसे कथाकार इसी 'शेष-प्रश्न' से जूझ रहे थे कि औरत का स्थान 'घर' है या 'बाहर'। उसे शिक्षा और स्वतंत्रता दी जाये, तो कितनी?

सामन्ती-समाज में व्यक्ति नहीं होता, सिर्फ संस्था और व्यवस्था होती है। वह व्यक्तित्व के सम्पूर्ण और बेशर्त समर्पण और विलयन पर टिका होता है। प्रजा और सामंत, गुलाम और मालिक, पत्नी और स्वामी—ये सारे रिश्ते सम्पूर्ण समर्पण पर ही निर्भर होते हैं। न प्रजा अपने मालिक पर उंगली उठा सकती है न पत्नी, पति पर। उनके पास सिर्फ स्वीकार है या वफादारी। समर्पण और संरक्षण वहां व्यक्ति रूप में नहीं संस्था और मूल्य के रूप प्रतिष्ठा पाते हैं और उनका निर्वाह करने वाला

व्यक्ति, महान् संस्था या मूल्य के लिए जान देता हुआ लगता है। नारी और पुरुष के सामन्ती सम्बन्ध भी औरत से अखण्ड और अविभाज्य स्वामिभक्ति, दासता और समर्पण चाहते हैं और उसे ही महान भारतीय नारी की अद्वितीय गरिमा, औरत का उदात्त शील या सतीत्व की महिमा के रूप में गाया जाता है।

दलित-शोषित, पिछड़े वर्ग और नारी ने इस व्यवस्था के खिलाफ पहला विद्रोह उन्हीं हथियारों से किया, जिनका नाम लेकर उन्हें बांध कर रखा गया था—यानी भगवान और भक्ति का सहारा लेकर। मध्यकालीन संतों ने जाति-पांति, ऊंच-नीच, छुआ-छूत की सारी वर्गवादी व्यवस्था को भगवान के नाम पर ललकारा था—'भगवान की निगाहों में कहीं कोई भेद नहीं है।' भक्ति-आंदोलन वर्ण और वर्ग के शिकंजों से मुक्ति का पहला गंभीर आंदोलन है और यही विद्रोह है मीरा का। "मेरे तो गिरिधर गोपाल दूसरा न कोई" जैसे स्वरों में भगवान को ही अपना वास्तविक प्रेमी और पति मानकर वह बाकी सारी सामाजिक मान्यताओं, पति-परिवार, शील-सतीत्व सभी को अस्वीकार करती है। मीरा का सारा काव्य भगवान के प्रति भक्ति के बावजूद या कहना चाहिए उसके बहाने से, सामाजिक प्रतिरोध और व्यक्तिगत यातना की कहानी कहता है और वह 'व्यक्तिगत चुनाव' की मुखर घोषणा है—काफी भौतिक और मांसल, निश्चय ही 'सैफो' जैसे बोल्ड नहीं।

इसलिए आश्चर्य नहीं है कि महादेवी को भी 'आधुनिक मीरा' कहा गया है। महादेवी में मीरा और कबीर की पहचानी प्रतिध्वनियां हैं। 'बाहर भी दुनिया है', इस चेतना के बाद बन्धनों में बंधा व्यक्ति सपनों और कल्पनाओं के माध्यम से अपनी सीमाओं का अतिक्रमण करता है, गीतों के सहारे अंधियारे रास्ते के अकेलेपन और ऊब को काटता है। अपने जैसों के साथ यही उसका संवाद है और यही उसका विद्रोह है। महादेवी ने भी 'घर' की जंगलेदार और कंटीली खिड़कियों के पार खुले आसमान और फूलों-चांदनी के सपने देखे हैं, गीतों में अपने निराकार, अनजान प्रेमी के लिए विरह-मिलन की सेजें सजायी हैं, अपने भीतर भावना और प्यार की एक-एक लहर को उठते और फिर मर जाते महसूस किया है। मीरा अपने प्रेमी की जगह कृष्ण को स्थापित करती है, तो महादेवी ने सूफियों की तरह रहस्यमय चेतना को पुकारा है, वेदान्तियों की तरह सब कुछ को छलावा पाया है और बुद्ध की तरह उन्हें दुःख और वेदना से उबरने का रास्ता करुणा और कल्याण लगा है... क्योंकि उन्होंने इस सारी गुहार की व्यर्थता को भी अपनी-नस-नस की टूटन में महसूस किया है। आत्मसजगता के साथ-साथ उनके गीत, आत्म-दया, हताशा और वेदना के गीत हैं, आत्मा और परमात्मा की निराकार पीड़ा के साथ एकाकार और तदाकार हो जाने के गीत हैं। व्यक्तित्व चेतना और व्यक्तिगत रूमानी उड़ानों की ये अनिवार्य परिणतियां हैं... महादेवी के इन मधुर प्रणय-गीतों का यह स्वर अपने समय की भारतीय मध्य-वर्ग की धुंध और कोहरे से लिपटी, लेकिन उभरने को व्याकुल नारी का प्रामाणिक और

ईमानदार स्वर है... इसलिए यह सिर्फ संयोग ही नहीं है कि गीतों के साथ बनाये गये उनके चित्रों का विषय बार-बार कुहरा, धुंध, चांदनी, रात, सागर, लहरें और क्षितिजों के पार जाता हुआ सिसकता आलोक ही रहा है...पता नहीं इन प्रभाववादी चित्रों की कभी अलग से कोई प्रदर्शनी हुई है या नहीं।

पहले महायुद्ध के आस-पास और बाद का सारा उभार मूलतः आदर्शवादी है। इसलिए अपनी प्रकृति में रूमानी है। विदेशी चौकस होकर सामन्ती मूल्यों की रक्षा कर रहा है, बदले में रक्षा पा रहा है। इसलिए व्यक्तिवादी विद्रोह के सामने कोई स्पष्ट और ठोस भविष्य नहीं है। हां, भविष्य का निराकार सपना है जो पकड़ में है, वह है अतीत और आसमान। यही 'छायावाद' है। छायावादी आन्दोलन की वृहत्त्रयी में सुमित्रानन्दन पंत के पास प्रकृति और आसमान है, जयशंकर प्रसाद के पास अतीत है, निराला के पास अतीत का दर्शन और वर्तमान की कटुता दोनों हैं। वे शेष दो के मुकाबले ज्यादा जमीन पर हैं और आक्रामक हैं। इसीलिए पागल होकर मरते हैं, वर्ना वे भी 'आध्यात्मिक आत्महत्या' (कामू के शब्दों मे मैटाफ़िजिकल स्यूसाइड) कर सकते थे। महादेवी के पास हैं सिर्फ अपने बंदिनी होने का अहसास, 'अकेले पथ' पर चलते रहने का विश्वास, अपनी पीड़ा से समझौता करने की मजबूरी और मुक्ति की आकांक्षा... या अतीत के किन्हीं शक्ति-स्रोतों की खोज... अपनी पहचान, सीमाओं का दबाव और कुछ भी न बदल पाने की बेचैन छटपटाहट—एक धरातल पर यह मानसिकता इन सारे कवियों को प्रायः छोटे-छोटे गीतों और कविताओं में ही नही बांधे रखती, बल्कि भाषा को एकदम नयी शब्दावली, अभिव्यक्ति, मुहावरा और अब तक का अपरिचित तेवर देती है। भीतरी तनावों और दबावों को न समझ पाने के कारण बहुत बार आलोचक 'छायावाद' को सिर्फ भाषा का आन्दोलन भी कहते रहे हैं...मगर भाषा नयी होने से पहले कहीं भीतर से आदमी नया हो चुकता है। इसलिए छायावाद आध्यात्मिक भाषा में 'स्थूल के प्रति सूक्ष्म का विद्रोह' ही नहीं, स्थापित और दी हुई ठोस स्थितियों के प्रति सूक्ष्म या अमूर्त विद्रोह है—व्यक्तिगत विद्रोह।

अगर महादेवी ने भी सिर्फ व्यक्तिगत सुख-दुःख, प्रणय-विरह या सपनों-आकांक्षाओं के ही अवसाद-गीत लिखे होते तो वे भी अपने अन्य साथियों की तरह या प्रसिद्ध रूमानी विद्रोही अरविन्द घोष की तरह आध्यात्मिक साधना या रहस्यवादी खिंचाव में बहुत पहले ही वेद-उपनिषेदों के भावनात्मक अनुवादों की तरफ चली गयी होतीं। बाद में वे उधर भी गयीं। मगर वे नारी हैं और उन्होंने रूढ़िग्रस्त समाज में नारी की यातना को ज्यादा ठोस और वास्तविक धरातलों पर भोगा है, बुद्ध और गांधी में अपने लिए सच्ची हमदर्दी और सांत्वना पायी है। इसलिए वे अपने सशक्ततम गीतात्मक गद्य के माध्यम से अपनी स्थितियों का चित्रण और विश्लेषण भी करती हैं। तत्कालीन समाज में नारी की स्थिति और नियति को केन्द्र बनाकर 'शृंखला

की कड़ियां' जैसी रचनाओं को हिन्दी के अत्यंत समृद्ध, सशक्त और बेबाक गद्य के उदाहरण के रूप में प्रस्तुत किया जा सकता है। एक तरफ इतना यथार्थवादी विश्लेषण और दूसरी तरफ ऐसी रूमानी कविताएं... आलोचक इस अन्तर्विरोध में कोई संगति नहीं बैठा पाते। वस्तुतः वह एक ही चेतना है जो संवेदना और भावना के स्तर पर नीरजा, नीहार, रश्मि, सान्ध-गीत, दीपशिखा, यामा के गीतों में व्यक्त होती है, तो अतीत के चलचित्र, स्मृति की रेखाएं, मेरा परिवार, पथ के साथी या शृंखला की कड़ियों में अपने आस-पास को खुली आंखों समेटती है। अपने साहित्यिक और बौद्धिक समकालीनों के खूबसूरत संस्मरणों के साथ-साथ उनकी रचनाओं में घीसा, भक्तिन, धीवर, चमार और छोटे-छोटे पशु-पक्षी तक अमर हो गये हैं। बड़ों और छोटे-से-छोटे को अपने हृदय की करुणा और ममता, लेखनी की सारी ऊर्जा और सार्थकता देने की उनकी यही प्रवृत्ति उन्हें महान बनाती है। वहां वे मां, बहन, पुत्री, सखी, स्वामिनी होने के साथ-साथ एक निहायत संवेदनशील शैलीकार और मानवधर्मी लेखिका सभी कुछ हैं। आज भी यह तय करना बड़ा मुश्किल है कि महादेवी साहित्य के इतिहास में अपने व्यक्तिगत, संगीतात्मक तरल गीतों के लिए याद की जायेंगी या अपने सूक्ष्म-दृष्टि-सम्पन्न, संवेदनशील, चित्रात्मक और सभी को अपनी आत्मा का अंश मानने वाली गद्य-लेखिका के रूप में। यहां यह भी बताना अप्रासंगिक न होगा कि प्रसिद्ध निर्देशक मृणाल सेन ने अपने कैरियर का प्रारंभ महादेवी की रचना 'चीनी फेरीवाला' पर बंगला-फिल्म 'नील आकाशेर नीचे' बनाकर किया था।

यह सही है कि सामंती मूल्यों से प्रथम और प्रभावी विद्रोह व्यक्तिगत धरातल पर होता है, वहां यह भी अनिवार्य ही है कि इस विद्रोह-प्रक्रिया में व्यक्तित्व ही खण्डित होता है। महादेवी का खण्डित-व्यक्तित्व अपने और समाज दोनों के प्रति ईमानदार रहना चाहता है। वे अपने होने का आश्वासन और सुरक्षा अपने से बाहर समाज में खोजती हैं। यह वही स्थिति है, जो आज निर्मल वर्मा में दुहरायी जाती है—कहानियों में निहायत व्यक्तिगत, समीक्षा-लेखों में बहुत व्यापक।

पिछले कुछ वर्षों से महादेवी को लेकर घनघोर विवाद उठता रहा है। उत्तर प्रदेश हिन्दी-संस्थान का एक लाख का भारत-भारती पुरस्कार जब इन्दिरा गांधी के हाथों देने की बात उठी तो उन्होंने घोषणा की थी—"जिसने गांधी जी के हाथों से पुरस्कार पाया हो, वह एमर्जेन्सी की नायिका के रक्तरंजित हाथों से पुरस्कार लेगा?" मगर फिर उन्होंने इन्दिराजी के ही नहीं, ढाई सदी तक स्थायी एमर्जेन्सी लगाये रखनेवालों की रूढ़िवादी प्रतिनिधि ब्रिटेन की प्रधानमंत्री मार्गरेट थैचर के हाथों से भी ज्ञानपीठ पुरस्कार लिया। महादेवी के इस अन्तर्विरोधी व्यवहार को लेकर लेखकों, बुद्धिजीवियों में क्षोभ और प्रतिरोध होना स्वाभाविक है और वे इसे गांधीवादियों के आडम्बरी व्यवहार से अलग नहीं कर पाते, हालांकि महादेवी न जैनेन्द्र की तरह घोषित गांधीवादी हैं और न ही उस तरह के अपरिग्रही और आध्यात्मिक दर्शन में विश्वास रखती हैं।

शायद तकलीफ इसलिए भी है कि महादेवी जी ने ही 'साहित्यकार की आस्था' में रचना, रचना-कर्म और रचनाकार की गहरी पड़ताल की थी। साहित्यकार की स्वतंत्र-भूमिका का विश्लेषण किया था और दुर्गा भागवत की तरह एमर्जेन्सी का विरोध किया था।

बहरहाल, राजनीति और साहित्य की दो शक्तिशाली परम्पराओं की विशिष्ट प्रतिनिधियों के रूप में, इलाहाबाद से आने वाली दोनों महिलाओं, इन्दिरा गांधी और महादेवी वर्मा, के बीच प्यार-घृणा के सम्बन्ध बहुत पुराने हैं और सत्ता और संस्कृति के उसी द्वन्द्व या ज्यादा सही कहूं तो द्वन्द्वात्मक सम्बन्ध को सम्पूर्ण नाटकीयता से सामने लाते हैं जो 'बैकेट' में अपनी पूरी शिद्दत और तीखेपन के साथ उभर कर आया था... मगर शायद श्रीमती गांधी, हैनरी द्वितीय जैसी संवेदनशील नहीं रह गयी थीं, न उनके भीतर वैसा कोई तीखा-अपराध-बोध था, इसलिए संस्कृति और सत्ता के बीच संवाद नहीं, संस्कृति-विहीन एकालाप ही रह गया है... कभी-कभी वे एक-दूसरे को 'इस्तेमाल' करने के लिए एक मंच पर दिखायी देते हैं—चौकन्ने और चौकस होकर। शायद रहीम ने ही कहा था—'कहु रहीम कैसे निभें, बेर-केर कौ संग, वे डोलत रस आपने, इनके फाटत अंग।' जब राजनीति अपने सहज रूप में सक्रिय होती है तो संस्कृति को क्षत-विक्षत कर देती है। लेकिन अपने को 'जायज़' बताने के लिए उसे बार-बार संस्कृति की शरण में आना होता है। दोनों के पास 'भाषा एवं साक्षर' हथियार है और दुर्भाग्य से भाषा की एकछत्र 'स्वामिनी' तो संस्कृति ही है। तय यह संस्कृति की 'राजनीति' को करना होता है कि अपना कैसा इस्तेमाल या मौत चाहती है और उसे कौन-सी भाषा देती है।

अनुभव से अर्थ तक पहुंचने की प्रक्रिया : राजी सेठ

प्रिय राजी जी,

अभी कुछ दिनों पहले आपका कहानी-संग्रह 'अंधे मोड़ से आगे' पढ़ा है। सब मिलाकर आपकी कहानियों से गुजरना, उनमें होना बहुत अच्छा, नया और ताजा लगा है। कहीं यह प्रतिक्रिया किसी नये से पहले परिचय का मुग्ध या चमत्कृत भाव तो नहीं है, मैं तब से यही सोच रहा हूं। क्योंकि सब मिलाकर कुछ 'अछूता' तो आपकी कहानियों में है ही। यह नया या अछूता क्या मृणाल पाण्डेय और किसी हद तक ममता कालिया वाला 'भाषायी' नया है, जहां भाषा और संवेदना दोनों के प्रति एक ऐसी तल्ख तटस्थता होती है, जो उसे तोड़-मरोड़कर प्रयोग का नयापन देती है। शायद यह किसी अनुभव से अनेक बार गुजर चुकने पर उसके प्रति विद्वेष से पैदा हुआ तल्ख या मजाक उड़ाने वाला भाव होता है। मृणाल में यह चुहल के स्तर पर है तो ममता में किसी अर्थ खोजने की उत्सुकता से उत्पन्न। चूंकि अर्थ की तलाश कहीं ऐटीट्यूड, दृष्टि, विजन या और भी आगे जाकर किसी अवधारणा या कमिटमेण्ट से जुड़ी है, इसलिए मृणाल को बहुत रास नहीं आती। वह मूलतः रूपवादी होने के कारण भाषा, लहजे और मुहावरे को ही अपना एकमात्र सरोकार बनाये रखने का आग्रह करती है। मगर उसमें एक अजीब-सी ताजगी और खिलंदड़ापन है जो संजीदा सभा में किसी निहायत ही जीवंत व्यक्तित्व के आ जाने वाला 'खुलाव' या खिलाव देता है। बेहद ही पैने और बारीक औज़ारों से वह कहानी तराशती है, इसलिए उसके भाषा-प्रयोग कभी चकित-चमत्कृत करते हैं, तो कभी मुग्ध। अपनी तात्कालिक प्रतिक्रिया में उर्दू शायरी की तरह दाद देने की चाह जगाने वाले। वह कभी गुदगुदाती है, तो कभी बाकायदा कहानी एक तरफ रखकर हंसने को मजबूर कर देती है। और यही उसकी कमज़ोरी भी है। आप कहानी या स्थिति को एक तरफ रखकर उसकी भाषा के बिम्बों या शब्दों के विसंगत प्रयोगों में भटक जाते हैं, बरसों बाद मिले प्रेमी-प्रेमिका की अनुभूति-सघनता से छिटक कर, मूल-विषय की तरह बगल में डटे लालची कुत्ते की लाल, लटकती-हांफती जीभ सामने आ जाती है। ऐसे बारीक और कविता-सिद्ध औजारों वाले लेखक के सामने अगर उसका कथ्य या लक्ष्य केन्द्र में न हो तो वह सिर्फ धार जांचने के लिए हर चीज को अपना प्रयोग-बिन्दु बनाने लगता

है। मुझे आकस्मिक नहीं लगता कि मृणाल में इधर एक खास तरह का नकार या निहलिज़्म पनपता दिखायी दे रहा है—हर 'सुन्दर और प्रिय' को तोड़ने, चीर डालने का एक हिंस्र खिलवाड़। मैं बिल्कुल मानता हूं कि जिसे हम प्रिय या सुन्दर कहकर सहेजे हुए हैं, अपने मूल में अधिकांश या तो आदत है या परम्परा-दत्त मिथ। इनमें 'आस्था' सबसे बड़ा मिथ है। मगर क्या ऐसी अनेक जगहें नहीं हैं, जहां मिथ जिंदगी और सपनों के पर्याय हो गये हैं? समय के साथ संशोधित-परिवर्धित होते हुए अगर ये मिथ और स्वप्न नहीं रह जायेंगे तो ज़िन्दगी जीने की मजबूरी कहां से आयेगी? वे कौन-से विश्वास रह जायेंगे जिन्हें हम बार-बार जियेंगे और झूठा या खोखला सिद्ध करेंगे? हां, अगर सवाल जिदंगी के ही नकार का है तो मुझे कोई आपत्ति नहीं है। जिन्दगी के इस नकार के लक्षण मृदुला गर्ग में और भी ज्यादा मुखर हैं। यह बता पाना मेरे लिए मुश्किल है कि यह जिन्दगी से निकाला हुआ अपना बोध या वे संस्कार हैं जो हमें जाने-अनजाने 'बाहर' से मिलते हैं और कालांतर में अपने ही लगने लगते हैं। जिन्दगी को आखिरी सांस तक भोगने वाले लम्बी उमर के दार्शनिकों के वे नतीजे उन्हें शायद ज्यादा अपने लगते हैं जहां वे जीवन के नकार या आत्महत्या और अभिनिवेष को ही जीवन का वास्तविक अर्थ या मूल्य मानते और बताते हैं कि हर अर्थ और मूल्य की शुरुआत वहीं से होती है। मगर छोड़िए, यह दार्शनिकों की दुनिया है और हम बात साहित्य की कर रहे हैं।

मगर नहीं, 'छोड़िए' कहते ही मेरे सामने अपने कुछ अति क्रुद्ध मित्रों की तस्वीरें आ रही हैं जो बाहें चढ़ाये, मोटे-मोटे दार्शनिक पोथे लिये साहित्य पर चढ़े चले आ रहे हैं। उनका खमठोक तर्क है कि बिना दर्शन-शास्त्र के साहित्य या जिन्दगी का क्या मतलब है? जीवन की मूलभूत अवधारणाओं का नाम ही तो दर्शन है। उसके बिना हम जिन्दगी को समझेंगे कैसे? सिर्फ सतही स्थितियों या तात्कालिकता में जीना ही तो जिन्दगी नहीं है। बात शत-प्रतिशत सही है, मगर दो सवाल उठाती है : यह श्रेय केवल मात्र दर्शन का ही तो नहीं है, बिना राजनीति, इतिहास, समाजशास्त्र, धर्म, मनोविज्ञान, विज्ञान इत्यादि इत्यादि को गहराई में जाने हम ज़िन्दगी और उसे परिचालित करने वाली शक्तियों को कैसे समझेंगे? अब हम चाहें तो यहां उस बौद्धिक चतुराई में फंस सकते हैं कि धर्म-संस्कृति, ज्ञान-विज्ञान अन्ततः हैं तो दार्शनिक अवधारणाएं ही, या सारे दर्शन, ज्ञान-विज्ञान, कला-साहित्य के पीछे हमेशा कोई न कोई राजनीति रही है, ज्ञान या मनोविज्ञान होता है। ऐसे तर्कों के सहारे हम इतिहास से लेकर तत्वज्ञान तक हरेक विचार को जिन्दगी या दूसरे विचारों और सोच को एक दूसरे की जगह ही नहीं रख सकते, बल्कि उसे जीवन-जगत की एकमात्र धुरी घोषित कर सके हैं। यह कुछ-कुछ वैसा ही एकाक्षी और एकांगी आग्रह है जैसे कुंडलिनी को ही एकमात्र मानव-चेतना का स्रोत मानने वाले एक मित्र ने परमविश्वास से कहा था कि माओ त्से तुंग इतने महान कार्य इसीलिए कर पाये कि उनकी कुंडलिनी जाग्रत

हो गयी थी।

मेरे कहने का मतलब इतना ही है कि इनमें से कोई भी एक चीज न जिन्दगी को समझ सकती है न उसका आधार और अवलम्ब हो सकती है। सिर्फ इन्हीं के माध्यम से पैदा हुई समझ हवाई और किताबी होने को अभिशप्त है। इस खतरनाक स्थिति पर, नक्सली आन्दोलन की विफलता पर बातें करते हुए प्रमुख नक्सली-नेता सौरेन बोस ने बहुत अच्छा उद्धरण दिया है : 'सिद्धान्त किसी भी पड़ताल का प्रारंभ-बिन्दु नहीं हो सकते, वे तो अन्तिम नतीजे होते हैं। उन्हें प्रकृति और मानव-इतिहास पर लागू नहीं किया जाता, बल्कि उनसे निचोड़ा जाता है। प्रकृति और मानव-जगत का यह जिम्मा नहीं है कि उन सिद्धान्तों को पुष्ट करें, बल्कि वे वहीं तक प्रासंगिक हैं, जहां तक वे प्रकृति और इतिहास के साथ अपना तालमेल बैठा सकें।' ये पंक्तियां एंगित्स की हैं और एण्टीडूयूरिंग से ली गयी हैं। सब मिलाकर सिद्ध यही करती हैं कि दार्शनिक हो या राजनैतिक, दुनिया का हर विचार जिन्दगी से ही निकला है और सब मिलाकर जिन्दगी को समझने में मदद दे सकता है, अन्तिम रूप से समझा नहीं सकता। खून आदमी की रग-रग में बहता हो, मगर मुझे आज तक कोई डॉक्टर ऐसा नहीं मिला जो सिर्फ खून की जांच करके रोग के कारण और निदान बता पाया हो। मुझे साहित्य इसीलिए जिन्दगी के सबसे निकट-या उसका पर्याय लगता है कि वह उसी तरह की समग्र दृष्टि की मांग करता है। बड़े-बड़े दैत्याकार ज्ञानी-विज्ञानियों, दार्शनिकों और राजनीतिज्ञों के बीच इसीलिए साहित्यकार अलग और विशिष्ट होता है कि ये सब जिन्दगी को 'समझने' का दावा करते हैं, जबकि साहित्य उससे 'जीने' की समग्रता ग्रहण करता है। इनमें से किसी भी एक से उलझेगा तो मार खायेगा। मैं बिल्कुल मानता हूं कि बहुमंजिली इमारत में सबसे निचली मंजिल ही सारे उठान का आधार है, कि उस ग्राउण्ड-फ्लोर के न रहने पर इमारत का ही अस्तित्व नहीं रहेगा या अगर वह न होती तो बाकी इमारत भी न होती। लेकिन एक तो इमारत नाम की चीज ही सारी मंजिलों को मिलाकर 'समग्र' इकाई का नाम है। दूसरे आधारभूत मंजिल कहकर आप दूसरे के हिस्से में अतिथि या अधिकारी बनकर भले ही आ-जा सकें मगर वहीं घुस कर बैठ रहना चाहें तब आप या तो चोर होंगे या 'बुली' और दोनों का परिणाम मालिक से मार खाना या उसे मारना होगा। साहित्य सिर्फ मार खायेगा, क्योंकि उसकी अपनी कोई मंजिल नहीं है। वह तो खुद इमारत है। किसी एक मंजिल में अपने को सीमित करके वह शायद छोटा ही बनेगा।

इसलिए दर्शन, साहित्य नहीं हो सकता। अगर ऐसा होता तो सुकरात से लेकर कीर्केगार्द तक सब साहित्य के इतिहास में होते। हां, यह सही है कि बिना दर्शन के साहित्य नहीं समझा जा सकता। मगर इसी तर्क पर पिछले तीस वर्षों में साहित्य ने बड़े-बड़े दार्शनिक हमले बर्दाश्त किये हैं। कभी मार्क्स, कभी सार्त्र, कभी

नीत्शे—सभी के रज़ाकार साहित्य पर पिले हैं। मगर जब दूसरा आपके लिए सोचे और आप साहित्य लिखने बैठें तो हालत बिल्कुल वैसी ही लगती है जैसे 'अनुभवी' मित्रों से सूत्र लेकर उन्हें रटते हुए आप सुहागरात मनाने जायें।

दर्शन पर मेरा बोलना आपको अवान्तर लग सकता है। मगर अचानक नहीं है आपकी कहानियां बताती हैं कि दर्शन के प्रति आपका मोह है। विशेष रूप से जर्मन और कुछ फ्रेंच लेखकों की यह शैली रही है कि वे संवेदनाओं और अनुभूतियों को दार्शनिक तार्किकता से विकसित करते हैं, वे स्थिति को दार्शनिक गुत्थी की तरह रेशे-रेशे सुलझाते हैं। सूक्तियां या स्थिति के निचोड़ की तरह 'उद्धरणीय' सूत्र देने का मोह आपमें भी जरूर है, मगर यह सही है कि किसी खूबसूरत दर्शन-सूत्र या आइडिया को आपने कहानी का आधार नहीं बनाया है। हां, जो रुझान या रुख आपका आज ताजगी लगता, कल बढ़कर शायद खतरा बन जाये।

जैसा मैंने कहा : बिना खून के आदमी की कल्पना हम चाहे न कर पायें, मगर किसी के शरीर-सौष्ठव और सौन्दर्य की प्रशंसा करते हुए मैं उसके खून के प्रकार, प्रकृति, रंग, प्रवाह या अन्य दूसरी तकनीकियों में नहीं जाऊंगा। वह क्षेत्र अलग है और विशेषज्ञों का है। हो सकता है कोई विशेषज्ञ सिर्फ खून की बारीकियां के बारे में ही बोलता-समझता रहे। समग्र शरीर सौन्दर्य उसे निहायत अप्रासंगिक लगे और जो खून, हड्डी, मज्जा के बारे में कुछ न जानते हों और केवल शरीर-सौन्दर्य पर ही मुग्ध रहें, उन्हें सिर्फ इसी कारण मैं मूर्ख समझ लूं, ऐसा भी नहीं है। मैं ये सारी बातें इसलिए कह रहा हूं कि आपकी कहानियों पर बातें करते हुए बहुत बड़ा खतरा है कि आदमी या तो मनोवैज्ञानिक जटिलताओं में उतर जाये और उनके गलत-सही होने पर बातें करने लगे या दार्शनिक और अस्तित्ववादी प्रतिपत्तयों में खो जाये। यह तो तय ही है कि आपकी कहानियां कई क्षेत्रों में बहक जाने का प्रलोभन-चुनौती सामने रखती हैं।

तो मुझे आपकी ये या इधर-उधर इसी, अनावृत जैसी कहानियां अच्छी लगी हैं। यहां जरूर आप पूछना चाहेंगी कि अच्छी से आपका मतलब? अच्छी कहानी किसे कहते हैं? मेरी समझ में आपकी कहानियां यह दूसरा मौलिक सवाल उठाती हैं।

शास्त्रीय परिभाषा को डालिए भाड़ में। मोटे रूप में मुझे तो यही परिभाषा सबसे सही लगती है कि अच्छी कहानी वह है जो अपने को दुबारा पढ़वा लेने में समर्थ है या जिसे आप ललक कर दूसरी—तीसरी बार पढ़ना चाहें। जाहिर है, परिभाषा मेरी अपनी नहीं, मगर पसंद है। घटना-संयोगों और विचारसूक्ति या नतीजों के आधार पर लिखी गयी कहानियों के साथ दिक्कत यही है कि आप उन्हें दूसरी-तीसरी बार नहीं पढ़ सकते। उनका तत्व या 'गुर' आप पहली बार में ही जान लेते हैं। घटना-संयोगोंवाली कहानियों के मोड़ और चमत्कार या उत्तर, सूक्ति नतीजे—प्रधान कहानियां की मूल-बात एक बार जानकर आप आसानी से दूसरों को सुना सकते

हैं। अच्छी कहानी चूंकि एक सूक्ति या आइडिया पर आधारित नहीं होती, इसलिए आइडिया नतीजे के रूप में सुनाया भी नहीं जा सकता। अपनी बात कहूं? मुझे आज तक समझ नहीं आया कि अपनी खुश्बू, पास-फेल, कही हुई कहानी या टूटना जैसी कहानियों को किसी एक सूक्ति, आइडिया या विचार के रूप में कैसे सुनाऊं? वे किन्हीं नतीजों पर पहुंचे हुए आदमी का बोध नहीं हैं कि पढ़कर आप भी नतीजे निकाल लें। मेरे पास तो कुछ अनुभव थे, कुछ स्थितियां, स्मृतियां थीं और कहानी के माध्यम से या उन्हें लिखने की प्रक्रिया में मैं खुद उनके अर्थ निकालना चाहता था। अगर नतीजे पहले ही निकले होते तो निश्चय ही मेरे मन में कमज़ोरी जागती कि उन्हें किन्हीं दार्शनिक अवधारणाओं या मनोवैज्ञानिक सिद्धान्तों में सानकर और भी पुष्ट बनाऊं। अपने भीतर का चोर बताऊं? नीत्शे की सूक्तियां मुझे इतनी गहरी और विचारोत्तेजक लगती हैं कि बहुत बार मन होता है कि उनमें से कुछ पर बहुत खूबसूरत कहानियां लिखी जा सकती हैं या उन्हें केन्द्र में रखकर उनके आसपास अपने अनुभवों को बुना जा सकता है। मगर फिर दूसरी ही सांस में मुझे खुद वह अपनी प्रकृति के खिलाफ लगता है : वे नतीजे या अर्थ मेरे अपने तो नहीं हैं। फिर अपने अनुभवों को मैं उन सूक्तियों या अर्थों के हिसाब से तोड़ूंगा-मरोड़ूंगा, या जोड़-तोड़कर वे अर्थ निकालूंगा। कच्चा माल मेरा होगा, योजना और सोच दूसरे का।

तो मैं कह यह रहा था कि सूक्ति, नतीजों या ट्रिक पर आधारित कहानी को आप सिर्फ एक बार पढ़कर असली मुद्दा पकड़ लेते हैं जबकि अनुभव से अर्थ तक पहुंचने वाली कहानी की प्रक्रिया ही आपको उसे बार-बार पढ़ने को उकसाती है। यह मूर्त-अमूर्त की दिशा में ऐसी उड़ान है जिसमें आप पाठक के साथ अपने को ले जाते हैं—यानी साझे की यात्रा। इसी दृष्टि से शायद किसी ने कहा था कि कहानी फ्रैंक ओ कोनर की 'अकेली कराह' या अंधेरे की चीख नहीं, अनुभव की साझेदारी है, सहयोगी यात्रा या सोशल एक्ट है। वह पाठक के लिए नहीं लिखी जाती, लेकिन पाठक के साथ साझे में जरूर लिखी जा सकती है। इस पाठक का नाम-रूप कुछ भी हो, मगर मुझे लगता है कि बोध को लेखन के धरातल पर लाने का कार्य इस पाठक के सहयोग से ही संभव हो पाता है। चाहें तो इस पाठक का नाम बदलकर आप भोक्ता 'मैं' के साथ जुड़े द्रष्टा 'मैं' का नाम दे लें। उसकी अनुपस्थिति असंभव है क्योंकि आपका कोई भी अनुभव ऐसा इकहरा, इकलौता, अलग-थलग या अनोखा नहीं है जिससे आप और सिर्फ आप ही गुजरे हैं—हां, यह यात्रा, यानी अनुभव से अर्थ तक पहुंचने की तड़प या तलाश आपकी अपनी हो सकती है।

मैं पुराने-राजा-महाराजाओं के उस अहंकारी दंभ से लिखी कहानियों को भी अपना समर्थन नहीं दे पाता जहां भरे दरबार में एक पहेली या सवाल फेंक दिया जाता था कि जो इसका मतलब बतायेगा, उसे अमुक इनाम मिलेगा या न बता पाने पर अमुक सजा दी जायेगी। शायद ऐसे लेखकों को यही संतोष होता होगा कि चलो

दुनिया में एक व्यक्ति तो ऐसा है जिसने मेरी पहेली का अर्थ निकाल लिया है। इन लोगों को भवभूति ने सबसे बड़ा नैतिक सहारा दिया है, 'कालोह्य निरविध, विपुला च पृथिवी', और वे न अपने लिए लिखते हैं, न औरों के लिए... वे कभी, किन्हीं आनेवाली पीढ़ियों के धुंधले अवतरण के लिए समर्पित हैं। करोड़ों-अरबों टन 'साहित्य' या न्यूक्लियर बमों के बोझ के नीचे दबे ऐसे लोगों की आशावादिता सचमुच स्पृहणीय है। वे स्थगित लोग हैं—भविष्य और इतिहास में स्थगित, क्राइस्ट की तरह भविष्य में पुनरुज्जीवन के विश्वास की सूली पर खुद को ही टांगते हुए...

तो मैं कह रहा था कि अनुभव से अर्थ तक पहुंचने की यह प्रक्रिया ही आपकी कहानियों को मेरी दृष्टि में विशिष्ट बनाती है या कहूं, पूरा कथ्य हृदयंगम कर लेने के बाद भी फिर-फिर उस प्रकिया से गुजरना मुझे अच्छा लगता है। जैसे, उसका आकाश, अमूर्त कुछ, गलत होता पंचतंत्र, पुनः वही या अस्तित्व से बड़ा। अच्छी कविता या संगीत की तरह उनसे मैं बार-बार जुड़ना चाहूंगा। सच कहूं इस यात्रा में संवेदनाओं के महीन रेशे तराशने में अपनी भाषा की जिन शक्तियों-सांकेतिकता, व्यंजना, बिम्बात्मकता इत्यादि—को आपने बारीकी से इस्तेमाल किया है, उससे स्थान-स्थान पर मुझे ईर्ष्या हुई है, इस खूबसूरती से क्या इस शेड को मैं पकड़ पाता हूं? 'वह आता था तो मेरे भीतर एक चौकन्नी सतर्कता जाग उठती थी' या 'वह चाय मुझे संदिग्ध सोच के बोझ से जूठी लगी' या ऐसे बीसियों स्थल... जैसा कि मैंने शुरू में ही कहा : भाषा की यह अतिरिक्त सजग-सतर्कता मुझे बार-बार मृणाल की याद दिलाती है। अगर सरलीकरण के चालू मुहावरे में कहूं तो इन दिनों दो-तीन ही ऐसे लेखक हैं जिनके हाथों में भाषा खेलती है। निर्मल वर्मा, रोमानियत और बने-बनाये विशेष मैनेरिज्म में भाषा को धुंध-कोहरे में ले जाकर घुला देते हैं तो कृष्ण बलदेव वैद उसके साथ बलात्कार करता है, हिंस्र प्रतिशोध से उसे गूंधता है (विशेष संदर्भ, 'एक था विमल') अपने निजी यौन स्वप्नों की प्रयोगशाला में ले जाकर...। मृणाल बाकायदा उसकी सीवन और बुनावट उधेड़ती है। मुझे ऐसा भी लगता है कि अनजाने और अनचाहे वह अपनी मां से बदला लेती है, क्योंकि शिवानी भाषा का इस्तेमाल नहीं करतीं, सिर्फ उसे सजाती हैं। नतीजे में दोनों का ही मुख्य सरोकार भाषा बनकर रह गयी है।

कभी-कभी मुझे आपसे भी यही खतरा महसूस होने लगता है। हां, अभी तक अपनी कहानियों में उसका जैसा इस्तेमाल किया है उसे देखते हुए यह कहना जल्दबाजी लगती है कि भाषा आपका मुख्य सरोकार है। बकौल आपके ही, "त्वचा की तरह हड्डियों और पेशियों पर मढ़ी भाषा," बात खूबसूरत है, मगर आपके अपने लिए एक चेतावनी भी है। हड्डियां और पेशियां कमजोर होते ही त्वचा झुर्रियों में लटकने लगती है। आइए, इस सवाल को अब जरा दूसरे कोण से देखें।

जब सामने वाला 'शिकार' पराजित स्थिर या मृत हो तो आप आराम और

इत्मीनान से बंधे नियम-कायदों में उसके साथ व्यवहार कर सकते हैं। मगर जीवित और शक्तिशाली 'प्रतिद्वन्द्वी' का सामना करने के लिए आपको हर पल अपने कोण, हथियार, पैंतरे या दांव बदलने पड़ सकते हैं—क्योंकि यह दुतरफा लड़ाई है। यह सही हो सकता है कि इस द्वन्द्व में आपका पिछला प्रशिक्षण ही काम में आता है, मगर सबसे बड़ा प्रशिक्षण तो यही है कि परम्परागत या फार्मूलों पर निर्भर न करके आपको अपनी रणनीति सामने वाले के अनुसार ही तत्काल निर्धारित करनी, बदलनी या छोड़नी है। बहुत गलत न होगा अगर कहूं कि सामने वाला ही आपकी वास्तविक रणनीति और तौर-तरीके तय करता है। जीवंत और सघन अनुभव अपने आप ही आपकी भाषा, टेकनीक या पूरे एप्रोच को तय करते चलते हैं क्योंकि उसे न केवल आपको स्वरूप, बनावट में पकड़ना है, बल्कि उसकी संपूर्ण गत्यात्मकता के साथ भी जोड़ बैठाना है। ऐसे मौकों पर शायद आपको भी मेरी ही तरह एक दिक्कत का सामना करना पड़ता है कि स्थिति और अनुभव—उन्हें जैसा मैं देख रहा हूं—इतने फिसलने और चिकने हैं कि अपनी बनावट और बुनावट में एक बिल्कुल ही नयी तरह की भाषा, मुहावरे की अपेक्षा करते हैं। मगर जो भाषा हमें उपलब्ध है वह इतनी नाकाफी, परम्परा-बद्ध और घिसी-पिटी है कि अनुभव होती सचाई को पकड़ ही नहीं पाती। वैसी तकलीफ-देह और झुंझलाहट का क्षण है कि आपकी चिमटी उंगली की फांस को पकड़ तो लेती है, मगर छिढक जाती है, खींच कर बाहर नहीं निकाल पाती। आप चिमटी की नोक मोड़ते हैं घिसकर तेज करते हैं और कभी-कभी तोड़ डालते हैं। मेरे लिए भाषा या टेक्नीक का यही अर्थ है : पल-पल जगह और रूप बदलती इस फांस को बाहर खींच सकूं।

मगर इस दुतरफा लड़ाई का मैदान इतना ही नहीं, इससे और गहरा है। यह मूर्त को अमूर्त करने और निराकार को आकार देने की भी लड़ाई है। मेरा ख्याल है कि कविता में हम अपने अनुभव को अमूर्त संवेदनों या प्रभाव-बिम्बों में बदलते हैं। यह अनुभव का निचोड़ या अर्क है। कहानी अपने मूल में ठीक इससे उल्टी प्रक्रिया है। कहानी में अमूर्त बिम्ब, संवेदनों या अमूर्त प्रत्ययों को हम अनुभवों और जीवन खण्डों में घटित प्रतिबिंबित और अनुवादित होते देखते हैं। कहानी का केन्द्र या कथ्य 'मैं' नहीं 'दूसरे' हैं। यानी 'मैं' का द्रष्टा-पक्ष, भोक्ता 'मैं' से जुड़े, उसे बनाने, ढालने वाले दूसरे तत्व हैं क्योंकि यह भोक्ता 'मैं' देश-काल दोनों से बंधा है, द्रष्टा 'मैं' उसे बेधता और वहां से अतिक्रमित करता है। कलाकार को पत्थर या लकड़ी के अपने टैक्चर (बुनावट) को ही भरपूर सार्थक ढंग से इस्तेमाल नहीं करना होता, उसे अतिक्रमित करके अन्य अमूर्त अर्थों को ध्वनित, प्रतिबिंबित भी करना होता है। यहां उपलब्ध सामग्री का अपना तर्क है और जब तक कलाकार पत्थर या लकड़ी की अपनी बनावट-बुनावट को नहीं समझेगा, तब तक उसके रेशों का, बुनावट में उभरने वाले आकारों का सही या सार्थक उपयोग नहीं कर पायेगा।

कहानी में चूंकि हर अनुभव का सूत्र या स्रोत कहीं न कहीं दूसरों से जुड़ा होता है, इसलिए बिना समाज से जुड़े हम उसकी बात भी नहीं सोच सकते। इसलिए अपनी मौलिक प्रकृति में कहानी एक सामाजिक या साझा अनुभव होने को बाध्य है। यहां हम व्यक्ति-केन्द्रित हो सकते हैं, व्यक्तिगत नहीं। वैसे भी दूसरों के बिना कोई भी अपने को कहां जान पाता है? अपने अस्तित्ववाद नाम के निबन्ध में सार्त्र ने ही तो कहा है : अपने बारे में किसी भी सचाई या सत्य को जानने के लिए यह बेहद जरूरी है कि मेरा दूसरे व्यक्ति से सम्पर्क हो। मेरे अपने अस्तित्व के लिए ही नहीं, बल्कि खुद मेरे बारे में मेरी अपनी जानकारी और ज्ञान के लिए दूसरों का होना अपरिहार्य है। इस स्थिति में अपने आन्तरिक अस्तित्व की खोज के दौरान ही, यानी साथ-साथ ही मैं दूसरे व्यक्ति को भी अन्वेषित करता हूं।

हां, तो अमूर्त बिम्बों की संवेदना-खण्डों में बदलने की यह प्रक्रिया कहानी का मूल-कथ्य जरूर हो सकती है, मगर इस यात्रा में न जाने कितने स्थल, स्थितियां और बिम्ब होते हैं जो मूर्त से अमूर्त में संक्रमित होते जाते हैं। यानी यह सारी अन्तर्क्रिया निहायत बहु-स्तरीय और द्वन्द्वात्मक है। बल्कि मैं कहूंगा कि यह द्वन्द्वात्मक सम्बन्ध ही हमें कहानी को दुबारा-तिबारा पढ़ने के लिए आमंत्रित करता है। मुझे मालूम है कि ईवान इलिच की मौत कहानी में अकेला बूढ़ा धीरे-धीरे मरता है, सब लोग उसकी ओर से उदासीन हो गये हैं। मगर मृत्यु तक पहुंचने की, उसे अनुभव करने, झुठलाने या स्वीकार कर लेने की—यानी जिन्दगी से छूटते जाने की तकलीफदेह, द्वन्द्वात्मक यात्रा ही मुझे उसे बार-बार पढ़ने को उकसाती है और हर बार मैं इस अनुभव के किसी नये आयाम को उगते और पल्लवित होते हुए पाता हूं। सार्त्र की कहानी 'दीवार' या 'अन्तरंगता' के मूल दार्शनिक सूत्र या आइडिया किसे पता नहीं होंगे? मगर यह क्या चीज है जो मुझे इन्हें बार-बार पढ़ने को खींचती है? इस बात को टामस मान ने कैसे खूबसूरत ढंग से कहा है : "सही है कि यह सब घटित आपके साथ हुआ था, मगर उसे अनुभव के धरातल तक उठाने का श्रेय तो मुझे ही है।" यहीं मेरे सामने यह बहुत साफ हो जाता है कि घटित को सार्थक अनुभव के धरातल पर उठा ले जाने का द्वन्द्वात्मक नाटक ही बार-बार मुझे किसी कहानी के साथ जोड़ता है। प्रशंसा न समझें तो कहूं कि आपकी 'गलत होता हुआ पंचतंत्र', 'अमूर्त कुछ', 'अस्तित्व से बड़ा', 'पुनः वही' या 'उसका आकाश' जैसी कहानियों में वही 'नाटक' मुझे मिलता है और ये कहानियां मेरे आन्तरिक संसार को जगाती-कचोटती चलती हैं—समानान्तर। यानी मेरे अनुभव संसार से निरन्तर संवाद बनाये रखती, वहां कुछ जोड़ती-घटाती हैं।

चाहे एलियट की अपनी धारणा रही हो कि "मैं सामान्य (जनरल) भाषा में बोलता हूं, क्योंकि विशिष्ट (पर्टीकुलर) की अपनी कोई जुबान नही होती।" मगर हमारा सारा द्वन्द्व ही यही है कि कहानी में हम सामान्य को विशिष्ट और विशिष्ट

को सामान्य बनाते चलते हैं। मुझे आपके लेखन में यह बेचैनी कुछ ज्यादा ही महसूस होती है कि आप विशिष्ट को विशिष्ट जबान में ही पकड़ना चाहती हैं और पकड़ से छूटते चले जाने का अहसास या झुंझलाहट, अभिव्यक्ति को उतना सहज या निर्व्याज नहीं रहने देती। यह रास्ता काफी खतरनाक है और इसमें खिन्न होकर लेखक या तो बेहद जटिल, संश्लिष्ट होता जाता है या अपने को जल्दी ही अन्धे सिरे पर पाकर चुप्पी लगा लेता है। यानी मन के आन्तरिक नाटक का मुग्ध-द्रष्टा बने रहना ही ज्यादा पसंद करता है। मुझे मानने दीजिए कि आप उन लेखकों में नहीं जो अभिव्यक्ति की अस्पष्टता या उलझाव (ऑव्स्क्योरिटी) को ही विचारों या अनुभव की संश्लिष्टता और गहराई का नाम देकर अपने आपको शाबासी देते रहते हैं। अनुभव और अभिव्यक्ति से जूझने की जो तड़प आप की रचनाओं में आज बहुत साफ है वह इसी बात का प्रमाण है कि ऊपर वाला संतोष अभी आप में नहीं आया है। ज़ाहिर है कि इस सारी प्रक्रिया को किसी अर्थ तक ले जाने की बेचैनी का ही यह परिणाम है। जिनके सामने अनुभव को अर्थ तक उठाने का दबाव नहीं होता, वे अनुभव और अभिव्यक्ति के द्वन्द्व को ही नियति मानकर अपने आपको अव्यक्त के अन्धे मोड़ पर पाते हैं, यानी अभिव्यक्ति की असामर्थ्य और परिणामतः व्यर्थता को स्वीकार कर लेते हैं। यह सिद्धावस्था है।

सार्थकता की तलाश ही हमें अपने आपसे खींचकर बाहर लाती है—बाहर से यानी मुझ जैसों से जोड़ती है और मैं बार-बार उन कहानियों से होकर गुजरना चाहता हूं।

आप जरूर अपनी कहानियों पर विस्तार से सुनना चाह रही होंगी और मैं हूं कि पता नहीं कहां-कहां भटक रहा हूं। क्या आपकी कहानियों की यह सामर्थ्य कुछ कम है कि उन्होंने मुझ जैसे ठस पाठक को जाने किन-किन सवालों में उछालकर फेंक दिया है और मैं इतने विस्तार या विषयान्तरों की यात्राएं करके लौट आया हूं। अच्छा बताइए, कोई भी समर्थ रचना इसके अलावा क्या करती है? अपने भीतर से गुजरने का अवसर देकर शीघ्र ही अपने आपको और रचना को अतिक्रमित करा पाना ही तो रचना की सार्थकता है। इसलिए मेरे धन्यवाद लें।

धूप के टुकड़े की तलाश : निर्मल वर्मा

"जी हां, घोड़ों को देखकर मैं हमेशा हैरान हो जाती हूं। कभी आपने उनकी आंखों में झांककर देखा है? लगता है जैसे वे किसी बहुत ही आत्मीय चीज से अलग हो गए हैं, लेकिन अभी तक उस अलगाव के आदी नहीं हो सके हैं...किसी चीज का आदी न हो पाना, इससे बड़ा और कोई दुर्भाग्य नहीं। वे लोग जो आखिर तक आदी नहीं हो पाते या तो घोड़ों की तरह उदासीन हो जाते हैं या मेरी तरह धूप के एक टुकड़े की खोज में एक बेंच से दूसरी बेंच का चक्कर लगाते रहते हैं।"

निर्मल की अधिकांश कहानियों में अकसर यही दो पात्र हैं, जो घूम-फिरकर बार-बार आते हैं : अपनी किसी बहुत आत्मीय चीज से अलग हो गया प्राणी, जो इस अलगाव का आदी नहीं हो पाया है और घोड़ों की तरह उदास या उदासीन हो गया है और धूप के टुकड़े की तलाश में एक बेंच से दूसरी बेंच का चक्कर लगाती लड़की...बाहरी दुनिया दोनों के लिए अपरिचित है...

निर्मल के पात्रों की दुनिया में भीतर कहीं कुछ भी नहीं बदलता—सिर्फ हम अलग-अलग कोणों से यही झलक पाते रहते हैं कि भीतर कहीं कुछ बहुत आत्मीय है, जिसे खोलते हुए प्रमुख पात्र खुद डरता है—एक भुरभुरी-सी मूर्ति जो हाथ लगते ही बिखर जाएगी। यह नायक उस मूर्तिवाली पिटारी, या कब्र से न दूर हो पाते हैं, न झांककर उसमें देख पाते हैं। बस, तकिया लगाए वहीं धूप-लोबान जलाते हैं। ये अवरुद्ध मानसिकता के रुके हुए लोग हैं : जिन्हें कोई 'बीच बहस में' ऐसी जगह लाकर छोड़ गया है कि वे अगले संवाद की प्रतीक्षा में बैठे हैं—शायद उन्हें इस बात का खयाल या जरूरत भी नहीं रह गई कि कोई अगला संवाद होना भी था। जो है वही उनकी नियति है। निर्मल का यह मुख्य पात्र तीस साल से लगभग वही है, वहीं है। 'परिंदे' में भी वही है और 'माया-दर्पण' में भी।

शायद यही कारण है कि निर्मल की कहानियों के 'लोकेल' अकेले गिरजे, भुतहे कब्रिस्तान, एकांत पार्क होते हैं और उन्हें अकसर पहाड़ों का अकेलापन ही ज्यादा रास आता है : जहां ये पात्र निष्क्रिय बैठे रहते हैं या काहिया दीवारों पर अपने नाम तलाशते रहते हैं; सामने जीवित पात्र हो या दीवार, उनका 'एटीट्यूड' वही भुतहा और खंडहरी एकांत होता है : "मैं उसी तरह उसकी देह को टोह रही थी जैसे कुछ

लोग पुराने खंडहरों पर अपने नाम खोजते हैं जो मुद्दत पहले उन्होंने दीवारों पर लिखे थे...लेकिन मेरा नाम वहां कहीं नहीं था...'' ('धूप का एक टुकड़ा') ये रवींद्रनाथ के 'क्षुधित पाषाण' या अज्ञेय के 'जयदोल' वाले राजसी खंडहर नहीं, औपनिवेशिक स्मारकों के वैसे ही अनाम, लेकिन अभी-अभी शरीर मुक्त भूतों के खंडहर हैं।

निर्मल के मुख्य पात्र की जीविका के क्या साधन और सरोकार हैं—यह आप कभी भी नहीं जान सकते। वे बेकार हों या कारोबारी, इस बात का उनके ऊपर कहीं कोई दबाव नहीं है। बेकारी के दिनों में भी वे गिन-गिनकर पैसे खर्च करते हैं, योजनाएं बनाते हैं, सैंडविच खाते या बीयर पीते हैं। बहुत बोर होने पर पार्कों या एकांत बेंचों पर मुंह ढंककर सो जाते हैं। उत्पादन की किसी भी कड़ी से न जुड़े हुए ये लोग अपनी ही मानसिकता में कैद रहते हैं और बाहरी-भीतरी, होने-न-होने (रीयल-अनरीयल) के बीच भटकते हैं।

निर्मल के यहां आसपास कहीं 'लोग' नहीं हैं, सिर्फ भीड़ है। पड़ोसी, दोस्त, रिश्तेदार, अतिथि, बॉस, सहकर्मी जैसी कोई इकाई उनके पात्रों के संपर्क में नहीं आती। वे सिर्फ भीड़ हैं—बेनाम, बेचेहरा यानी वातावरण। लेकिन वातावरण को सजीव करती इस भीड़ से निर्मल का सरोकार कम-से-कम रहता है। वैसे वातावरण को अपने पात्रों की मानसिकता उजागर करने के इस्तेमाल की अद्भुत कला निर्मल के पास है। धूप, बादल, कोहरा, घास, आसमान, अंधेरा, चिड़िया, बारिश, बर्फ, तारे, किरणें—सभी वहां प्राणियों की तरह सजीव हैं : और उनकी कहानियों को अजीब रहस्यात्मक, संगीतमय छाया-लोक प्रदान करते हैं। यह सभी कुछ उनके पात्रों की ऐसी काव्यात्मक संवेदना से जुड़ा है कि एक दूसरे का विस्तार ही लगने लगता है। वहां वातावरण भी उतना ही सजीव और स्पंदनशील है जितना आदिम मनुष्य... शायद इसीलिए जब निर्मल के पात्र सोच रहे होते हैं तो लगता है जैसे अंधेरे, धूप, कोहरे को जी रहे हैं—उनके साथ निःशब्द संवाद कर रहे हैं। इसी 'रीयल' और 'अनरीयल' के बीच, सरकस के झूलेवाली कलाकार की तरह आसानी से तैरते पात्रों की संवेदना से देखने के कारण जून का हिंदुस्तानी सूरज भी निर्मल के नायक को 'सुख' ही देता है। ('जिंदगी यहां और वहां') मूलतः वह धुंधले पारदर्शी पानी-भरे गुब्बारों में बंद लोगों की निगाह से दिखाई पड़ने वाली दुनिया है : भीतरी और बाहरी...

ये सारे स्त्री-पुरुष जैसे अपने भीतर के जंगलों, गिरिजाघरों के अंधेरे कोनों, पहाड़ी उजाड़ बंगलों और रहस्यमयी घाटियों में निर्वासित बने रहने के लिए अभिशप्त हैं और अपने किसी अंदरूनी नासूर में घुलते वहीं सबसे अधिक आश्वस्त और संतुष्ट हैं। 'कव्वे और काला पानी' के बड़े भाई (या चाचा, जो कुछ भी वे हैं) की तरह यह निर्वासन उनका अपना चुनाव है क्योंकि ''यहां दूसरे नहीं हैं...इसलिए अपने मतलब के बारे में ही सोचना पड़ता है।''

शायद यही कारण है कि 'बाबू और बिट्टी' के अलावा इनके आपसी संबंध कभी भी साफ तय नहीं होते—पत्नी—जैसी किसी स्त्री से जहां संबंध भी साफ तय भी हैं, वहां वे टूटकर अतीत बन चुके होते हैं। मुख्य पात्र के संबंध, चीजों या शेष प्रकृति से भी उसी असमंजस में बने रहते हैं, मानो किसी दूसरे नक्षत्र से कुछ समय के लिए आया कोई प्राणी है और हर चीज को मुग्ध उत्सुकता से देख रहा है, उसके वहां होने के एक रहस्यमय विस्मय से इस बोध को पचा रहा है। हो सकता है यही कारण है कि चीजें उन्हें छूती नहीं हैं, सिर्फ जिज्ञासु बनाती हैं : सौंदर्य, सुख, प्यार—शायद उनकी चेतना के सबसे अजनबी हिस्से हैं; उनके होने का आभास मात्र उन्हें संशय और विस्मय में डाल देता है : तकलीफ, उदासी, अकेलापन, डूबना उनके लिए बहुत आत्मीय और निजी अनुभव है। उनका वही एकमात्र अपना सच है। यह आत्मलिप्तता, उन्हें अपने से बाहर किसी में शरीक नहीं होने देती। 'एक चिथड़ा सुख' में निक्के भाई की गुसलखाने में की गई आत्महत्या, भरे टब में बहते पानी के साथ कलाई की कटी नस से बहता खून—आतंक या मृत्युबोध नहीं, एक तुष्ट, मुग्ध-बोध जगाता है। मुझे लगता है, उनके प्रमुख पात्र में आत्मपीड़ा, चेतना का ऐसा अविभाज्य हिस्सा हो गया है कि दूसरों की तकलीफ में संतोष और सुख पाता है : अपने को सफलतापूर्वक समेटे, बांधे रखने का बचकाना सुख। दूसरों से रिश्ते तय न होने का कारण शायद यही है कि प्रायः निर्मल के यहां 'दूसरे' होते ही नहीं हैं—यानी उनका भौतिक अस्तित्व नहीं होता, सिर्फ छायामात्र होती है और सारे पात्र धुंधलके की छायाओं की तरह एक-दूसरे से निरपेक्ष इधर से उधर आते-जाते हैं, एक-दूसरे को, ग्लास-टैंक की मछलियों की तरह, छूकर निकल जाते हैं। इसके पीछे कहीं बहुत अचेतन में इस विश्वास का शक भी कभी-कभी होता है कि 'दूसरे ही नरक हैं' और 'वे हमारी स्वतंत्रता और स्वायत्तता में हस्तक्षेप करते हैं।'

स्वाभाविक ही है कि उनके पात्र प्रायः आपस में 'संवाद' नहीं करते, दूसरे के बहाने या सामने सिर्फ समानांतर एकालाप करते हैं। वहां दूसरे या तो मात्र निमित्त होते हैं या अपने को कुरेदने के माध्यम। वे सभी बहुत ठंडे और अभिशप्त लोग हैं। अपने होने के संताप-बोध से दबे, अपने को 'जस्टीफाई' न कर पाने के बोझ से झुके...अनजाने कहीं यही अपराध-बोध होगा जो उनके पात्रों को बार-बार गिरजाघर प्रकृति की अछूती, उपेक्षित, पवित्रता के संपर्क में लाकर या तो प्रायश्चित करता है या वहां की 'देवी हवा' से अपने को शुद्ध करता है या अपने आपको वहीं और सिर्फ वहीं का हिस्सा होने का आश्वासन देकर उस दैवी और पुनीत का हिस्सेदार मानता है—बाकी सबकुछ को निर्वासन या गैर-मुल्क बताता हुआ।

यह प्रवृत्ति नारी पात्रों के संदर्भ में ज्यादा साफ है : अकसर ही निर्मल की कहानियों का यह बंद और अवरुद्ध नायक एक ऐसी लड़की के संपर्क में आता है जो या तो अबोध, उम्र की निर्दोष, या निष्पाप सपनीली दुनिया को संबंधों की अनसमझी

ट्रैजेडी से बचा रही है या स्थितियों की घुटन में मुस्कुराने की कोशिश कर रही है। या तो यह लड़की खुद दस-बारह साल की है या फिर चेहरे-मोहरे, कद-काठी से ऐसा होने का आभास देती है। इस लड़की की ज़िन्दगी की भयानक ट्रेजडी इस मासूमियत (इनोसेंस) को खो देना है। (लाल टीन की छत)। वह उसके लिए मानस-प्रलय के अनुभव से गुजरना है। इस निष्पाप और निर्दोष लड़की के संपर्क में नायक या तो उसी पुरानी देवी 'इनोसेंस' में हिस्सेदारी के भाव से आता है या फिर इस 'इनोसेंस' से जुड़कर अपने को भी वैसा ही सिद्ध करने का 'सर्टिफिकेट' लेने के भाव से। शायद वह यही बताना चाहता है कि कहीं भीतर उसके भी वही 'होली-चाइल्ड' आज भी जिंदा है जो बाहरी 'इनोसेंस' को आकृष्ट करता है। इसके सारे व्यवहार में एक अजीब शहीदाना भाव है...

लेकिन मामला इतना सीधा नहीं है। बहुत जल्दी ही इस 'इनोसेंस' को सह सकना नायक के लिए भारी पड़ने लगता है और वह या तो लड़की को भौतिक रूप से मार देता है ('दूसरी दुनिया', 'सुबह की सैर') या दृश्य से हटा देता है। जहां लड़की जिंदा है, वह इस प्रेत से भागती है...('जिंदगी यहां और वहां') ''यह तुम्हारे पिता का घर है, और तुम इससे जोंक की तरह चिपके हो।'' ''जाते क्यों नहीं, इसलिए कि तुम यहां सुरक्षित हो?''—यह नायक यानी फैटी मरे हुए पिता की हर चीज को इस तरह सुरक्षित रखे हुए है जैसे अजायबघर में पुराने राजा-महाराजाओं की तलवारें, शिरस्त्राण और अंगरखे रखे होते हैं (योरुप इत्यादि की कहानियों में निर्मल के पात्र म्यूजियम या लाइब्रेरियों के आसपास भी कुछ इसी भाव से मंडराते हैं) और 'जैसे पिता अभी-अभी कहीं चले गए हैं' के भाव से इनसे चिपका है। लड़की उसे इस घर या अतीत से निकाल नहीं पाती। अकसर अंधेरे में वह कभी दूर से अपने और कभी फैटी के घर को देखती है : क्या है जो उसे इस तरह बांधे है, अपने खुद के घर को देखती है, क्या यहां भी वही भुतैला आकर्षण है? अकसर घबराकर जब वह वहां से जाती है तो उससे दूर भागती है, फिर-फिर वापस आने के लिए...और फिर वह अपना घर छोड़ देती है। अब फैटी इस घर को उसी भाव से निहारता है, जैसे उसके अपने मकान का ही यह नया ऐक्सटेंशन हो...

लड़की सहानुभूति, प्यार और समझदारी से नायक की इस 'बीमारी' को समझे या उसके लिए एक उदार क्षमा का भाव बनाए रहे : यह टेकनीक अन्य कहानियों के मुकाबले 'एक दिन का मेहमान' या 'सूखा' में सबसे प्रभावशाली ढंग से मुखर है। निर्मल की, और विशेष रूप से यह कहानी पढ़ते हुए मुझे हमेशा रावी की एक कहानी याद आती है : किसी ने कोई ऐसा घिनौना, पाप या अपराध कर दिया है कि न्यायालय उसे फांसी की सजा देता है। पत्नी, प्रेमिका, मां-बाप, दोस्त सब दुखी हैं और आदमी के अपराध पर शर्मिंदा हैं—अपने आप से उसके रिश्ते को लेकर सामने स्वीकार भी नहीं करना चाहते। अंतिम समय में वह सबसे मिलना चाहता

है, सब मुंह चुराते हैं और आंखें फेर लेते हैं। केवल उसका छोटा आठ-नौ साल का लड़का ही विह्वल होकर उससे खुलकर लिपट जाता है : "पापा, तुमने कुछ नहीं किया। तुम निरापराध हो।" बच्चे का यह क्षमादान उसे आत्मिक संतोष देता है: कोई तो है जिसने उसे बिना 'अगर-मगर' लगाए जैसा-का-तैसा स्वीकार किया है, संपूर्णता में समझा है। मुझे लगता है निर्मल के पात्र भी कुछ इसी तरह अपने आपको क्षमा कराते हैं...। क्योंकि बाकी लोगों के संबंधों की खाई को वह पाट नहीं पाते और जहाज के पारदर्शी शीशों में बंद अंधेरे में ऊपर-ही-ऊपर इस खाई के इस सिरे से उस सिरे तक भटकते रहते हैं। वातावरण को पात्रों की मानसिकता का हिस्सा, विस्तार या प्रतीक बना देने की अद्भुत कला तो निर्मल के पास है ही।

अपने भीतरी अंधेरों में कैद इन पात्रों के लिए सचमुच यह समझ पाना असंभव है कि "कैसे कुछ लोग दूसरों की मुक्ति के लिए घूमते हैं—वे असाधारण लोग होते होंगे, परमहंस, मदर टैरेसा, मार्टिन लूथर किंग..." (जिंदगी यहां और वहां)

निर्मल के यहां संबंधों के होने या टूटने का कोई तर्क नहीं होता। कहानियों में जब आपका उनसे परिचय होता है तो या वे संबंध पहले से ही टूटे हुए होते हैं, या इन टूटे संबंधों की समाधि पर एक और संबंध टूटनेवाला होता है। टूटे संबंधों वाले लोग प्रायः अनुपस्थित होते हैं : कभी शारीरिक रूप से और कभी मरकर। शायद यही भुतहा-बोध है कि अकसर न तो पात्रों के फीचर्स होते हैं, न नाम। वे व्यक्तिगत की चेतना (एसंस) में जीने वाले लोग हैं, उनकी अपनी कोई 'आइडेंटिटी' नहीं है। वे सिर्फ आदमी, औरत, लड़की, वह या वे और मैं की बेनाम स्थिति में 'रिड्यूस' कर दिए गए लोग हैं : चेहरा, बे-अस्मिता। चूंकि उनकी मानसिकता कभी नहीं बदलती, इसलिए चेहरे-मोहरे, नाम-रूप की विविधता की भी जरूरत नहीं पड़ती। जैसा कि मैंने कहा, संबंध टूटने का कारण निर्मल के यहां कभी नहीं बताया जाता। मेरा अनुमान है कि दूसरे पक्ष, यानी लड़की को कभी रात के एकांत में अचानक यह बोध होता है कि वह ऐसे बंद व्यक्ति के साथ है कि उससे कोई संवाद बनाया ही नहीं जा सकता। जैसे झटके से किसी को लगे कि वह एक भूत के साथ बोल रहा है, और वह आतंकित होकर अपनी चीख के साथ भाग खड़ा हो : "मुझे एक अजीब-सा खटका सुनाई दिया...सहसा यह भ्रम होता था कि दूसरे कमरे में मां-बाबू नहीं हैं...मुझे लगता था, अब मैं उन्हें कभी नहीं देख सकूंगी। तब मैं चीखने लगती थी...यह खटका कहीं बाहर नहीं, मेरे भीतर हुआ था..." (धूप का एक टुकड़ा)

यह 'खटका' पहली बार नहीं हुआ है, 'तीसरा गवाह' और 'एक दिन का मेहमान' में पहले भी हो चुका है और आदमी-औरत एक दूसरे से झटके से दूर हो गए हैं।

भाषा और मुहावरा निश्चय ही निर्मल ने अद्भुत और अपना निजी खोज निकाला है और उनके एक-एक वाक्य को उसी एकांत एकाग्रता से पढ़ना होता है, जैसे आप सुंदर कविता को पढ़ते हैं। उनकी भाषा की हर सांकेतिकता, हर बिंब और ध्वनि,

वातावरण को कोहरे की तरह अनजाने ही गाढ़ा करती जाती है और यह वातावरण ही पात्र की मानसिकता बनाता है। वे बेहद सावधान, चौकन्ने और बारीक शिल्पी हैं, मगर वे सूत्र और सूक्ति देने की कवि-सुलभ कमजोरी के भी शिकार हैं। अचानक वे शाश्वत सत्यों के निचोड़ देने के अंदाज में कहने लगते हैं, ''अक्सर लोग कहते हैं कि अपना दुख दूसरों के साथ बांटकर हम हल्के होते हैं। मैं कभी हल्की नहीं होती। नहीं जी, लोग दुख नहीं बांटते, सिर्फ फैसला करते हैं। ('धूप का एक टुकड़ा') यहां बहुत आसानी से इस बात को बदलकर दूसरा शाश्वत वाक्य भी बोला जा सकता था, ''लोग दुख नहीं बांटते, न फैसला करते हैं, सिर्फ मन के अपराध-बोध को चालाकी से दूसरों को सौंपकर अपनी मुक्ति तलाश कर लेते हैं।'' मगर तब यह सूक्ति निर्मल के पात्र को रास नहीं आती...

जैसा कि मैंने कहा : ये निर्वासन में गए हुए ऐसे लोग हैं जो बरसों बाद बड़े डरते-डरते उन खंडहरों में लौटते हैं जिन्हें अपना 'घर' मानकर कभी उनमें रहा करते थे : इसलिए हर चीज उन्हें परिचित-अपरिचित, पहचानी-अजनबी, 'है' और 'नहीं' के बीच लगती है—अक्सर उनका भाव विस्मय और अनुसंधान करने वाले जिज्ञासु का होता है जो वही कुछ पाकर अवसाद और आश्वासन महसूस करे कि कहीं कुछ नहीं बदला—सिर्फ वह एक निर्वासन से दूसरे निर्वासन में लौट आया है। (क्या कहीं निर्मल में ईसाइयों के 'आदिम-निर्वासन' की गूंज है?)

इसलिए यह अचानक नहीं है कि अपने आप से बाहर निकलकर निर्मल, भारतीय संस्कृति, भारतीय अस्मिता की खोज में परेशान हैं : जैसे सैकड़ों साल बाद कोई विदेश से लौटा व्यक्ति 'भारतीयता' के मोह में खोई हुई वस्तु की तरह उसे खोजना चाहता है : जानता है, इस बीच उसके अपने भीतर और स्वयं भारत में बहुत कुछ बदल चुका है; मगर यह सचाई स्वीकार करते नहीं बनती। एक हठी जिज्ञासा कि जो कुछ मुझमें नहीं है, वह जरूर वहां बचा होगा। नायपॉल जब इस तरह 'भारतीयता' की खोज करता है तो यहां की सड़ांध पर क्षुब्ध और क्रुद्ध होता है, झुंझलाता और गालियां देता है : क्योंकि यह स्वयं एक 'डायनेमिक' दुनिया से आया है। निर्मल को मरी हुई संस्कृति के शव की सड़ांध, बदबू, भुतहा वातावरण—सभी कुछ मुग्ध करता है, अपना लगता है। इसलिए जब निर्मल अंधविश्वासों, रूढ़ियों, जहालत और काहिल, नाकारा गंजेड़ी साधुओं की आरती उतारते हैं तो कहीं अपनी अवरुद्ध मानसिकता का समर्थन खोजते हैं। नायपॉल इस लाश पर ठोकर मारकर लौट जाता है, निर्मल स्वयं उसका हिस्सा हो जाते हैं : क्योंकि बदलाव की बात करना उनकी निगाह में 'दूसरे' की स्वायत्तता में हस्तक्षेप करना है। यहां 'दूसरा' यानी अपने से अलग 'भारतीयता'।

पता नहीं, इसे रोमैंटिक एटीट्यूड कहेंगे या बालिश और 'नायेव' मानसिकता, मगर यह सही है कि एक उम्र के लेखकों और पाठकों को निर्मल के लेखन ने दसियों

साल बेहद प्रभावित किया है। बटरोही, सुदर्शन नारंग, गिरिराज किशोर और परेश जैसे लोगों ने तो वाक्य-विन्यास तक लेकर उन्हीं की तरह के धुएं, धुंध और कोहरे का वातावरण बनाने की कोशिश की है... इस लिहाज से हमें स्वीकार करना होगा कि निर्मल हिंदी के अपने ढंग के अकेले दिग्गज कथाकार हैं जो आलोचकों के लिए आतंकमयी प्रशंसा के, लेखकों के लिए अनुकरण के और पाठकों के लिए अवसाद-भरी मानसिकता की ऐसी 'सिम्फनी' हैं जो उन्हें निराकार जगत के अद्‌भुत संगीत-लोकों में ले जाती है...

यहां एक और बात याद किए बिना भी मैं नहीं रह सकता...प्रेमचन्द और प्रसाद के प्रभाव का मूल्यांकन करते हुए हमें बड़ी अजीब बात हाथ लगती है : प्रसाद आलोचकों के लिए वैसे ही आतंकप्रद उल्लास के लेखक रहे हैं : पाठकों ने मुग्ध होकर 'वाह-वाह' करते हुए उन्हें पढ़ा है और विनोदशंकर व्यास या रायकृष्ण दास या बाद में रांगेय राघव—जैसे न जाने कितने लेखक होंगे; जिन्होंने प्रसाद की तरह लिखने की कोशिश की। कम-से-कम परवर्ती पीढ़ी के अज्ञेय-नरेश मेहता-भारती तक उनके प्रभाव से मुक्त नहीं हैं। इस लिहाज से प्रेमचंद अपने समय के शायद सबसे कम अनुकरणित लेखक हैं। क्या यह सांस्कृतिक और भाषिक आभिजात्य है, जिसकी नकल और हिस्सेदारी करके हम निम्न-मध्यवर्गीय अपने को 'ऊंचों' में शामिल कर लेने का गर्व महसूस करते हैं और अपनी दरिद्रता की कचोट से मुक्त हो जाते हैं या एक ऐसा बौद्धिक अभ्यास है जो आसान पड़ता है?—प्रेमचंद तो जिंदगी और अभावों के लेखक थे, इसलिए उनकी नकल करने के लिए न कोई भाषायी-विन्यास और शब्दकोश मदद कर सकता था, न गौरव-गाथाओं का सांस्कृतिक इतिहास... जिंदगी को संघर्षों से जोड़कर ही शायद उस तरह का कुछ लिखा जा सकता था...

चूंकि निर्मल के पात्रों की दुनिया या आंतरिक एकांत स्थिर और गतिहीन है, इसलिए उन्हें अन्वेषण नहीं, उद्‌घाटन ही करना है। इस लेखक के लिए रचनात्मक तनाव का सबसे प्रमुख सरोकार यही रह जाता है कि इस दी हुई सचाई को विभिन्न कोणों से उठाए, यानी रूप और 'क्राफ्ट' में प्रयोग करे; भाषा को सजाए और हर संकेत को उस भीतरी स्थिर दुनिया से जोड़े। यह स्थिति एक बड़ी अजीब तुलना की तरफ ले जाती है। रीतिकालीन कवियों के पास विषय सुनिश्चित और सुनिर्धारित थे। वहां वे अपनी ओर से बहुत कुछ नया घटा-बढ़ा नहीं सकते थे, इसलिए मजबूरी थी कि अपनी प्रतिभा वे छंदों, अलंकारों, भाषा-प्रयोगों में दिखाएं, उन्हीं-उन्हीं स्थितियों को कभी वह दोहों में लिखते थे, कभी सवैयों और कवित्तों में; कभी यह अलंकार लाते थे, कभी वह; कभी घनानंद और रसखान की तरह वहां मानसिक साधारणीकरण करके कुछ नया, ताजा और व्यक्तिगत देने की कोशिश करते थे, कभी केशव और देव की तरह अभ्यास और पांडित्य-सिद्धि में अपनी सार्थकता खोजते थे।

निर्मल के यहां भी कहानी के रूप-फॉर्म को कथ्य के दबाव में तोड़ा, बदला या छोड़ा गया है, ऐसा मुझे नहीं लगता। वहां सिर्फ कोण बदले गए हैं। वही एक स्थिर मानसिकता, कभी बच्चे की ओर से है तो कभी औरत की। कभी बूढ़े की ओर से तो कभी बेकार-हताश यायावर की—वह कभी आत्मकथा है तो कभी सीधे विवरण के रूप में...भाषा में बेहद बारीकी और महीन सधाव है। इस मामले में निर्मल शायद ही कभी भटकते हों...

शायद इस पहलू से देखने पर यह समझना मुश्किल नहीं है कि क्यों 'काव्यात्मक अनुभव' की बात करने वाले नामवरसिंह—जैसे निर्मल-प्रशंसक, भाषा, ध्वनि, सांकेतिकता, संगीत, लय, कविता की ही बातें करते रहे हैं : शायद कभी ही उन्होंने उनके 'अनुभव की प्रकृति', 'अनुभव के विकास', 'अनुभव की विश्वसनीयता', 'अनुभव के व्यक्तिगत या सामाजिक स्रोत,' 'अनुभव की बाहरी रगड़' की बात की हो। वे भी यह मानकर चले हैं कि अनुभव जैसा है, वह अंतिम और परिणत सत्य है—न वह कहीं भीतरी-बाहरी रास्तों से आया है, न कहीं उसे आगे जाना है। इसलिए बात सिर्फ रूप और भाषा या अभिव्यक्ति की ही की जा सकती है। (मुझे नहीं लगता कि नई कहानी की मूल चेतना यहीं तक थी) लेखन के संदर्भ में 'समाज' शब्द सुनकर ही निर्मल की चिड़चिड़ाहट क्या अचानक ही है? उसके पीछे कहीं अपने भीतरी 'मिथ' के टूट जाने का खतरा और आशंका नहीं है?

(आलोचना, जुलाई-सितंबर, 1989)

मानसिक उपनिवेशवाद के खिलाफ : यशपाल

सन 66 के पहले दिन मैं कोचीन में था—अखिल भारतीय लेखक-सम्मेलन में। कुछ मित्रों ने वहां से कन्याकुमारी जाने की योजना बनायी थी। डेढ़-सौ किलोमीटर के लिए बस और फ़ैरी की व्यवस्था थी। मन में अपने आप निर्णय हुआ कि नहीं जाना है। राकेश और अन्य मित्रों ने बताया कि कन्याकुमारी अब बहुत दर्शनीय हो गयी है। विवेकानंद शिला पर भव्य-मंदिर बन गया है, चारों तरफ बाजार और पार्क हैं, लगा कि यही शायद मैं बर्दाश्त नहीं कर पाऊंगा। मेरे मन में बसा था 51-52 का 'अकृत्रिम' अंतरीप। डॉ. रामविलास शर्मा, अमृतलाल नागर और मैं—हम तीनों ही पश्चिमी तट से दक्षिण की यात्रा पर गये थे और एक दिन-रात केप होटल में ठहरे थे। चारों तरफ रेतीला विस्तार, लाल-सफेद धारियों वाला परकोटा और मंदिर—सामने बनैले समुद्र के बीच विवेकानंद-शिला, तेज़ समुद्री हवाओं में उड़ती रेत, तीनों तरफ फैले सागर की गरज...पंद्रह बरस से मन में बैठी इस 'कन्याकुमारी' को आज के आधुनिक मेकअप वाले पिकनिक स्पॉट में बदले हुए देखना शायद एक भावनात्मक धक्का होगा।

उस समय भी लग रहा था कि मैं कहीं अनजाने ही यशपाल की एक कहानी जी रहा हूं; प्रेमिका या वाग्दत्ता ने छैल-छबीले युवक को मन में बसाया हुआ है, मगर जब वही दस-बीस साल बाद परदेस से (वहां की किसी जेल में बंद था) लौटता है तो इस 'अधेड़' के 'दर्शन' को वह बर्दाश्त नहीं कर पाती। क्या इसी 'प्रौढ़' के लिए मैंने अपनी जिंदगी बर्बाद कर डाली? (प्यार का मोल)

और यही डर था चालीस-पैंतालीस साल बाद स्वयं यशपाल की कहानियों के सारे संग्रहों को एक साथ पढ़ते हुए...अब कैसी लगेंगी? अठारह-बीस साल की उम्र में यशपाल की रचनाएं हमारी गीता थीं। सुर्ख-लाल कवर वाली किताबों के साथ होना क्रांति के लिए 'बम' साथ लेकर घूमने की तरह रोमांचकारी था—कहानियों, उपन्यासों से अधिक छाया हुआ था यशपाल का अपना व्यक्तित्व...चंद्रशेखर, भगतसिंह के साथी होने का प्रभा-मंडल, मुठभेड़ के समय आखिरी गोली के बाद ही पकड़े जाने का दुस्साहस, फांसी की सज़ा के बावजूद जेल में ही प्रकाशवती जी से विवाह करने का रोमांच...फिर लेखन के बल पर ही सम्मान से लखनऊ में 'कोठी'

लेकर अपनी रचनाओं या 'विप्लव' का प्रकाशन...साहबों की तरह कोट-पेंट-टाई और चुरुटवाला रौबीला अफसर... कृष्णा सोबती के शब्द उधार लूं तो कहां हिंदी का पान-चबाऊ 'धोतीबाज रघुपतिया' लेखक और कहां यह क्रिश्चियन साहब की धज...जिंदगी के हर मोर्चे पर विद्रोही...और उसी की रचनाएं हमें बता रही थीं—क्रांतिकारियों का इतिहास, मार्क्सवादी दर्शन और स्वप्नों का शोषणहीन समाज...राहुल जी के 'वोल्गा से गंगा' और 'भागो नहीं, दुनिया को बदलो' के साथ...बाद में इस सूची में बहुत लोग जुड़े—जैनेन्द्र, अज्ञेय, भगवतशरण उपाध्याय, इलाचंद्र जोशी...मगर उस समय केवल दो लेखक युवक हृदय के 'हीरो' थे—यशपाल और राहुल सांकृत्यायन...सत्ता और व्यवस्था दोनों को चुनौती देते दुस्साहसी विचारक. .. 'एडवेंचर' शब्द ही शायद हमें उनसे बांधे था। डेढ़ महीने की दक्षिण-यात्रा के पीछे भी कहीं राहुल का 'घुमक्कड़शास्त्र' नहीं था?

मगर अब यशपाल की सारी कहानियों को पढ़ना एक दूसरा अनुभव था। पुरानी 'छाप' और नयी प्रतिक्रियाओं में तालमेल बैठाने में निश्चय ही असुविधा हुई। लगा, यशपाल बहुत बौद्धिक हैं, एक ऐसे चौकन्ने और चौकस (कांशस) लेखक, जिनमें संवेदना से अधिक 'तर्क' है। उनके समकालीन जैनेन्द्र और अज्ञेय भी कम बौद्धिक नहीं हैं, मगर यशपाल इन दोनों से अधिक 'रूखे' हैं। जैनेन्द्र में एक अजीब निष्कवच मासूमियत है, वे भटके हुए लगते हैं, रास्ते तलाश करने का भ्रम देते हैं, मगर जहां हैं, वहीं अर्थ पाने की कोशिश करते हैं। सहजता और सूक्ष्म संवेदना ही उनका संबल है। इसे वे बाहर से लिये गये हथियार की तरह नहीं, आंतरिक शक्ति बनाकर चलते हैं। स्थितियों के सामने समर्पित लोगों से उनके पात्रों की दुनिया बसी है। कह सकते हैं, वे नियति के स्वीकार के कहानीकार हैं। कभी-कभी झुंझलाहट भी होती है कि उनकी नायिकाएं सब कुछ बिना शिकायत सहती क्यों रहती हैं, विद्रोह या प्रतिरोध क्यों नहीं करतीं? बाद के चिंतन या उपन्यासों में तो उन्होंने इस प्रतिरोधहीनता को ही अपना 'दर्शन' बना लिया है। अपने पात्रों की सफरिंग दोस्तॉयेवस्की को धर्म के सीमांतों तक ले जाती है, जैनेन्द्र रहस्यवाद की सरहदों से लौट आते हैं। वे जटिल और संश्लिष्ट कथाकार हैं, एक साथ कई-कई पहलू झलकाने वाले तराशे हीरे की परतोंवाले कथाकार...सफरिंग के लिए उन्होंने प्रायः नारी को चुना है, दोस्तॉयेवस्की के विपरीत। 'त्यागपत्र' (रेजिग्नेशन) उनकी लंबी कहानी का ही नहीं, शायद उनके सारे प्रारंभिक कथा-साहित्य का शीर्षक है। हो सकता है यह 'प्रतिरोधहीन समर्पण' उन्हें गांधीवाद से मिला हो।

प्रायः एक ही समय और समाज में रहनेवालों के सरोकार (कन्सर्न) समान होते हैं। यशपाल, जैनेन्द्र, अज्ञेय तीनों में कुछ बातें एक जैसी (कॉमन) हैं : मध्यवर्गीय प्रबुद्ध चेतना, सत्ता या सरकार के प्रतिरोध में क्रान्तिकारी चेतना, आर्य-समाज से प्रभावित मानसिकता और नारी। जैनेन्द्र के तो सारे लेखन की धुरी सैक्स, सत्ता

और सम्पत्ति के आसपास घूमती है। वे आर्य समाज और गांधीवादी मर्यादाओं को स्वीकार करते हुए भी इन तीनों की अप्रतिरोध्य शक्ति को अस्वीकार नहीं करते। इसलिए प्रायः छटपटाते लोगों के माध्यम से वर्जना-विरोध के जस्टीफ़िकेशन की कहानियों के लेखक अधिक लगते हैं। मुझे उनकी चिन्ता गांधीवादी मूल्यों और आर्य-समाजी संस्कारों के अस्वीकार को जस्टीफाई करने की अधिक दिखाई देती है। वे सहज दीखने की मुद्रा में बेहद जटिल और संश्लिष्ट हैं चूंकि उनके सोच और स्थितियों की अनिवार्यता में अन्तराल (गैप्स) हैं, इसलिए दोनों का स्वीकार एक तनाव या अतार्किकता का भ्रम ओढ़े भी झलकता है।

सामाजिक स्थितियों को नियति मानकर सफरिंग को लगभग ग्लोरीफाई (महिमा-मंडित) करने या बाद में प्रचंड तार्किकता से ज्यों का त्यों स्वीकार करने की इस जैनेन्द्रीय प्रवृत्ति को मुखर होकर अस्वीकार करते हैं यशपाल और छूट भागना चाहते हैं अज्ञेय। वे बराबर के कवि हैं इसलिए सौंदर्य के अनजान रूपों और रहस्यों की तरफ खिंचते हैं। अपरिचित और विलक्षण की तलाश उन्हें भटकाती भी है और विविधता भी देती है। वे संवेदनाओं, संबंधों, स्थितियों और आगे जाकर विचारों में अन्वेषी यायावर की तरह घूमते हैं। उनकी कहानियां इन्हीं 'यात्राओं' में इकट्ठे किये गये नमूने हैं। कभी ये नमूने हमें आकर्षित या चकित करते हैं, कभी नहीं भी; मगर वे हमेशा जिज्ञासा, उत्सुकता और परख (एप्रिसियेशन) की मांग करते हैं—कम से कम उन्हें व्यर्थ कहकर एक तरफ नहीं सरकाया जा सकता। जैनेन्द्र उदासी और मैलेंकॉली के कथाकार हैं (चैखव की तरह), अज्ञेय थ्रिल और स्फुरण के—"और भी बहुत कुछ है जहां तक जाना या उसे पा लेना है" की चेतना के। शायद प्रेरणा के नहीं। उपन्यासों के विपरीत, अज्ञेय की कहानियों में गति का भ्रम होता है, हालांकि 'रोज' या 'गैंग्रीन' में वे जैनेन्द्र की गतिहीनता के अधिक निकट हैं। फिर भी अज्ञेय का भूगोल बहुत बड़ा है, समय और समाज उनके यहां व्यक्तिगत अनुभव और निजी संवेदनाओं के माध्यम से ही व्यक्त होता है, इसलिए यह व्यक्ति औरों से विशिष्ट है।

इन दोनों के मुकाबले अधिक ठहरी हुई जमीन पर हैं यशपाल (इनकी शायद एकमात्र अपवाद कहानी 'मक्रील' है जो अज्ञेय की संवेदना के अधिक निकट है) वे शायद मानते हैं कि जड़ अवरुद्ध समाज को बदले बिना या झकझोरे बिना व्यक्ति की मुक्ति संभव नहीं है। अपनी स्थितियों, संबंधों, सूचनाओं और सैट-अप (परिवेश) में यशपाल इनमें सबसे अधिक डेटेड (समयबद्ध) कहानीकार हैं। जैनेन्द्र और अज्ञेय अपने परिवेश और काल दोनों को लगभग अतिक्रमित करते हैं, यशपाल को पढ़ते हुए आज भी उस समय और समाज को हमेशा ध्यान में रखना पड़ता है। यहां मुझे वे प्रेमचंद के अधिक निकट लगते हैं। हालांकि प्रेमचंद का प्रारंभिक कच्चापन (विशेषकर उनकी अब खोजकर निकाली गयी कहानियों जैसा) इन तीनों ही कथाकारों में नहीं है। या तो ये शुरू से ही प्रौढ़ रहे हैं या प्रौढ़ होने पर कहानियों में आये

हैं। अज्ञेय की 'विपथगा-युग' की कहानियां कच्ची भले ही हों, बचकानी नहीं हैं। कम से कम मुझे नहीं लगतीं।

प्रेमचंद और यशपाल की कहानियां तत्कालीन समाज और मानसिकता की दस्तावेजी कहानियां हैं। दोनों ही साहित्य के माध्यम से समाज की मानसिकता बदलना चाहते हैं। दृष्टि एक के पास गांधीवादी है, दूसरे के पास मार्क्सवादी। कहानियां उनके सामजिक-कर्म का हथियार हैं, शृंगार या अलंकार नहीं। दोनों का सरोकार हैं सामंती समाज और उपनिवेशी सत्ता।

यशपाल मान्य व्यवस्था और यथास्थिति को आक्रमक ढंग से तोड़ते हैं, उसकी व्यर्थता को उद्घाटित करते हुए प्रेमचंद इधर-उधर भटकने के बाद वापस वहीं लौट जाते हैं, (कफन, सद्गति, सवा सेर गेहूं, ठाकुर का कुआं, पूस की रात अपवाद हैं।) मूलतः उनका कहानी-व्याकरण बहुत सीधा है : परिस्थिति और मानसिकता के तनाव से व्यक्ति और परिवार में संघर्ष होता है, स्थिति टूटने तक आती है, मगर फिर अचानक 'सदबुद्धि' आकर सब कुछ संभाल लेती है। समीक्षकों ने इसे 'हृदय-परिर्वतन' कहा है। चाहें तो यहां जैन-कथाओं के यक्ष या शैतान द्वारा व्यक्ति को पथभ्रष्ट करने और बाद में 'सत्य की विजय' के विश्वास की छायाएं भी देखी जा सकती हैं। प्रेमचंद किसानों और अछूतों के शोषण से दुखी जरूर हैं, मगर सामंती-व्यवस्था के मूल्य-बोध को ही 'भारतीयता' भी मानते हैं—कम से कम पारिवारिक संबंधों में। स्वार्थ और लालच आपसी रिश्तों में ग़लतफहमी पैदा करते हैं, मगर भावनात्मक और संस्कार गत तूफानों से गुजरकर उनके पात्र नाटकीय परिताप के साथ 'वापस' आ जाते हैं। सारा भावनात्मक चौखटा और संबंधों के स्वरूप फिर वहीं के वहीं पहुंच जाते हैं। यहां परिस्थितियों के स्वरूप, बनावट, विकास और नाटकीयता को बदलने या तोड़े जाने की अनिवार्यता में नहीं देखा जाता। इस सबको बचाने और बनाये रखने की सद्भावना में रूढ़ियों और संस्कारों को भी शाश्वत मानवीय मूल्यों या 'शिव' के पर्याय के रूप में स्वीकार कर लिया जाता है। तत्वतः शरत्चन्द्र की तरह प्रेमचंद का 'आदर्शवाद' सामंती-मूल्यों की रक्षा और हिमायत का दूसरा नाम है.. .. हालांकि वे सामंती समाज के विरोधी हैं। मुझे लगता है कि समाज-व्यवस्था और उसे निर्धारित करने वाले मूल्यों की द्वंद्वात्मक अंतर्निर्भरता शायद उनके सामने स्पष्ट नहीं है। समाज बिगड़ गया है; मगर मूल्य सही हैं। बल्कि बिगड़ा ही इसलिए है कि समाज 'सच्चे' मूल्यों पर आचरण नहीं करता। आज भी अगर वास्तविक नैतिक मूल्यों को जीवन में उतार लें तो सारी गड़बड़ियां ठीक हो जायें, यानी आदर्श व्यक्ति, परिवार और समाज की स्थापना हो जाये। शायद यही गांधीवाद है। ऊपर गिनायी गयी अपवाद कहानियों के दलित-पात्र व्यवस्था से लड़ते नहीं हैं, हां, उसके द्वारा कुचल दिये जाते हैं। ये दलित और सर्वहारा पात्र वर्ण और वर्ग-व्यवस्था के उस सबसे निचले बिन्दु तक पहुंचा दिये गये हैं, जहां आत्महत्या या आत्मघात के सिवा दूसरा कोई चारा

नहीं है। वे डि-ह्यूमॅनाइजेशन (अमानवीकरण) और ब्रूटलाइज़ेशन (पशु बना दिये जाने) के दारुण उदाहरण हैं। नृशंसता और संस्कारबद्ध पात्रों की ये करुण-परिणतियां ही व्यवस्था के प्रति आक्रोश पैदा करती हैं।

और इन्हीं मूल्यों, विश्वासों और यथास्थिति के अस्वीकार से शुरू होती है यशपाल की कथा-यात्रा। वे मानते हैं कि स्थितियां बदलने से मूल्य भी बदलते हैं और मानसिकता भी। प्रगति के बाधक हैं संस्कार। नये समाज को लाने के लिए इन संस्कारों से लड़ना होगा। इस अर्थ में यशपाल भी 'आदर्शवादी' हैं, क्योंकि प्रेमचंद का आदर्श अगर एक विशेष वर्ग और उस व्यवस्था में स्वीकृत और 'सार्वभौमिक' कहकर पूजित 'सत्यं, शिवं, सुंदरं' की पुनर्स्थापना है, तो यशपाल का 'आदर्श' है मार्क्सवादी विचारधारा पर आधारित वर्गमुक्त, शोषणहीन समाज की वकालत। मनुष्य के मूलभूत 'शिव' में विश्वास रखते हुए प्रेमचंद यथास्थिति यानी प्राचीन मूल्य-व्यवस्था को कुछ सुधारों के साथ वापस लाना चाहते हैं, तो यशपाल उन्हें सामंती. शोषण-केंद्रित, अवैज्ञानिक और तर्कहीन कहकर उन पर निर्मम प्रहार करते हैं, ताकि नये समाज के लिए रास्ता साफ हो सके और यह परिवर्तन की मानसिकता को समझकर ही हो सकता है।

और इसलिए मुझे यशपाल सामाजिक जिरह या बहस की कहानियों के लेखक ज़्यादा लगते हैं। वे प्रायः हर जगह यथास्थितिवादियों से शास्त्रार्थ की परशुरामी मुद्रा में हैं। अपने तर्कों की अकाट्यता और यथास्थितिवादियों के अंतर्विरोधों के प्रति वे इतने अधिक आश्वस्त हैं कि उन्हीं के गढ़ों में जाकर उन्हें ललकारते हैं। पुराण-कथाओं पर आधारित लगभग एक दर्जन कहानियां इसका प्रमाण हैं। अपने समय में उन्हें लेकर भयानक विवाद भी उठे हैं। प्रेमचंद के बाद शायद वे हिंदी के अंतिम कथाकार हैं जिन्होंने मुसलमानों और ईसाइयों के जीवन पर ईमानदारी से लिखने की कोशिश की है।

अपनी इस बहस में यशपाल कुछ मूलभूत सवाल उठाते हैं जिन पर यथास्थितिवादी या तो प्रायः चुप हैं या उन्हें शाश्वत और अपरिवर्तनीय मानकर संतुष्ट। उन सवालों की शुरुआत मानवीय अस्तित्व से ही जुड़ी है। इन पर किसी भी तरह का संशय किया जाये यह कोई भी व्यवस्था-पोषक बर्दाशत नहीं करता। कहना चाहिए, इन पर बहस या पुनर्विचार की मांग करने वाली रचनाएं ही क्रांतिकारी और आपत्तिजनक मानी गयी हैं।

अपने 'होने' के साथ ही आदमी तीन जगह 'बाहर' से जुड़ता है—स्त्री के साथ, प्रकृति के साथ और शेष समाज के साथ। इनमें पहले या बाद में कौन है, यह अंडा और मुर्गी वाली बहस है। हां, यह साफ है कि इन्हीं तीनों के साथ संबंध या समीकरण बनाने में आध्यात्म, नैतिकता और राजनीति का विकास होता है। अपने 'होने' या 'न होने' के प्रश्नों और शेष प्रकृति की रहस्यमयी लीलाओं के 'दर्शन' या जिज्ञासाओं

ने आध्यात्म, पूजा और दैवी शक्तियों के मानवीकरण का विकास किया, जिसकी परिणति, दर्शन और धर्म के चिंतन में हुई। प्रजनन, सुरक्षा और संरक्षण ने स्त्री-पुरुष के बीच में रिश्तों को 'परिवार' नामक संस्था तक पहुंचाया और आपसी सहयोग, सुरक्षा, संतुलन या शांति की जरूरत ने दूसरों के साथ सामाजिक और व्यावहारिक संबंधों को निर्धारित किया। मोटे रूप में धर्म, नैतिकता और राजनीति इन तीन आधारभूत सवालों से जुड़ते हुए ही आदमी ने अपनी सारी सभ्यता और संस्कृति का विकास किया है, जिसे हम 'व्यवस्था' कहते हैं, वह इन्हीं तीन तत्वों से बनी है। जाहिर है कि मानवीय विकास में हमारे संबंध न प्रकृति से वही बने रह सकते हैं जो हजारों साल पहले थे, न स्त्री और परिवार से, न शेष समाज से। परिवर्तन, विकास विवृत्ति और विकृति की प्रक्रिया में इनके स्वरूप और व्याप्तियां बदली हैं, क्षेत्र और सीमाएं बदली हैं, अनंत शाखा-प्रशाखाओं का विस्तार हुआ है। सुरक्षा, संरक्षण और शांति की कामना से, व्यवस्था बनाये रखने के लिए जो आचार संहिताएं बनायी गयीं उन्हीं के निर्धारण और कार्यान्वयन के लिए बनी पंचायतें, धर्म-पीठ और राज्य और साम्राज्य। जैसे-जैसे आदमी अपनी अस्तित्वगत समस्याओं को अपनों में से अधिक समर्थ हाथों में सौंपता गया, स्वार्थ और सत्ता के केंद्र उभरते गए। पहले रहस्यमयी आध्यात्मिक शक्तियों के मालिक धर्म-गुरुओं ने स्वयं, फिर बाद में अन्य बाहुबलियों के साथ मिलकर, सुरक्षा देने के आश्वासन पर आदमी के सारे जीवन, आचार, व्यवहार और सोच को नियंत्रित या संचालित करने के लिए स्मृतियों, शास्त्रों और शस्त्रों की रचना की, ताकि व्यवस्था को निर्विघ्न स्थायित्व दिया जा सके। आदेश और आवश्यकताएं प्रारंभ में अभ्यास में आयीं और फिर धीरे-धीरे संस्कार बन गयीं। इसलिए जरूरी नहीं कि यथास्थिति बनाये रखने वाले हमेशा शासन और सत्ता में ही रहे हों, वे शक्ति-केन्द्रों से अनुपस्थित रहकर भी उन विधि-निषेधों के संस्कारों से संचालित-नियंत्रित होते रहे जो उनके भीतर मनोजगत का अनिवार्य हिस्सा बन चुके थे—लगभग अंधविश्वासों की तरह और स्वायत्त। गुलामों के हाथों को बांधे रखने वाली हथकड़ी, हजारों सालों में बदलकर चूड़ी और शृंगार बन गयी; बल्कि संस्कारों ने चूड़ी को सुहाग या 'मालिकवान' होने की स्वीकृति और अनिवार्यता के रूप में मंगलकारी माना ।

हजारों सालों से बद्धमूल इन तीनों अवधारणाओं को तोड़ने और झकझोरने वाले अनेक चिंतक रहे हैं, मगर सबसे प्रमुख हैं डार्विन, फ्रायड और मार्क्स...पहले हम देवता थे और अब क्रमशः बौने और क्षुद्र हो रहे हैं, इस विश्वास का खंडन किया डार्विन के विकासवाद ने; हमारे भीतर आत्मा और ईश्वर नहीं असफल स्वप्नों और सेक्स कुंठाओं की खंडहरी भूलभुलैया है, इन्हें लेकर लादी गयी वर्जनाएं ही, मानसिक विकृतियों और पतन के लिए जिम्मेदार हैं, यह बताया फ्रायड ने और मानव सभ्यताओं का विकास अतार्किक, मनमाने ढंग से नहीं होता—उनके पीछे कुछ

शक्तियां, द्वंद्व और पैटर्न होते हैं, यह स्थापना की द्वंद्वात्मक भौतिकवाद द्वारा मार्क्स ने। जाहिर है यथास्थिति के इन तीनों आधार स्तंभों को ध्वस्त करने वाले विचारक ही उग्र क्रांतिकारी माने गये और सभी ने 'अतीत के स्वर्गों' का निषेध किया। ऐसी ही रचनाओं को भयानक रूप से आपत्तिजनक या 'क़ाबिले ज़ब्ती' बताया गया। यशपाल के पूरे चिंतन और कथा-दृष्टि को समझने के लिए आधुनिकता की इस पृष्ठभूमि को समझना बहुत आवश्यक है, क्योंकि हिंदी कथा-साहित्य को वैचारिक आधुनिकता देने वालों में वे पहले निर्भीक व्यक्ति हैं।

यशपाल मार्क्सवाद के घोषित प्रवक्ता हैं। इस दिशा में उन्होंने अपने साथी सरदार भगतसिंह के चिंतन को ही अधिक धार और विश्लेषण दिया है। उन्होंने सामाजिक बदलाव की मानसिकता गढ़ने के लिए कथा-माध्यम चुना है। प्रचारक होने का आरोप वह सहर्ष स्वीकारते हैं। उनका विश्वास है कि जिसके पास अपना विचार है वह उन्हें दूसरे तक पहुंचाएगा ही। प्रचारहीनता ही विचारहीनता भी है। हां, हो सकता है वैचारिक आग्रहशीलता में वे अपने पुराने आर्यसमाजी शास्त्रियों से ही प्रेरित रहे हों। खंडन-मंडन का उनका तरीका वही है।

औपनिवेशिक सत्ता या ब्रिटिश-साम्राज्यवाद का विरोध, उन्होंने 'साग' (ठीक इसी थीम पर मैंने तीस साल बाद महाश्वेता देवी की एक कहानी पढ़ी थी), 'अंग्रेज का घुंघरू' जैसी एकाध कहानी को छोड़कर अपने उपन्यासों में किया है। 'दादा कामरेड', 'देशद्रोही', 'मेरी तेरी उसकी बात' के नायक अंग्रेजी शासन से लोहा लेते लोग हैं। वहां उन्हें बड़े फलक की जरूरत है। कहानियों में सामंतवादी विश्वासों और मूल्यों की पहचान और विरोध ही प्रायः उनके कथ्य हैं। पौराणिक-युग, शहरी मध्य-वर्ग और पहाड़ों या कबीलों के गरीब लोगों से बसा है उनका कथा-संसार। शायद उनका मानना है कि सामंती सोच, स्त्री-पुरुष संबंधों की जड़—नैतिकता के रूप में हमारी रग-रग में धंसा है और उसने संस्कारों का रूप ले लिया है। आदमी की अंतश्चेतना पर आक्रमण का मुख्य लक्ष्य सैक्स-नैतिकता, उसके विभिन्न रूप और उन्हें दबाने कुचलने से उत्पन्न विकृतियां या मध्यवर्ग का आडम्बरी व्यवहार है। यहां वे सबसे अधिक बोल्ड (निर्भीक) और जिहादी हैं। रामविलास शर्मा जैसों ने उन्हें अश्लील और सैक्स-विकृतियों का कहानीकार बताकर तीव्र भर्त्सना की है बदले में यशपाल उन्हें 'आर्य-समाजी' मानसिकता का आलोचक मानते हैं और इसी के खिलाफ उनकी असली लड़ाई है।

जहां तक खुले चित्रण का संबंध है, यशपाल उस अर्थ में 'अश्लील' बिल्कुल नहीं हैं जिस तरह 'अंगारे-युग' के उर्दू लेखक रहे थे—या बाद में इस्मत चुगताई और सआदत हसन मंटो रहे। वहां सैक्स लगभग विस्फोट या व्यक्तिगत रूमानी विद्रोह की तरह आता है, कहीं-कहीं नुमाइशी। यशपाल के लिए वह ऐसी सामाजिक समस्या है जो संस्कार के रूप में मनुष्य के सोच और सामाजिक विकास में बाधक बनकर

खड़ी है। ये वर्जनाएं कहीं सिर्फ ढोंग या दिखावा हैं, तो कहीं धार्मिक अंधविश्वास—और सब कहीं स्त्री-पुरुष संबंधों को बदलती स्थितियों के संदर्भ में देखने से इनकार करती है। यह सामाजिक या मूलभूत सचाई से मुंह फेरना है। सैक्स ने न धर्म के बंधन माने हैं, न स्मृतियों के, न मध्यवर्गीय आडंबर के, 'मनु की लगाम', 'ज्ञानदान', 'धर्म-रक्षा', 'भगवान के पिता के दर्शन', 'शिव-पार्वती', 'शम्बूक' 'ओ भैरवी' या 'नारद-परशुरांम संवाद', हों या फिर 'प्रतिष्ठा का बोझ', 'आतिथ्य', 'सबकी इज्जत', 'नकली माल', 'अगर हो जाता', 'उत्तमी की मां' जैसी मध्यवर्गीय ढोंग के नीचे यातना, कुंठा और दिखावे की दुहरी जिन्दगी जीते, खोखली, आत्महंता-इज्जत संभालते परिवार।

भौगोलिक रूप से प्रेमचंद के युग की हिन्दी कहानी 'उसने कहा था' को छोड़कर प्रायः उत्तर भारत के कुछ मध्य और निम्न मध्यवर्गीय परिवारों तक सीमित रही है, इसलिए उन्हीं की नैतिक और भौतिक समस्याओं से जूझना वहां मुख्य समस्या है। केवल ऐतिहासिक और पौराणिक आख्यानों में कथा-क्षेत्र का अतिक्रमण है। कथाकार की कल्पना यहीं अपना कुछ कमाल दिखाती है। बाद के जैनेन्द्र तो दिल्ली या आस-पास के ही कुछ परिवारों तक बंधे रहे। हां, यशपाल और अज्ञेय ने पहली बार इन सरहदों को विस्तार दिया। उन्होंने अफगानी कबीलों की जिन्दगी से लेकर हिमालय की चोटियों, आसाम-बंगाल के जंगलों तक को अपनी कथाभूमि के रूप में चुना—वैदिक काल से लेकर बौद्ध और फिर मुगल-युग तक उनकी कहानियों का विस्तार है—राहुल सांकृत्यायन ने तो 'वोल्गा से गंगा' में सम्पूर्ण मानव-सभ्यता के विकास को स्वतंत्र कहानियों के रूप में लिख डाला। कह सकते हैं यह वह युग है जब हिन्दी कहानी, वैचारिक और संवेदनात्मक स्तर पर ही मुक्त नहीं हो रही थी, भौगोलिक और सामाजिक रूप से भी नये क्षितिज्ञ उसे अपनी ओर आकर्षित कर रहे थे। नारी-पुरुष सम्बन्धों में अधिक खुलापन, जटिलताएं, कुंठाएं और संभावनाएं अत्यंत जीवंत कहानियों को जन्म दे रही थीं। हर क्षेत्र में 'घर' या यथास्थिति की घुटन से बाहर जाते हुए लोगों की कहानियां हैं।

यथास्थिति, यानी स्थिर और जड़ समाज की 'घुटन' को तोड़ने वाले नये कथा-पात्र, पुराने से छूटने और अभ्यस्त संस्कारों को अस्वीकार करने की प्रक्रिया में ज्यादा साहसी और स्पन्दनशील लगते हैं। नयी स्थितियों के संदर्भ में पुराने की 'अनुपयोगिता' और अप्रासंगिकता पर बहस यशपाल की अनेक कहानियों का प्रिय विषय है। अज्ञेय के नायक बहस नहीं करते, चुपचाप उनके अस्वीकार का निर्णय ले लेते हैं। ये पात्र भी वे नहीं हैं जो अब तक प्रसाद, प्रेमचंद, कौशिक की कहानियों में आते रहे हैं। ये बौद्धिक, साहसी और परिवर्तनकामी युवा लोग हैं। यशपाल की कहानियों की नारियां जैनेन्द्र की 'जाह्नवी' और 'पत्नी' की तरह घुटती या चौखट की आड़ में खड़ी होकर 'बाहर' की झांकियां नहीं लेतीं, साथ बैठकर प्रेम, वासना

और वैवाहिक नैतिकता के खोखलेपन पर विवाद करती हैं। वे नये को समझने और वहां अपनी जगह बनाने की बेचैनी की कहानियां हैं।

तब के हिन्दी कथा-जगत पर छाये बंगला कहानियों के भावोच्छवासी नायकों की तुलना में मुझे प्रेमचंद, यशपाल, जैनेंद्र, अज्ञेय, भगवतीचरण और इलाचंद्र जोशी के पात्र अधिक ठंडे, बौद्धिक, तार्किक और ठोस जमीन पर खड़े हुए लोग लगते हैं। यहां नियति द्वारा लिए गए निर्णय, पात्रों के भाग्य निर्धारण नहीं करते। इन कथाकारों का शायद ही कोई पात्र बोलता हो, 'अपना प्रारब्ध यही था' अपनी व्यक्तिगत सामाजिक नियति को भी वे स्वयं चुनते हैं। प्रसाद की मधूलिका कहती है, 'तो फिर मुझे भी मृत्यु मिले' अर्थात् ये अपने फैसले स्वयं लेते हैं और हार-जीत को आसानी से स्वीकार नहीं करते। प्रेमचंद की तरह यथास्थिति में वापस भी नहीं लौटते। सिर्फ इलाचंद्र जोशी के नायक इन निर्णयों के अपराध-बोध से पीड़ित आत्महत्या या विक्षिप्तता की ओर जाते दिखायी देते हैं। इन सभी के सामने नयी स्थितियां, नये मूल्य, निर्णय लेने के नये दबाव या चुनाव कर सकने के नये विकल्प बार-बार आते हैं, यानी सारी जिन्दगी एक धर्म-संकट बन गयी है। यह हिन्दी कहानी का समस्या-युग है। नये उठते सवालों से मुठभेड़ का युग...।

जाहिर है समस्या और सवाल तभी उठते हैं जब पुराने के साथ रह पाना असुविधाजनक और असंभव हो और विकल्प स्वीकार करना मुश्किल लगने लगे। इसी द्वंद्व, तनाव और घुटन या विचार-मंथन में कहानियां जन्म लेती हैं। यहां यशपाल सबसे अधिक तार्किक, द्वंद्वहीन और वैज्ञानिक की तरह स्थितियों को स्वीकार या अस्वीकार करते हैं। इसलिए लग सकता है कि उनकी कहानियों के पात्र इकहरे, तनावहीन और लगभग 'ठंडे' लोग हैं। उनके यहां न उच्छवास है, न भावोन्माद। 'टु बी ऑर नॉट टुबी' (यह हो या न हो) के क्षण भी उनकी किसी कहानी में दिखायी नहीं देते...शायद उनके यहां पुराने को लेकर वह सहानुभूति भी नहीं है जैसी भगवतीचरण वर्मा की 'चित्रलेखा' में सारी वकीली जिरह के बावजूद मौजूद है। हालांकि फैसला वहां भी नये के पक्ष में ही है।

यूं तो यशपाल की कहानियां ईश्वर, समाज और सैक्स तीनों आधारभूत समस्याओं पर नयी और युक्तिपरक दृष्टि से पुनर्विचार की मांग करती हैं, मगर इसमें संदेह नहीं है कि कहानियों में वे अपने सर्वश्रेष्ठ रूप में सैक्स-संबंधों को लेकर ही हैं। उनके लिए सैक्स ऐसी सामाजिक समस्या है जो न जाने कितनी व्यक्तिगत कुंठाओं, विकृतियों और भटकनों को जन्म देती है। इस संदर्भ में सामंती जड़ मान्यताएं, दुहरे मूल्य, स्त्री को भोग्या, दासी मानने की मानसिकता, विवाह-संस्था की निरर्थकता, आम मध्यवर्गीय परिवार को ढोंग, आडम्बर और झूठ में जीने को मजबूर करते हैं। स्त्री-पुरुष संबंधों की शोषण-निर्मित नैतिकता के सर्वाधिक सचेत चित्र शायद यशपाल ने ही दिये हैं। वहां 'अगर हो जाता' के वर्जित प्रदेशों में दिवास्वप्न देखने वाली अकेली

सविता है तो, विवाह न हो पाने पर हारकर साध्वी होने की मृत्यु वरण करती उत्तमी। एक ओर भैरवी और डायन बना दी गयी निर्दोष नारियां हैं तो दूसरी ओर 'प्रतिष्ठा का बोझ', 'आतिथ्य' और 'सबकी इज्जत' की दुहरी नाटकीय जिन्दगियां या सैक्स के आदिम रूप के साथ रूबरू होते 'ज्ञानदान', पुरुष वर्चस्व से बदला लेती 'कोकला डकैत', 'धर्म रक्षा', 'भगवान के पिता के दर्शन' के पौराणिक युग में रहने वाले पात्रों ने यशपाल को बार-बार धर्म विरोधी और अश्लील कथाकार होने के खिताब बख्शे हैं। मगर वहीं 'गंडेरी' और 'होली नहीं खेलता' की करुणा और 'नकलीमाल' जैसी हास्यास्पद स्थितियां भी हैं। हां, इन सबसे हटकर मैं सैक्स के उदात्त रूपों को कथ्य बनाकर लिखी गयी कहानियों को भी जरूर रेखांकित करना चाहूंगा। 'तुमने क्यों कहा था मैं सुन्दर हूं' में सैक्स—या उससे उत्पन्न सम्मोहन मरती हुई औरत के लिए संजीवनी बन जाता है तो 'जहां हसद नहीं' में प्रसन्न होकर प्राण दे देने वाला ईर्ष्याहीन आत्मोत्सर्ग... 'मक्रील' की सौंदर्यचेतना, प्रकृति के निरंकुश गतिशील और आक्रामक आकर्षण में डूब जाने का उद्‌दाम निमंत्रण लगभग ययाति के मिथक की याद दिलाता, भावनाओं और सौंदर्य में जीनेवाला बूढ़ा कवि, सुंदर युवा और मुग्ध प्रशंसिका के साथ प्रकृति में एकाकार हो जाने की दुर्निवार पुकार को अनसुना नहीं कर पाता। कहा जा सकता है कि सैक्स के जघन्य, व्यावसायिक और अनैतिक या अप्राकृतिक रूपों से लेकर सुन्दर, उदात्त और रागात्मक रूप हमें यशपाल की अनेक कहानियों में सुलभ हैं...वे न कहीं अश्लील हैं, न आपत्तिजनक—वे सिर्फ सामाजिक हैं, तत्कालीन संदर्भ में साहसिक, व्यक्तिगत सैक्स की विभिन्न सामाजिक अभिव्यक्तियां या सामाजिक सैक्स की, दुहरा, निरर्थक झूठ जीने की व्यक्तिगत विकृतियां हैं। अपनी इन्हीं विकृतियों, कुंठाओं की सामाजिक परिणतियों के साथ 'मंटो' में सैक्स व्यक्तिगत विद्रोह है—रोमांटिक रिबैलियन। यशपाल में वह समाज की इकाइयों की मानसिकता यानी नैतिकता को निर्धारित और अस्वीकार करनेवाली मूलभूत ऊर्जा...जैसा कि मैंने कहा, यशपाल के लिए सैक्स सामाजिक विकृतियों से अलग या इकलौती समस्या नहीं है, वह उनके लिए संपूर्ण विद्रोह का हिस्सा ही नहीं, धर्म और राजनीति की तरह व्यवस्था के आधारभूत स्तंभों के खिलाफ लड़ाई है, लड़ाई चाहे अंग्रेजी उपनिवेशवाद के विरोध में हो या भारतीय संस्कृति के नाम पर सामंती मूल्यों और अंधविश्वासों के—यशपाल राजनैतिक और मानसिक या सांस्कारिक गुलामी के प्रतिरोध में खड़े क्रांतिकारी लेखक हैं—एक अधिक स्वतंत्र और विषमता-मुक्त संसार के पक्षधर होकर...जब वे पुराण-युग के अंतर्विरोधों और वैदिक नृशंसताओं पर प्रहार करते हैं, तो उनका आधार बुद्ध-दर्शन होता है। ('दिव्या' और 'अमिता' इसी युग के उपन्यास हैं।) वर्तमान राजनीति का खोखलापन उजागर करने का उनका हथियार है मार्क्सवाद और मध्यवर्गीय नैतिकता के आडम्बरी वैवाहिक जीवन को उधेड़ने के लिए फ्रॉयड से अधिक बट्रैण्ड रसैल उनके निकट हैं। वे हर प्रकार की गुलामी के

खिलाफ सन्नद्ध योद्धा की तरह हैं।

लेकिन एक कहानीकार के रूप में यही यशपाल की सीमा भी है। प्रेमचंद की तरह उनके लिए कहानी लिखना, अभिव्यक्ति के संतोष से अधिक सामाजिक या राजनैतिक कर्म है, आज की भाषा में कहें तो दोनों ही 'सोशल-एक्टिविस्ट' हैं और साहित्य उनका एक्ट ऑफ फ़ेथ है या अनुष्ठान है। आग भले ही उनमें मोपासां जैसी हो, कला निश्चय ही कमजोर है। आश्चर्य नहीं होना चाहिए कि प्रेमचंद और यशपाल ने न कहानी कला के साथ कोई प्रयोग किये न भाषा की संभावनाओं की दिशा में अन्वेषण। कहानी को पठनीयता देने में उनकी भाषा का स्तर और स्वरूप प्रायः सब कहीं एक और इकहरा है, पौराणिक या धार्मिक आख्यानों में संस्कृत बोझिल और सामाजिक-कथाओं में सीधा-सपाट...शायद अपने विचारों को लेकर ही वह इतने अधिक आश्वस्त और निश्चिंत हैं कि विधा को सिर्फ 'उपयोग' के लिए इस्तेमाल करते हैं। लड़ाई में भी अपने हथियारों और उनके प्रयोग को बदलने की जरूरत होती है—इसमें शायद न प्रेमचंद को विश्वास है न यशपाल को। कभी-कभी तो यह भी भ्रम होता है कि वे कहानियां नहीं, दृष्टांत-कथाएं लिख रहे हैं। इस दिशा में शायद सबसे अधिक प्रयोग 'अज्ञेय' ने ही किये हैं। 'मक्रील' जैसी सूक्ष्म संवेदनाओं और 'जहां हसद नहीं', 'परदा' जैसी प्रतीकात्मक कहानी यशपाल के यहां और नहीं हैं। प्रेमचंद और यशपाल दोनों के पात्र प्रायः 'टाइप' हैं—वे व्यक्तिगत निर्णयों से नहीं, सामाजिक प्रवृत्तियों से परिचालित हैं। इसीलिए मैं यशपाल को प्रेमचंद की कहानी परम्परा के सबसे समर्थ कथाकार की तरह देखता हूं।

मगर जैसा कि मैंने कहा, उत्तर भारत के मध्यवर्ग की सामाजिक, राजनैतिक और मनोवैज्ञानिक जटिलताएं, बेचैनियों और अंतर्विरोधों के वे अप्रतिम ऐतिहासिक कथाकार हैं। दो महायुद्धों के बीच के भारतीय समाज के चित्रण के लिए निश्चय ही वे सबसे अधिक प्रामाणिक कथाकार के रूप में याद किये जायेंगे। वे उस बौद्धिक युवा-शक्ति के प्रतीक हैं जो अतीत और वर्तमान दोनों ही उपनिवेशवादों के खिलाफ संघर्ष कर रही थी। यशपाल शुरू से ही पहले राजनैतिक और फिर बौद्धिक क्रांतिकारी बने रहे। सत्ता, चाहे वह सात समुन्दर पार से आती अंग्रेजों की रही हो या सांस्कृतिक स्वर्ण-मृग के रूप में सुदूर अतीत से आती सामंतवादी ब्राह्मणी व्यवस्था की—यशपाल को कभी आतंकित नहीं कर पायी। उन्होंने दोनों के ख़िलाफ हथियारों और विचारों से युद्ध किया।

बुनियादपरस्ती और पुनरुत्थानवाद के इस अंधड़ में यशपाल हमारे लिए आज और अधिक विश्वसनीय भी हैं और प्रासंगिक भी।

टीप और टिप्पणियां

फ्री-स्टाइल आलोचना के जवाब में

नामवर सिंह ने जो वक्तव्य 'हंस' की गोष्ठी में दिया था उसे 'नवभारत टाइम्स' में उन्होंने काफी बदल दिया है। इसलिए मैं अपनी बात नामवर सिंह की तरह हाथ की सफाई से नहीं, बात की सफाई से शुरू करना चाहता हूं।

'वर्तमान साहित्य' में प्रकाशित सृंजय की कहानी 'तख्तोताब' पर मेरे और सृंजय के बीच जिस पत्र-व्यवहार का जिक्र उन्होंने किया है, उसमें एक बात छूट गई है। सृंजय ने जब वह कहानी 'हंस' में भेजी थी तो उसका रूप दूसरा था। 'वर्तमान साहित्य' में पुरस्कृत कहानी उसी का संशोधित रूप है। दूसरे विश्वसनीयता की बात के साथ ही मैंने यह भी संकेत किया था कि कहानी की यह तरकीब (डिवाइस) बहुत नई नहीं है। मैं भी जानता हूं कि 'मौलिकता' जैसी चीज साहित्य में नहीं होती। मगर नया जरूर होता है अपना दृष्टिकोण। एक भूमिका ओढ़ लेने के बाद किस तरह वह भूमिका पात्रों को अपनी गिरफ्त में लेकर डिक्टेट करने लगती है यह स्थिति अपरिचित नहीं है। नाटकों और रामलीलाओं में बीसियों बार ऐसी घटनाएं हम सुनते हैं। यहां तक कि प्रेमचन्द के पंचपरमेश्वर भी पंच की भूमिका में बैठकर बिल्कुल अप्रत्याशित ढंग से व्यवहार करने लगते हैं।

मैंने उन्हीं पत्रों में 'सारिका' में प्रकाशित और निर्मल वर्मा द्वारा अनूदित मिलान कुंडेरा की कहानी 'खेल खेल में' का जिक्र किया था जहां एक होटल में प्रेमी-प्रेमिका, वेश्या-ग्राहक का खेल खेलते हैं या विजय तेंदुलकर के 'शान्तता कोर्ट चालू आहे' की बात कही थी, हेमिंग्वे की एक कहानी का भी हवाला दिया था जहां एक ढाबे में सारे दिन काम की एकरसता में डूबे दो बैरे लड़के सिरों पर छुरी-कांटे बांधकर सांड-युद्ध का नाटक करते हैं और एक दूसरे को घायल कर देते हैं।

मेरे और सृंजय के बीच के इस पत्र-विनियम में उस तर्क की भी बात कही गई थी जहां 'यह मेरे साथ या मेरी गवाही में हुआ है' के आधार पर हम कहानी और जिन्दगी के तर्कों का घालमेल कर देते हैं। बात यहां होनी चाहिए थी कि जिन्दगी और कहानी के आपसी द्वंद्वात्मक रिश्ते क्या हैं, कैसे रचनाकार अपनी कला में यथार्थ का अतिक्रमण करता है या विरूपण द्वारा वृहत्तर यथार्थ तक पहुंचता है। मगर जाहिर है कि नामवर जी की दिलचस्पी अक्सर मुद्दों में कम, महफिल लूट ले जाने के चमत्कार

में ज्यादा रहती है। चूंकि उनका आग्रह या स्थिति अंत में बोलने की होती है, इसलिए वे बेख़लिश पूर्ववक्ताओं को तोड़-मरोड़ और काट-छांट के साथ पेश करते हैं और कमर से ऊपर या नीचे वार करते हुए तालियां बटोरते हैं। यह कलाकारी महफिल में जान तो पैदा कर देती है, मगर श्रोताओं की प्रत्याशाओं की गुलामी भी बख्शती है—और आप 'प्लेइंग टु द गैलरी' के शिकार हो जाते हैं। कहानी के अंत में चमत्कार पैदा करने का चस्का कहानीकार भले ही छोड़ चुका हो, आलोचक आज तक उसी से चिपका है। इसे कहते हैं : अदाएं ओ' हैनरी की, बातें बोर्खेज़ मारख्वेज की...

लेकिन सच्चा राजनीतिज्ञ कभी भी सिर्फ चमत्कार या लोकप्रियता लपकने के लिए ही शोशे नहीं छोड़ता, ऊपर से लगने वाली सरलताओं, असम्बद्धताओं या अंतर्विरोधों के पीछे हमेशा एक मैथड या योजना होती है। नामवर घाघ राजनीतिज्ञ हैं, इसलिए किसी के खिलाफ बोलते हुए वे बहुत सचेत रहते हैं कि किसी के पक्ष में जरूर बोलना है। 'हंस' की इस गोष्ठी में भी उन्होंने 'कवि-बनाम कहानीकार' की बोगी खड़ी की है। यहां भी समस्याओं का 'नाराईकरण' और साहित्यिक स्थितियों का 'नामवरीकरण' है। यह कला उन्हें कुछ ऐसी मुंह लग गई है कि न उन्हें निजात है, न साहित्य को। उम्र-दराज, अहलेज़बान हैं, इसलिए उससे सिर्फ काटने या चाटने का काम लेते हैं। श्रोता हैं कि मुंह में जबान रखे हुए भी (टंग इन द चीक?) ताकते रहें...

इसलिए मुझे लगता नहीं है कि 'कवि बनाम कथाकार' का छायायुद्ध बहुत दूर तक नामवर का साथ देगा। कहानी में कविता, संगीत, लय, सिम्फनी तलाश करना और कविता में गद्य का ठोसत्व खोजकर 'यूरेका! यूरेका!!' (या भेड़िया-भेड़िया) की गुहार मचाना नामवर जी का पुराना शगल है। हो सकता है विधाओं की अंतर्निर्भरता और अंतर्भुक्ति का झंडा बुलंद करते हुए वे कल किसी दूसरे मंच से वहां के किसी ऐसे वक्ता की बात काट रहे हों जो विधाओं की 'स्वायतता' या 'अपनी अलग पहचान' की बात कर रहा हो। इसलिए 'कवि ही अच्छा गद्य लिखते हैं' के नामवरी सिद्धान्त को 'खरीदते' या स्वयं उन्हीं के शब्दों में 'मस्त मयूर की तरह पंख ऊंचे करके नाचते हुए' कवियों को बहुत पुलकित होने की जरूरत नहीं है। उन्हें उस धक्के के लिए भी तैयार रहना चाहिए जब अगले मंच से वे प्रेमचन्द, भीष्म साहनी, निर्मल वर्मा, अमरकांत, ज्ञानरंजन, स्वयं प्रकाश या और आगे जाकर हेमिंग्वे जैसों को उन्हीं मोरपंखियों की कलगियां बांटते हुए उनके गद्य की आतंकवादी प्रशस्तियां गा रहे होंगे, कि अच्छा दमदार (रोबस्ट) गद्य लिखने के लिए बिल्कुल भी जरूरी नहीं है कि कोई कवि ही हो या उन्हीं कवियों ने महान और कालजयी कविताएं लिखी हों जिन्होंने कहानी या कथा-सूत्रों को केन्द्र बनाया है, चाहे वह राम की शक्ति पूजा हो या असाध्य वीणा, अंधेरे में, ब्रह्मराक्षस हो या रामदास की हत्या...

सही है कि हम सब नामवर को बहुत प्यार करते हैं, इसलिए बहुत नाराज़ हैं।

हमें गर्व है कि हिन्दी साहित्य के पास एक नामवर भी है—इतना विराट, इतना विद्वान, इतना वाग्मी और इतना खुंदकी...एकदम बोफोर्स तोप। लेकिन पिछले लगभग 35 बरसों से मैं जान नहीं पाया कि वह हिन्दी कहानी से आखिर क्या चाहते हैं? कहानी को लेकर जो धारणाएं उनकी तब थीं, वही आज भी हैं। निर्मल वर्मा को पहला कहानीकार सिद्ध करने के बाद, अमरकांत और रवीन्द्र कालिया तक कहानी की अनेक 'शुरुआतें' उन्होंने घोषित कीं। बीच में उषा प्रियंवदा, मार्कण्डेय, रेणु और ज्ञानरंजन की गूंज सुनाई दी—और आज बात फिर वहीं आ गई जहां से शुरू हुई थी यानी श्रीकांत वर्मा और रघुवीर सहाय...वे मुझे ऐसे सिद्ध हकीम की याद दिलाते हैं, जो कभी मरीज में एक बीमारी बताता है तो कभी दूसरी—कभी कोई दवा सुझाता है तो कभी कोई। और आखिर में दोनों हाथ उठाकर पहुंचे हुए फ़कीर की तरह फैसला दे देता है कि आप जैसे रिश्तेदारों के रहते हुए बेचारे का कोई भविष्य नहीं है...कफन-दफन का इंतजाम कीजिए...

'कफन' कहानी उनके लिए सचमुच रामबाण सिद्ध हुई है। उसमें वे कभी एक अर्थ तलाश कर लेते हैं तो कभी दूसरा—कभी वह 'प्रतिबद्धता किस तरह संवेदना को धार देती है' की कहानी है तो कभी 'विचारधारा से मुक्ति' की, कभी वह व्यवस्था द्वारा अपने शिकंजे में आदमी को चूर-चूर कर डालने की कहानी है तो कभी खंड-खंड होते यथार्थ की...इसलिए कोई आश्चर्य नहीं है कि उन्हें हिन्दी-कहानी का न कोई भविष्य दिखाई देता है, न व्यक्तित्व...व्यक्तित्व बनता है व्यवहार, सोच और इंवॉल्वमेंट की एकरूपता या कन्सिस्टेंसी से। जिसे हर मंच से अंतर्विरोधी बात कहनी है उसे कहानी क्या, कहीं भी व्यक्तित्व कैसे दिखाई देगा? राजस्थानी कहावत है : जन-जन का मन राखती, बेस्या रह गई बांझ...

इस गोष्ठी में नामवर जी ने कथाकार बिज्जी (विजयदान देथा) की बात कही है। मैं समझता हूं कहानी पर बात करने की वह भी एक अच्छी शुरुआत हो सकती थी। बिज्जी वाचिक परम्परा के सिद्ध कथाकार हैं और प्रायः लोक-कथाओं को आधार बनाकर कहानियां 'सुनाते' हैं। लोक-कथाओं का माहौल भारतीय मानस का इतना अंतरंग हिस्सा है कि वहां बहुत-सी छूटें अपने आप मिल जाती हैं। स्थिति खड़ा करने के लिए शब्दों और भाषा के किफायती इस्तेमाल की भी वहां जरूरत नहीं है। वे पढ़ने से ज्यादा, सुनने की चीज हैं और उनका मुख्य तत्व 'किस्सागोई' है—जिसका एक रूप लिखित कहानी में 'पठनीयता' कहलाता है। अगर नामवर जी कहानियों से इसी तत्व की मांग कर रहे हैं तो फिर रघुवीर सहाय और श्रीकांत वर्मा की कहानियों का क्या होगा? विष्णु नागर और उदय प्रकाश कहां फिट होंगे? मुक्तिबोध की 'क्लॉड ईथरली' या 'दीमकें' को वे बिज्जी की तरह सुनाने का प्रस्ताव रखेंगे और उसी प्रभाव की उम्मीद करेंगे? यहीं नामवर ने एक बहुत खतरनाक बात कह कर समाजशास्त्रियों को घुसपैठिया करार दिया था।

वस्तुतः नामवर जैसे मनीषी और बहुपठित, बारीक विश्लेषक को यहां सोदाहरण विचार इस मुद्दे पर करना चाहिए कि सारी बौद्धिकता और आधुनिकता के बावजूद मारख्वेज अपनी भाषा में इतनी बड़ी संख्या में क्यों पढ़ा जाता है? अगर उसका उपन्यास एक लाख के संस्करण में छपता है तो पच्चीस-पचास हजार गम्भीर पाठक भी होंगे ही—जिनके संवदेना-तंत्र को वह कहीं गहराई में छूता है। यानी पाठकों के साथ कहीं न कहीं उसका जीवंत रिश्ता और अंतरंग संवाद है। यही लेखक का फीड-बैक है और बिना इस संवाद के न लेखक निरंतर सक्रिय बना रह सकता है, न प्रभावी। रवीन्द्र, शरत, प्रेमचन्द के उदाहरण हमारे सामने हैं और यहीं छिपा है वह असली मुद्दा—विश्वस्तरीय, बौद्धिक धरातल पर विचरण करने वाला हमारा लेखक क्यों दो-चार उपन्यासों और दस-बीस कहानियों के बाद ही अपने को अंधी गली में पाता है?

क्या बीमारी की जड़ नामवर को यहां नहीं दिखाई देती कि मारख्वेज की तरह लिखने में हम वह तो बन नहीं पाएंगे, हां अपना आधार जरूर छोड़ देंगे? यानी उनका वास्तविक रसास्वादन नामवर जैसे वे ही लोग कर पाएंगे जिन्होंने उन्हीं विदेशी लेखकों को पढ़ रखा है जिन्हें लेखक ने पढ़ा है। कहानी, लेखक और समीक्षक के बीच का गोपनीय और आपसी प्रश्नोत्तर तो नहीं है। आखिर पाठक कब तक लेखक और समीक्षक से यह सुनता रहेगा कि 'आप उस कहानी को इसलिए नहीं समझ सकते कि आपने अमुक-अमुक लेखकों को नहीं पढ़ रखा...' एक दिन पाठक भी तो झुंझलाकर कह सकता है कि 'अगर आपको समझने के लिए मुझे अमुक-अमुक लेखकों को ही पहले पढ़ना है तो माफ कीजिए मैं उन्हीं को पढ़ लूंगा...मुझे डाक्टर या परीक्षक ने तो नहीं बताया कि आपको पढ़ना ही है या 'भाड़ में जाए आपके अमुक लेखक, मैं तो गुलशन नंदा और अमृता प्रीतम ही पढूंगा... ।'

पड़ताल इस बात की होनी चाहिए कि अपने समय, समाज, साहित्य और संस्कृति में वे कौन से तत्व हैं जो मारख्वेज को अपनी कला के प्रति निष्ठावान, प्रयोगशील, सक्रिय और ईमानदार भी बनाए हुए हैं और साथ ही लाखों पाठकों से संवाद की स्थिति में भी रखते हैं...'वे लाखों में बिकते हैं' का संतोष यहां हमारी स्थिति में क्या कोई सवाल नहीं उठाता? हम बहुत गलत समय और देश में रह रहे हैं, से लेकर 'एक दिन मेरे भी लाखों पाठक होंगे' की कुंठा नहीं पैदा करता? मैं सचमुच समझ नहीं पाता कि मानवीय नियति, मानवीय संकट, आत्मा की अंधेरी-उजली गहराइयों को कलात्मक अभिव्यक्ति देने वाले हम, अपने पाठक का चेहरा क्यों नहीं पहचान पाते? नामवर जी ने ही अभी उस दिन गद्गद् होकर मारख्वेज के इंटरव्यू का जिक्र करते हुए बताया था कि कैसे लिखते समय उसके सामने चार-छह घनिष्ठ मित्र होते हैं और उन्हें ही ध्यान में रख कर वह कहानी, उपन्यास लिखता है—निश्चय ही वे साहित्यक लोग नहीं हैं। बिज्जी आज भी इस तरह के दस-बीस ठोस पाठकों की

बात कह सकते हैं—बाकी हममें से कितने हैं जो ऐसे गैर-साहित्यिक मित्रों की बात कह सकेंगे? बिज्जी जब अंधेरा उलीचने की बात कहते हैं तो श्रोता और पाठक दोनों जानते हैं। रमेशचन्द्र शाह जब लिखते हैं तो उसे सिर्फ अशोक वाजपेयी और नामवर सिंह समझते हैं।

मैं जानता हूं नामवर कभी इन सवालों से नहीं जूझेंगे और यह कह कर ऊंचाई से मुंह बिचका देंगे कि 'आप सलाह देते हैं कि लेखक पाठक के डिक्टेट पर लिखे? आपने पाठकों का कोई सर्वे किया है या उनका ठेका सिर्फ आपने ही लिया हुआ है?' जी नहीं, किसी ने कोई ठेका नहीं लिया—इसलिए यह मानने के सिवा कोई चारा नहीं है कि आपकी बताई अमुक-अमुक रचनाएं ही कालजयी, महान और सर्वश्रेष्ठ हैं—क्योंकि उन्हें आप जैसों के बौद्धिक विश्लेषण और प्रशस्ति-पत्र प्राप्त हैं...रचनाओं और लेखकों को लेकर अद्वितीय और शाश्वत सत्यों की प्राप्ति अक्सर ही नामवर जी को होती रही है : अभी कुछ दिनों पहले 'नाट्यक्षरण' और 'आलोचनाक्षण' आए थे, फिर कविता की वापसी हुई और अब हो रही है कवियों के गद्य-लेखन की शुरुआत... 'आ गया! आ गया। फिर न कहना कि खबर नहीं हुई।' हम सब तो उनके द्वारा इस रहस्योद्घाटन के लिए भी तैयार हैं कि विश्व के श्रेष्ठतम कहानीकार वे रहे हैं जो पत्रकारिता से किसी न किसी समय गहराई से जुड़े रहे हैं। बात वैसे गलत नहीं होगी, मगर देखना यह है कि यह घोषणा किस मंच से, किस समय और किसको काटने और किसे स्थापित करने के लिए की जाती है...

नामवर सिंह को हिन्दी के सिवा हर भारतीय भाषा की कहानियां महान लगती हैं। मराठी कहानी का उन्होंने जिक्र किया है, मराठी में पिछले बीस वर्षों से जो दलित कहानियां आ रही हैं, उनके बारे में नामवर जी का क्या विचार है? उनकी परिष्कृत और अभिजात (साफिस्टिकेटेड) रुचि को वे निश्चय ही अनगढ़, फूहड़, कुरुचिपूर्ण और बचकानी लगती हैं—यह मैं और हम सब जानते हैं। मगर हो सकता है किसी मंच से एक दिन वे यही कहते पाए जाएं कि 'दलित कहानियों की ऊर्जा, संघर्षबोध, सदियों से दबी पड़ी दलित चेतना का आक्रोश ही तो साहित्य को सार्थक बनाते हैं, हमारी सामाजिक और सांस्कृतिक समझ को धार और दिशा देते हैं। हिन्दी लेखको, उनसे सीखो।'

'हंस' के साथ होने के दौरान सैकड़ों बल्कि हजारों कहानियों से गुजरते हुए मैं महसूस करता हूं कि कहानियों के स्वरूप, तेवर और रंगत बदलने का सैलाब हमारी हाथीदांती मीनारों से नहीं, दूसरे किनारों से आ रहा है। आपकी यह आकांक्षा श्रद्धेय है कि 'हम नहीं कहते कि हमको छोड़ कर स्रोतस्विनी बह जाए...' मगर दिक्कत यही है कि सभी कुछ आपके चाहने और कहने से नहीं होता, समुद्री-लहरें राजा के आदेश नहीं मानतीं...

और अंत में : भीष्म साहनी की एक कहानी है 'भाग्यरेखा'। हड़ताल के दौरान

गरीबी और भूख का मारा एक व्यक्ति फुटपाथ पर बैठे ज्योतिषी को हाथ दिखा कर पूछ रहा है कि उसकी तकदीर कब बदलेगी? और ठीक उसी समय पीठ पीछे से राजमार्ग पर मजदूरों का नारे लगता जुलूस गुजर रहा है...कहीं ऐसा न हो कि हम कहानी के सौन्दर्यशास्त्र, विश्वकहानी की बारीकियों, सांकेतिकता और आंतरिक लयात्मकता इत्यादि-इत्यादि की शास्त्रीय बहसों में, नामवर सिंह से कहानी का भविष्य ही पूछते बैठे रहें और पीठ पीछे से कहानी अपनी नई और तीसरी दुनिया के लिए जरूरी यात्रा तय करती रहे...

(नवभारत टाइम्स, 13 अगस्त, 1989)

प्रेम कहानी का मतलब

प्रिय व्यास जी,

'प्रेम कहानियां' छांटते हुए मुझे लगा कि यह आसान काम नहीं है, 'प्रेम' शब्द हमारे भीतर जैसी तस्वीर जगाता है, वह मेरी कहानियों में कहां है? भारतीय साहित्य में कितनी ऐसी कहानियां होंगी जिन्हें 'प्रेम कहानियां' कहा जा सके? अधिकांश तो 'सामाजिक संघर्ष' की ही कहानियां हैं, मुझे तो लगता है कि प्रेम एक ऐसा अलभ्य-स्वप्न है जिसे मन में संजोये हुए हम सिर्फ अपने समाज की परिवर्तन कामी मानसिकता की ही कहानियां लिखते रहे हैं।

हमारे जैसे बंटे समाज में स्त्री और पुरुष दो अलग-अलग दुनियाओं में सांस लेते हैं। उम्र के साथ उगती और बढ़ती हुई यौन-चेतना में, जो पहला व्यक्ति सुलभ होता है वही बन जाता है प्रेमी या प्रेमिका...किसी के भी सिर पर प्रेम का मुकुट रख देने की किशोर उतावली में यहां अपनी या दूसरे की पहचान कर सकने का न तो धीरज है, न चुनाव। जाति-पाति, ऊंच-नीच या बेहतर चुनाव के सामाजिक अवरोधों की अग्नि-परीक्षा में ऐसे अधिकांश प्रेम असफल होते हैं, बहुत कम सफल। इस जालिम जमाने से लड़ने या इसे गालियां देने की शहीदाना साहित्यिक अभिव्यक्ति को हम कहते हैं 'प्रेम-कविता' या 'प्रेम-कहानी' या कुछ और आगे चलकर गलत-संबंध की घुटन, जड़ता, एकरसता और अनपहचाना होने की बेचैन तड़प से प्रेरित किसी भी सुलभ गर्दन में वरमाला डाल देने को आप 'प्रेम' कहेंगे? वह प्रेम है या अपनी 'क़ैद' से मुक्त होने की छटपटाहट? मुझे तो लगता है कि अगर 'चुनाव' का खुला अवसर हो और जिसे किसी भी दबाव, मजबूरी या झटके में चुन लिया है उसे 'धोखा देने' का दंश या दंड न हो तो अधिकांश प्रेमी-प्रेमिका अपने साथी को बदल देंगे। ऐसी स्थिति में वह महान-प्रेम कहां है, जिसके सपने हम और हमारा साहित्य निरन्तर हमारे भीतर जगाये रखता है?

बहरहाल, समाज की नकली दीवारें या गलत वर्गीकरण की जिद और जड़ता को तोड़ने और परिवर्तन की सक्रियता को उकसाने वाला 'तत्व' प्रेम ही है—यह मेरे सामने बहुत साफ है। जिस निरपेक्ष आध्यात्मिक और उदात्त-प्रेम का सपना हम पाले हुए हैं वह तो तभी संभव है जब सभी स्वतंत्र हों, सभी समान हों। हो सकता

है, जिसे हम प्रेम कहते हों, वह मानवता के वर्गहीन समाज का ही अन-समझा स्वप्न-बीज हो...और इसी से हम निहायत निजी स्तर पर प्रतिबद्ध हैं।

तो फिर क्या तब तक के लिए सामाजिक संघर्ष (या वर्ग-संघर्ष) की व्यक्तिगत कहानियों को ही प्रेम कहानियां मान कर संतोष कर लें?

आपका

राजेन्द्र यादव

(2.7.88)

ग्राम-परिवेश की कहानियां

ग्राम-परिवेश पर मिलने वाली इधर की कहानियां गुणात्मक रूप से उन कहानियों से अलग हैं जो 50-60 के दौरान लिखी गयी थीं। तब की अधिकांश कहानियां, शहर से छुट्टियों में लौटे हुए युवक या प्रौढ़ की ऐसी कहानियां थीं जो किसी बूढ़े-बूढ़ी, पेड़ या विगत-प्यार के लिए श्रद्धांजलि की तरह लिखी जाती थीं और जब तक यह नायक उनके साथ जुड़ना शुरू करे, तब तक पढ़ाई या नौकरी पर उसके लौटने का समय हो जाता था। हिन्दी की कुछ बेहद सुन्दर रचनाएं इस दौर में लिखी गयीं, मगर इधर की कहानियां ठेठ उन लोगों और स्थितियों के बीच घटित होती हैं और उस सबको अपना कथ्य बनाती हैं जो वहीं के हिस्से हैं। निश्चय ही इनमें फार्मूलों का सहारा है, स्थितियों के सरलीकरण और एकायामीपन हैं—मगर कथाकारों के सरोकार और सब मिलाकर उभरने वाली सचाई से इनकार नहीं किया जा सकता. .. यहां इस अंतर्विरोध पर भी निगाह जाती है कि एक ओर तो कथाकार या शिक्षित युवक प्रायः शहरों और बड़े शहरों की तरफ भाग रहे हैं और उधर साहित्य में उभर रहे हैं दूर-दराज में फैले किसान, मजदूर और खेत-खलिहान, पुलिस-राजनेता अफसरों की मनमानियां...

फैलते क्षेत्रों के इस व्यापक विकेंद्रीकरण ने जहां कहानियों में अनंत विविधताएं, आंचलिक रंगत और जीवन-संघर्ष के बेहद महत्वपूर्ण पक्ष दिये हैं वहीं हिंदी पाठकों के सामने संप्रेषण का एक और संकट खड़ा कर दिया है। पिछले दिनों अनेक पाठकों ने बार-बार सवाल उठाये थे कि हिन्दी पाठक से आप कितनी बोलियां समझने की उम्मीद करते हैं? कोई लेखक ईमानदारी और प्रामाणिकता से राजस्थानी जिन्दगी, भाषा और मुहावरे दे रहा है तो कोई सुदूर पहाड़ी क्षेत्रों की, कोई छत्तीसगढ़ी, ब्रज या हरियाणवी की... बिहार और पूर्वी उत्तर-प्रदेश का वर्चस्व तो है ही... उधर महानगरी मध्यवर्ग तो पूरे-के-पूरे संवाद अंग्रेजी में झाड़ देता है—इस सिरे से उस सिरे तक छायी हुई यह भाषायी विविधता रोमांचकारी जरूर है, लेकिन पाठकीय बोध के लिए सबसे बड़ा संकट भी है। जब तक कहानी विषय या परिवेश के नयेपन और जानकारियों तक ही पाठक को सीमित रखती है तब तक अनुभव की गहराई में उसे नहीं छू पाती... कहानी की सफलता ही इस बात में है कि इन बाहरी उपकरणों को पार करता

हुआ पाठक कथ्य की अंतरंगता से जुड़ता चला जाये। इसके बिना कहानी का अनुभव, पाठक का अपना अनुभव नहीं बनेगा—हां, उसकी जानकारी में इजाफा जरूर करेगा। जहां तक जानकारियों का सवाल है तो उसके लिए अखबार से लेकर दूर-संचार तक बीसियों और तरीके हैं—कहानी से ज्यादा प्रामाणिक...

भौगोलिक विस्तार समेटता हुआ यह विकेंद्रीकरण यहीं जिस दूसरी समस्या के सामने हमें ला खड़ा करता है, वह है वि-मानकीकरण। जब चीजें अपने आकार में फैलती हैं तो उनके रूप भी वह नहीं रहते; वे भी टूटने, बिगड़ने या बदलने लगते हैं। हम जिन मूल्यों-मान्यताओं, आचार-व्यवहार या भाषा-बोली की अभ्यस्त मानसिकता में बने रहना चाहते हैं, उसे सबसे अधिक झटका देता है यह वि-मानकीकरण। शोषण और संघर्ष की सारी समानताओं और सामान्यताओं के बावजूद कहानियों में सबसे अधिक उभरकर आने वाले इस भाषायी वि-मानकीकरण को अपने मूल में यथास्थिति के खिलाफ किसी गहरे असंतोष या विद्रोह की सहज अभिव्यक्ति के रूप में भी देखा जा सकता है। जिन्दगी की नींव में जब दरारें पड़ने लगती हैं तो प्रारंभिक चेतावनियां भाषा के स्तर पर ही सुनाई देती हैं। मानकीकरण का अर्थ ही होता है यथास्थितिवाद, ठहरे हुए पानी का निथरते जाना अर्थात् कुलीनतावाद। भीतर की खलबलाहट सबसे पहले इसी शीशे की तरह ठहरी बेदाग सतह को झकझोरती है...

शब्द, भाषा, वाक्य और संपूर्ण विन्यास का यह वि-मानकीकरण जो आज हमें एक खास तरह की अराजकता (एनार्की) या अव्यवस्था (कैऑस) लग रहा है—हो सकता है किसी कैंचुली उतारते सांप की भीतरी कसमसाहट हो... बहरहाल, सारे विकासशील समाज और भाषा अपनी प्रगति और बदलाव की प्रक्रिया में ऐसी एनार्की और 'कैऑस' से बार-बार गुजरते हैं और फिर पहले से बड़े या व्यापक स्तरों पर केंद्रीकरण या मानकीकरण की क्रिया शुरू होती है... कहानी की भाषा की नब्ज़ तो कम से कम यही संकेत दे रही है कि सारे शरीर में कहीं कुछ ऐसा हो रहा है जो पहले से अलग है... यानी यह मानसिकता के व्यापक बदलाव की सूचना है। उर्दू या अंग्रेजी में दशकों तक मानकीकरण का अतिरिक्त या अतिशयोक्तिपूर्ण आग्रह कहीं उन भाषाओं के बोलने वालों की अवरुद्ध मानसिकता को ही रेखांकित करता था... भाषाई आभिजात्य या कुलीनता का दंभ अपनी जड़ता को लेकर अतिरिक्त तुनकमिजाजी से पैदा होता है। हम इस मानकीकरण की हाथीदांती मीनारों में आत्ममुग्ध बैठे रहते हैं और आस-पास वि-मानकीकरण की प्रक्रिया शुरू हो जाती है—हमारे द्वीप के किनारे काटती, सीमाएं निगलती...

(हंस, मई, 1988)

जनवादी कहानी : हिट फार्मूला या सार्थक हस्तक्षेप

फरवरी '88 के 'हंस' में प्रकाशित ज्ञान चतुर्वेदी की व्यंग्य-रचना 'सच्ची जनवादी कहानियों के हिट फॉमूर्ले' ने कुछ बहुत ही सार्थक सवाल और निरर्थक आरोप उठाये हैं। यह अपने ही लोगों को बदनाम करने का भितरघात है, से लेकर 'अब राजेन्द्र यादव अपने असली रूप में आये हैं, हम तो पहले ही कहते थे कि ये नई कहानी वाले प्रच्छन्न जैनेन्द्रियन हैं...' कमजोरियों पर हंसने को बुरा समझना या हंसी-हंसी में भी आत्मालोचना बर्दाश्त न कर पाना—सिर्फ बंद और संकीर्ण दिमाग हो जाना है। आत्मसंतोष, यानी अपने भीतर न झांक पाने या कमजोरियों को स्वीकार न कर पाने की कायरता ने ही हिन्दी की अधिकांश कहानियों को अखबारी रिपोर्टों और 'पॉजिटिव हीरो' के नाम पर सपाट आशावादी या अवास्तंविक दुस्साहसी रूमानियों से पाट डाला है। जिनके नाम पर ये कहानियां लिखी जाती हैं, वे उनसे अपरिचित हैं, इसलिए पलटकर कह नहीं पाते कि हमारी उतारी हुई अति साहसिक या नितांत असहाय तस्वीरों में उनकी सही पहचान उभरती है या नहीं। और आपस में हम पहली पंक्ति पढ़कर ही जान लेते हैं कि आगे क्या होने जा रहा है। मेरा अपना विश्वास है कि जब तक हमारे यहां दलित-साहित्य जैसा कोई जवाबी लेखन नहीं उभरता, हमारी कहानियां, सैद्धांतिक रूप से 'यथार्थ के निकट' होने का ही संतोष पाती रहेंगी—'संवेदनात्मक यथार्थ' का नहीं... जब-जब आप यथार्थ को सिद्धांतों से समझना चाहेंगे, उसे या तो आंकड़ों में बदल देंगे या फिर बार-बार घटित होने वाली स्थितियों के नाम पर सरलीकृत फार्मूलों में... आश्चर्य है कि अभी तक हमारे किसी आलोचक का ध्यान एक बात की ओर क्यों नहीं गया; कविताओं में ही अधिकतर अपने सुख-दुख की अमूर्त अभिव्यक्ति तक सीमित नारी-लेखन में इधर बीसेक वर्षों से अनेक कथा-लेखिकाओं के नाम उभरे हैं उन्होंने काफी साहसपूर्वक अपने आपको, अपनी तरह प्रस्तुत करने की शुरुआत की (पिछले तीस वर्षों से कोई महत्त्वपूर्ण कवयित्री नहीं दिखायी देती) और तभी हमने देखा कि नरेश मेहता तक को मुग्ध-आक्रांत किये रखने वाली रहस्यमयी, पहेली किस्म की करुणा-त्याग और नारीत्व की प्रतिमूर्ति छाया, कथा-साहित्य से गायब हो गयी। पिछले बीस वर्षों में मुझे एक भी ऐसी 'विलक्षण' कथा-नारी याद नहीं आ रही, जिसे गढ़ने की होड़ पिछले हर लेखक में मिलती है। दलित-साहित्य के आने पर कहीं, यही

दुर्घटना हमारे अनेक लेखकों के साथ तो नहीं घटित होने जा रही?

अपने कथाकार मित्रों के सामाजिक सरोकारों, प्रतिबद्ध पक्षधरता और जागरूक दृष्टि का सचमुच मेरे मन में बहुत गहरा सम्मान है। मगर मुझे लगता है कि यथार्थ की 'यथावतता' और सिद्धांत की 'अकाट्यता' से ही वे इतने आश्वस्त और आक्रांत हैं कि कहानी की अपनी शर्तों को भूल गये हैं। जैसे कोई दर्जी कपड़े की डिजाइन और बनावट पर ही इतना मुग्ध हो जाये कि कोट या कमीज की अपनी शर्तों को भूल जाये। यह सही है कि बिना कपड़े के कोट नहीं बनेगा, मगर कोट बनाने के लिए कपड़े को निर्मम-सधाव से काटना तो होगा ही... यह भूलकर कि कपड़ा कितना कीमती है। कला की शर्त ही है कि खराब दर्जी अच्छे-से-अच्छे कपड़े का सत्यानाश कर देता है और कुशल कलाकार साधारण कपड़े से बढ़िया कोट निकाल लेता है। मुझे शिकायत है कि इधर की कहानियों में 'आदमी' नहीं है, सिर्फ एक इकाई है, जिसका एक नाम न होकर दूसरा भी हो सकता है, हो सकता है एक-से परिवेश और स्थितियों के सारे लोग एक जैसे ही हों—मगर वह क्या है जो मुझे दूसरे से अलग करता है?

मानवीय प्रकृति की बनावट का वह कौन सा स्वरूप है जो सबकुछ समान और बिल्कुल एक जैसा होने के बावजूद, मुझे अपने भाई का स्थानापन्न नहीं बना सकता? 'विलक्षण' या 'निजी' व्यक्तित्व के नाम पर मैं निर्मल वर्मा या कृष्ण बलदेव वैद के बंद द्वीपों की वकालत बिल्कुल नहीं कर रहा, मगर हर आदमी का अलग चेहरा या अलग पहचान जरूर है, इस बात से इनकार कैसे करूं? क्या यह सच नहीं है कि अखबार आदमी को सपाट इकाई या टाइप में बदलता है और साहित्य उसे उसकी पृष्ठभूमि, आसंग और निजता देकर आदमी होने की अपनी पहचान देता है? वह क्या है जहां पात्रों की भीड़ में केवल एक संवाद से रेणु का हर पात्र अलग पहचाना जाता है?

अक्सर हम परिवेश के साधारणीकरण को व्यक्ति के साधारणीकरण से कन्फ्यूज करते हैं। सच्ची स्थितियों के बावजूद बिना व्यक्ति के साथ तादात्म्य हुए, साहित्य, संवेदनात्मक स्तर पर छू ही नहीं सकता, क्योंकि हम भीड़ के साथ नहीं, आदमी के साथ जुड़ते हैं। या यह भी कह लें कि स्थिति या समाज से हमें जोड़ने का माध्यम आदमी है। हमारी सारी सामाजिकता और वर्ग-चेतना अपना प्रतिनिधित्व या प्रतिफलन व्यक्ति में ही पाती है—हित और स्थितियां, नियति और गतिविधियां चाहे जितनी एक हों, पहचान तो हमारी अपनी और अलग ही है, सिर्फ नाम बदलने से क्या इस पहचान को छीन लेना संभव है? हमारा कथाकार इस पहचान को क्यों नहीं पकड़ता? किसी भी कहानी का कोई भी पात्र हमारे भीतर इतना गहरा क्यों नहीं उतरता कि बाद में भी याद रहे? सारे संसार का सर्वश्रेष्ठ साहित्य कुछ पात्रों के माध्यम से ही हमारी चेतना का हिस्सा बना है—रावण भी और राम भी... स्पार्टाकस

भी, गोर्की की 'मां' भी। जब तक आदमी को हम नहीं पहचानेंगे, हम कहानी नहीं स्थितियां ही देते रहेंगे—कभी प्रामाणिक और कभी अखबारी। सारी समानताओं के रहते हुए भी, एक ही स्थिति और नियति से बंधे हर आदमी की बनावट और प्रतिक्रियाएं बिल्कुल एक जैसी कहां होती हैं? हो नहीं सकती, क्योंकि हरेक की अपनी ही 'कैमिस्ट्री' (रसायन) है (इस बात को कितने प्रभावी ढंग से सार्त्र ने अपनी कहानी 'दीवार' में और आन्द्रिएव ने 'वे फांसी पाये हुए सात' में दिखाया है) और आदमी की इसी कैमिस्ट्री का अध्ययन ही, आज तक साहित्य लिखने की प्रेरणा देता रहा है। एक विशेष स्थिति, मौसम, या परिवेश में पशुओं के अध्ययन और मनुष्य के अध्ययन में इसके सिवा क्या अंतर है? चूंकि हम पशुओं के 'भीतर' उतरकर उनकी तरह 'महसूस' नहीं कर सकते, इसलिए निर्दोष और सपाट नतीजे निकल सकते हैं। क्या वही बात आदमी के समूह या समाज पर लागू की जा सकती है? गैस-चेम्बर में मरने की अनिवार्यता या सामूहिक नियति का सामना करते समय व्यवहार-संबंधी सारी सामान्यताओं के बावजूद क्या हर व्यक्ति अपनी एक विशिष्ट दुनिया के बीच नहीं मरा? तभी तो उस आतंक और यातना को इतने अधिक मानवीय आयामों और अनुभवों का रूप दिया जा सका। यानी सबसे भयंकर मानवीय त्रासदी की भयावहता को पूरी नारकीयता में उभारा जा सका। मनुष्य के इसी दुख और सुख को उसकी अपनी विशिष्टताओं में पकड़ना ही साहित्य को विविधता देता है—वर्ना सभी अनुभवों को गिनी-चुनी कार्बन कापियों में बदला जा सकता है। सामान्य से विशिष्ट और विशिष्ट से सामान्य की यही यात्रा तो अनुभव को 'रचनात्मक नाटकीयता' या अन्वेषण की चुनौती देती है—यन्नवतामुपैति... चाहें तो इसे एक विशेष समय में व्यक्ति से समाज और समाज से व्यक्ति के द्वंद्वात्मक रिश्ते की पहचान कह लें... या कह लें आदमी को स्थिति में बदलते जाने के खिलाफ हस्तक्षेप...

(हंस, अप्रैल, 1988)

जनवादी कठघरे

'हंस' के अनेक पाठकों का आग्रह था कि दो वर्षों में उन्होंने अच्छी-बुरी सभी तरह की कहानियां पढ़ीं—अब कहानी पर एक सार्थक बहस की शुरुआत भी की जानी चाहिए। मैं शास्त्रीय या हवाई बहसों का शुरू से बहुत पक्षपाती नहीं रहा हूं, इसलिए इस बार इस बहस के प्रस्थान-बिन्दु के रूप में अप्रैल अंक में प्रकाशित निर्मल वर्मा की कहानी 'सूखा' को लिया गया है। यहां 'सूखा' या निर्मल को उठाना-गिराना हमारा उद्देश्य कतई नहीं है, न इससे 'सूखा' की साहित्यिक महत्ता और कलात्मक उत्कृष्टता कम होती है। हां, कथाकार गिरिराज किशोर, स्वदेश दीपक, उदय प्रकाश और वीर भारत तलवार यह जरूर जानना चाहते हैं कि 'सूखा' आज के संदर्भों में क्या है? क्यों है? रचनात्मक सूखे के कोई सामाजिक स्रोत भी होते हैं या कला एक स्वायत्त-स्वनिर्भर फिनॉमिना है? निस्संदेह अगली बात यहां उठने वाले मुद्दों पर ही होगी, इस या उस कहानीकार पर नहीं, बल्कि हमारी तो इच्छा है कि निर्वैयक्तिक और—आवेशहीन होकर स्वयं निर्मल इसमें हिस्सेदारी करें...

इधर एक गुमनाम, पोस्टकार्ड अनेक जगह पहुंचा है कि जनवादी लेखक संघ के महासचिव डॉ. ओमप्रकाश ग्रेवाल से तत्काल इस्तीफा मांगा जाना चाहिए, क्योंकि उन्होंने कुरुक्षेत्र में भीष्म साहनी (भूतपूर्व महासचिव प्रगतिशील लेखक संघ) को अपनी सभा का अध्यक्ष बनाया। प्रबुद्ध लेखकों की बिरादरी में शायद इससे अधिक कठमुल्लेपन और सांप्रदायिकता की कल्पना नहीं की जा सकती। रचना और रचनाकार को इस तरह बांटकर हम किस जनता को एकजुट करने की घोषणाएं करते हैं? ऐसे अनपढ़ जिहादियों से मैं पूछना चाहूंगा कि प्रेमचंद, यशपाल, निराला, मुक्तिबोध, नागार्जुन, रेणु क्या हैं? 'गोदान' प्रगतिशील रचना है या जनवादी या नव-जनवादी? चूंकि इनमें से कुछ की एकमात्र उपाधि यह है कि वे जीवित नहीं हैं, इसलिए वे सब कहीं हैं, लेकिन अपनों में से ही जो जीवित हैं, उन्हें बिना बांटे क्या हम देख ही नहीं पायेंगे? यह कैसा प्रगतिशील या जनवादी अधरंग है जो एक ही लड़ाई में लगे रचनाकारों को आपस में ही बांट रहा है? साहित्य को अगर हम अपनी उदात्तता नहीं दे सकते तो क्या जरूरी है कि अपनी क्षुद्रता ही दें?

(हंस, जून, जुलाई, 1988)

जन चेतना का प्रगतिशील कथा-मासिक : हंस

इधर कुछ खास तरह के लेखक मित्रों को शिकायत है कि 'हंस' के साथ 'जन चेतना का प्रगतिशील कथा-मासिक' वाक्य क्यों चिपका हुआ है? क्या 'हंस' में छपने वाली रचनाएं सचमुच 'जनचेतना की प्रगतिशील' रचनाएं हैं? या संपादकीय विचारों और कथा-रचनाओं में कोई तालमेल है? इस अंतर्विरोध के बारे में क्या कभी मैंने विचार किया है? मुझे लगता है कि यह प्रश्न अपने आप में कुछ रूढ़ सोच और सूचीबद्ध चिंतन को उजागर करता है। सही है कि जागरूक और संघर्षशील जनता द्वारा अपने वर्तमान और भविष्य को बनाने की दृष्टि से किया जाने वाला प्रयास ही वास्तविक ज़न-चेतना है। एक लाचार औरत को सती करने के नाम पर जलाने वाला या गंगा दशहरा पर परलोक सुधारने के लिए इकट्ठा हुआ 'अपार जनसमूह'—'भीड़-चेतना' तो हो सकती है—'जनचेतना' नहीं, मगर इस जनचेतना का दायरा सिर्फ खेतों-खलिहानों, कल-कारखानों, दफ्तरों और सड़कों तक ही सीमित है, यह कहना या सिर्फ यही मानना, 'जन-चेतना' के अर्थ को सीमित कर देना है। जो बाहर लड़ता है उसका एक घर-परिवार है, पत्नी-प्रेमिका है, मां-बाप बच्चे हैं, क्या वहां वह नहीं रहता? या क्या उन सबसे उसके कोई संबंध नहीं हैं? बल्कि कहना यह चाहिए कि वह लड़ता ही इसलिए है कि कहीं इन सबसे गहरे जुड़ा है। अगर कहानी—सारे देश-काल को व्यक्ति के अपने अणु-अनुभव में देखने का माध्यम है तो क्या उसके अनुभव का वह सब जरूरी और अनिवार्य हिस्सा नहीं है जो भावनात्मक रूप से उसे तोड़ता, बनाता और ढालता है? क्या नारी और बच्चों को लेकर ही आदमी खूंखार, कायर, संघर्षशील और स्वप्नदर्शी सबकुछ एक साथ नहीं होता? जो प्यार करता है, लड़ भी वही सकता है। प्यार दूसरों से अपने को जोड़ना और एकाकार करना है—आलंबन कुछ भी हो सकता है—स्त्री, पुरुष, बच्चे, बूढ़े, पशु-पक्षी, पेड़-नदी... इन सबको व्यक्तिगत स्तर पर प्यार करना ही देश को प्यार करना है। अमूर्तन में देश को प्यार करने का कोई अर्थ नहीं है। मगर न प्यार के संबंध इतने इकहरे और एकांगी हैं—न जीवन-संघर्ष के। वहां सैक्स भी है; भूख भी, ईर्ष्याएं भी और सहयोग भी, हत्याएं भी हैं और आत्म-बलिदान भी, इन सारी जटिलताओं और संश्लिष्टताओं की पहचान ही कथाकार का क्षेत्र है। 'हंस' का एक उद्देश्य यह भी

है कि सोच के दकियानूसीपने और रूढ़िप्रियता से रचनाकार मुक्त हो... और संसार या जीवन का कोई भी जैनुअन (ईमानदार) अनुभव उसके लिए बहिष्कृत या अछूत न माना जाये... यह मेरी समझ में कभी नहीं आयेगा कि लाचार औरत पर बलात्कार दिखाना तो जनवाद है, क्योंकि इसमें शोषक या आततायी की नृशंसता खुलकर सामने आती है और वह 'जनवादी गुस्सा' भड़काने के लिए जरूरी है, मगर उस औरत की मजबूरी क्यों जनवादी नहीं है जो खेत, फ्लैट, दफ्तर या पंचतारा होटल के कमरे में हुए बलात्कार को इसलिए दबा लेती है कि 'सामाजिक मर्यादाओं', औरत के खराब या भ्रष्ट हो जाने की पुरुषकुंठा को अच्छी तरह समझती है? उसका बलात्कारी तो उसके अपने घर ही बैठा है। बंधी-बंधाई रूढ़ियों या फार्मूलों पर लिखना ही जनवाद है यह किसने बताया? यहां दिलचस्प बात यह है कि जनवादी रचनाकार जहां अपने आपको रूढ़ियों से मुक्त करके नयी जमीनें तलाश करने में लगा है, वहीं कल तक के जनवाद-विरोधी हमें जोर-शोर से यह समझा रहे हैं कि क्या लिखना जनवाद है और क्या नहीं, उनकी तकलीफ यही है कि 'हंस' उनके बताये अर्थों में 'जनवादी' या 'प्रगतिशील' क्यों नहीं है; जिसे वे कल तक गालियां देते आये थे, इस ग्लासनॉस्त ने उनकी अभ्यस्त गालियों के सारे मुहावरे और समीकरण गड़बड़ा दिये हैं।

अब आइए, हंस के संपादकीयों और प्रकाशित होने वाली रचनाओं पर : सबसे पहले तो मैं दो-टूक स्पष्ट कर देना चाहता हूं कि 'हंस', 'कल्याण' या 'पांचजन्य' नहीं है जहां एक पंक्ति भी ऐसी न छप सके जो धार्मिक अंधविश्वासों, देवी-देवताओं, ईश्वर, संतों या 'हिन्दू संस्कृति' के खिलाफ हो। दह एक ऐसा खुला लोकतांत्रिक मंच है जहां विचारों की टकराहट विचारों से है। इकतरफा विचार देकर फैसले सुनाने की तानाशाही से मुक्ति, रचनात्मक माहौल की सबसे पहली शर्त है, इसलिए किसी पार्टी, मालिक या किसी महंत की नाराजी-खुशी हमारी चिंता का केंद्र नहीं है। हां, कहानियों या दूसरी रचनाओं को लेकर कुछ संपादकीय पूर्वग्रह हो सकते हैं; अगर आप कहानी दे रहे हैं तो उसे सबसे पहले कहानी ही होना होगा, विचार, आंदोलन या क्रांति बाद में—यानी अगर आप घड़ा दे रहे हैं तो उसकी शक्ल सूरत 'आड़ी-टेढ़ी' चपटी कुछ भी हो सकती है मगर उसमें पानी टिक सके—यह सबसे पहली शर्त होगी। आप घड़े की मिट्टी गंगा की तलहटी से खुरचकर लाये हैं या उसे पकाने में आपने कितना खून, पसीना, समय, साधन लगाये हैं—ये सब लगभग अप्रासंगिक बातें हैं। मिट्टी आपके गांव की नाली की है, मगर घड़ा आपने सुंदर, कलात्मक बना लिया है तो मेरे लिए वही सर्वश्रेष्ठ है। यह सही है कि मिट्टी का ढेर ही घड़ा है—यह तर्क मेरी समझ से बाहर है। हमारे अधिकांश उत्साही मित्र मिट्टी का महत्व बखानते हुए उसे ही घड़ा, मूर्ति, गुलदान या कुछ और मनवाने का आग्रह करते हैं और जब मैं उसे वैसा मानने से इंकार करता हूं तो नाराज हो जाते हैं।

एक संपादकीय जुल्म और भी है और लगे हाथ उस पर भी बात हो जाये :

किसी भी मित्र कथाकार की रचना (कहानी) लौटते ही शिकायत मिलती है कि क्या 'हंस' में उससे कमजोर रचनाएं नहीं छपतीं? फिर उन्हीं की रचना क्यों लौटा दी गयी? या जो तीस-तीस सालों से लिख रहे हैं उन प्रतिष्ठित लेखकों की रचनाएं लौटाने की हिम्मत और हिमाकत; वह भी उस समय जब आप पारिश्रमिक के नाम पर एक पैसा न देते हों? पारिश्रमिक वाली बात फिर कभी होगी और खुलकर होगी। इस बार इन आरोपों से उठने वाले कुछ मुद्दे ही लिये जायें। संपादक की अपनी भूमिका क्या है? वह प्रूफ-रीडर, पोस्टमैन और प्रदर्शनी-निदेशक में से क्या बने? हिन्दी में इस समय मुख्य रूप से तीन तरह की पत्रिकाएं हैं, व्यक्तिगत स्तर पर निकलने वाली लघु-पत्रिकाएं, व्यावसायिक घरानों की बड़ी पत्रिकाएं और सरकारी संस्थानों से जुड़ी पत्रिकाएं। 'हंस' को मैं 'लघु-पत्रिका, ही मानता हूं, हालांकि नियमितता और छपाई या एक निश्चित संपादकीय दृष्टि के कारण इसे दोस्त लोग लघु-पत्रिकाओं की बिरादरी से बाहर रखे हुए हैं। पूछा जा सकता है कि नियमित समय पर निकलने और साफ-सुथरी छपाई के बावजूद 'वर्तमान साहित्य', 'कहानियां', 'पहल' या 'दस्तावेज' क्यों लघु-पत्रिकाएं हैं और 'हंस' क्यों नहीं? सरकारी या समृद्ध संस्थानों की पत्रिकाएं 'लघु' की सूची में होती हैं, 'हंस' नहीं। शायद लघु-पत्रिका उसे ही कहते हैं जहां कोई भी सम्मानित प्रतिष्ठित या चर्चित लेखक कुछ भी भेज दे और वह सम्मान या कृतज्ञतापूर्वक छप जाये। इस रवैये से सबसे ज्यादा नुकसान खुद लेखक का हुआ है। वह पाठकों और खुद अपने प्रति अपनी जिम्मेदारी भूल गया है। अक्सर वह अपनी कैसी भी रचना (प्रायः दूसरी-तीसरी श्रेणी की) भेज देता है। वहां संपादक को आड़े हाथों लेने वाले पाठक नहीं होते जो कह सकें कि लेखक को तो एक बार माफ किया जा सकता है कि वह मूलतः आत्ममुग्ध प्राणी है और उसे अपनी हर रचना विश्व की सर्वश्रेष्ठ और कालजयी रचना लगती है, मगर संपादक के नाते आपका भी तो कोई दायित्व है। इतने दिनों आप साहित्य में क्या घास खोदते रहे हैं? क्या आपको इतनी तमीज और समझ नहीं है कि 'चुन' सकें : रचना लेखक और पत्रिका की प्रतिष्ठा के अनुरूप है या नहीं? कोई भी रचना लौटाते हुए क्या मैं इतना भी नहीं जानता कि साहित्य में किस लेखक का क्या स्थान है या इसके आगे परिणाम क्या होंगे? लेखक, पाठकों या अपने लेखन के प्रति जिम्मेदार हुआ तो दूसरी बात है, वर्ना या तो वह खुद या उसका कोई बस्ताबरदार या खुदाई खिदमतगार जरूर यह आरोप लगायेगा कि आप अपने को बड़ा तीसमारखां समझते हैं। आपने अमुक जी जैसे महान लेखक की रचना लौटा दी... इस तकलीफदेह सचाई को मुझसे ज्यादा कोई नहीं जानता कि दसियों सालों की मित्रता और खुद आगे बढ़कर रचना मांगने के बावजूद किसी साथी लेखक की रचना लौटाना अपने और पत्रिका से ज्यादा खुद उनके अपने हित की दृष्टि से ही होता है। एक समय की विश्वसुन्दरी, हृदय-सम्राज्ञी अभिनेत्री को, सिर्फ मंच देने के लालच में, बिना मेकअप

के गलितं-पलितं, छुहांरा रूप में 'पेश' करना क्या दुहरी हृदयहीनता और क्रूरता नहीं है—खास तौर पर यह कहकर कि ये आज भी वहीं हैं। यहीं निर्देशक की जिम्मेदारी है कि बुढ़िया की सनक की चिन्ता किये बिना तय करे कि कितना और क्या प्रदर्शित करना है ताकि न भूतपूर्व कलाकार के प्रति असम्मान हो, न दर्शकों की अस्वीकृति भड़के... शारीरिक स्तर का यह उदाहरण बुद्धिजीवी रचनाकार को बहुत अपमानजनक लग रहा है न? बहरहाल, यह सम्पादक को ही चुनना है कि वह मित्र को सम्मान दे या उसकी रचना को पाठकों के असम्मान से बचाये। क्या आप नहीं चाहते कि आप अपने मित्र को उसके सर्वश्रेष्ठ रूप में ही परिवार से परिचित करायें और अगर किसी कारण (जैसे दारू में धुत्त होने की स्थैति में) वह पेश किये जाने योग्य नहीं है तो उस समय को इधर-उधर बहला-फुसलाकर निकाल दें... मित्र के प्रति यह क्षणिक ज्यादती हो सकती है, मगर निश्चय ही उसकी 'इमेज' का सम्मान है... आत्मग्रस्त मित्र की ऐसी गालियां खा लेना भी 'संपादकीय जिम्मेदारी' है... यूं, साहित्य या सम्पादन में 'अतिथि' बनकर आये मित्रों की तो बीस लन्तरानियां माफ हैं, क्योंकि 'मुश्किल' या 'विशिष्ट' अतिथि के चले जाने पर घर को अपने ढंग से सैट करना जरूरी हो जाता है। बाथरूम साफ करना पड़ता है, ड्राइंग रूम ठीक लगाया जाता है और तनाव-मुक्त गहरी सांस लेनी पड़ती है—चलो, स्यापा कटा... बड़ी-बड़ी विभूतियां इन कोहरामियों को भुगते पड़ी हैं।*

(हंस, अगस्त, 1991)

* यह संकेत विभूतिनारायण राय के वर्तमान-साहित्य की ओर है। उन्होंने रवीन्द्र कालिया से दो मोटे खंडों में कहानी-महाविशेषांक निकलवाया था, परिणामतः पत्रिका की कमर टूट गयी और बरसों से वह बंद है।